中公新書　2351

服部龍二著

中曽根康弘

「大統領的首相」の軌跡

中央公論新社刊

はしがき

中曽根康弘《なかそねやすひろ》は一九一八（大正七）年、群馬県高崎市に生まれた。内務省に入省し、海軍主計中尉として太平洋戦争に二三歳で出征した中曽根は、高松で敗戦を迎える。廃墟と化した帝都で政治家への転身を決意すると、一九四七（昭和二二）年には、新憲法下初の総選挙に二八歳で当選している。このとき初当選した田中角栄とは、生年も同じだった。

若き中曽根は吉田茂首相を「官僚秘密外交」と批判し、自主憲法制定を訴えて「青年将校」と呼ばれた。吉田に連なる系譜が保守本流と呼ばれるのに対して、中曽根はアメリカに対する日本の自主性を主張する立場であり、革新保守と自称した。外遊先のアメリカで原子力関連の研究所を見学すると、帰国後には原子力政策を推進している。岸信介《きしのぶすけ》政権で中曽根は科学技術庁長官として初入閣し、一九六〇年の安保改定では、アメリカ大統領アイゼンハワーの来日中止を岸に求めた。

池田勇人内閣期に中曽根は「キル・ザ・タイム（時間を殺す）」と長老格の石井光次郎《みつじろう》に諭《さと》され、無役のまま将来に向けて力を蓄えた。河野一郎の没後に最年少で派閥の長になると、

中曽根康弘

中曽根は佐藤栄作内閣で運輸大臣、防衛庁長官を歴任して「自主防衛」を唱える。さらに中曽根は、田中角栄内閣の通産大臣として石油危機を乗り切り、三木武夫内閣以降は自民党幹事長や総務会長などの党務をこなした。三木、田中のほか、大平正芳、福田赳夫《たけお》、中曽根を含め、「三角大福中」と呼ばれた時代である。

一九八二年、六四歳で念願の首相に就任した中曽根は「戦後政治の総決算」を掲げ、国鉄、電電公社、専売公社の民営化を進める。内外政で多くの審議会を設置するなどブレーンを多用し、「大統領的首相」と称する手法を実践したのである。中曽根政治は官邸主導のルーツといってもよい。

一九八三年には田中を有罪とするロッキード事件判決が下され、総選挙で議席を減らしたものの、一九八六年の衆参同日選挙で大勝する。大型間接税である売上税は導入できなかったが、一九八七年に竹下登を後継に指名して悠々と退任した。中曽根の外交はサミットなどを通じて日本の国際的地位を押し上げた半面、国力が最高潮に差し掛かっていただけに、アメリカとの経済摩擦には苦慮し続けた。靖国神社に公式参拝し、今日的な靖国問題の起源となったのも中曽根である。

中曽根の首相在職は一八〇六日に及び、桂太郎、佐藤栄作、伊藤博文、吉田茂、小泉純一郎に次ぐ歴代六位の長期政権となっている。二〇〇三(平成一五)年、小泉首相によって衆議院議員を引退させられても事務所は閉鎖せず、政界最長老として隠然たる影響力を保ち続けた。二〇〇七年に宮澤喜一が他界してから、戦後史を通して語れるのは中曽根だけとなった。

中曽根には二つの印象が付きまとう。一つは保守最右翼のタカ派というものであり、いま一つは最小派閥を率いた「風見鶏《かざみどり》」である。首相就任時には「田中曽根内閣」とメディアに揶揄《やゆ》された。報道によるイメージが先行するあまり、その像が分裂してきた感は否めない。

本書は中曽根の評伝であり、白寿に迫るその言動を分析の軸とすることは当然だが、同時に「三角大福」やメディアの中曽根評を織り交ぜることで派閥政治も考察してみたい。反吉田を原点としたことが象徴するように、中曽根は保守本流を批判する革新保守の立場であり、自民党政治を内在的に論じる糸口となるだろう。中曽根内閣期は「三角大福中」時代の最終局面であるとともに、その後の総主流派体制の起点にもなる。

首相退任から三〇年近くを経た現在、情報公開請求などで基礎文献を入手できるようになった。中曽根とは二九回、インタビューを重ね、戦略的発想や人的関係を直《じか》に聴いてある。元首相秘書官などの関係者や新聞記者にもヒヤリングを行った。その実像に迫る機は熟している。

中曽根の生涯を追うことは、日本が敗戦を越えて、戦後の頂点へと向かう軌跡をたどることである。

目　次――中曽根康弘

中曽根康弘

「大統領的首相」の軌跡

凡例

・中曽根康弘の表記には「中曽根」と「中曾根」があり、本人の著作でも双方が用いられている。本書では引用や註を含めて、原則として「中曽根」に統一した。同様に、「宮澤喜一」「宮沢喜一」については、「宮澤喜一」で統一するなどした。
・引用文中の〔 〕は引用者による補足であるが、ルビ「ママ」については〔 〕を付していない。
・文献の引用に際しては、句点や改行を補い、旧字を新字に、洋数字を漢数字に、「十」を「一」に、「つ」を「っ」に置き換えるなどしたところがある。
・国会議事録からの引用については、註を略したところがある。
・敬称は省略した。

序章　幼少期――材木商から内務省へ

松五郎とゆく

中曽根康弘は一九一八（大正七）年五月二七日に中曽根松五郎、ゆくの二男として群馬県高崎市に産声を上げた。[1] 松五郎は木材業を営んでおり、初子、吉太郎に続く三人目の子どもであった。のちに弟の良介が生まれている。もう一人ずつ弟と妹がいたものの、二人は夭折《ようせつ》したため、四人兄弟として育った。

家系について本人に聞いたことがある。中曽根によると、「おそらく中曽根家の先祖は、武田〔信玄〕の家臣ではないかと思います。〔中略〕武田軍は目的を達せずに一部は引き揚げたのですが、一部は上野《こうずけ》（群馬県）に残留して、そこで帰農した集団があった。群馬郡（二〇〇六年に消滅）に字名《あざな》が『神山《かみやま》』という所がありますが、私の先祖は、神山付近に残留して、帰農した武田軍の一部のようです」という。

祖先は武田信玄の家臣だったというのである。[2]

父の松五郎は材木商の頭領だった。無愛想だが、仕事熱心な父である。義侠心《ぎきょうしん》があり、商工会議所の副会頭を務めた。庭に大きな黒松《くろまつ》の木があることから、材木商は古久松《こくまつ》と名付けられた。古久松には職人が三〇人近くいて、そのなかには住み込みも数名いたという。山も持っていた。

幼少期の中曽根は身体が弱く、松五郎は鰻《うなぎ》をよく食べさせた。夏になると松五郎は、潮風に当たると体によいからと、家族を海水浴に連れ出している。

母のゆくは、群馬県安中《あんなか》の中村家に生まれていた。中村家は豪農と豪商を兼ね、米蔵が四つあったという。祖父が郵便局長だったことから、「ゆうびんきょく」の最初と最後の音を採ってゆくと命名された。ゆくはミッションスクールの共愛女学校を卒業している。

中曽根は幼い頃、ゆくに風呂へ入れられながら賛美歌を教わった。いつしか中曽根は賛美歌を口ずさむようになり、のちに進学する旧制静岡高校時代には聖書を読んだ。ゆくも中曽根もクリスチャンではないが、聖書は国際的な政治家として渡り合う素養となる。

社交的ではない松五郎に代わって、ゆくが職人たちを差配することもあった。「父親よりも母親を尊敬していました。だから、母親が死んだ時の方が悲しくて、泣いたね。父親が死んだ時は涙を出さなかった」と中曽根は述べている。[3]

尋常小学校

高崎北尋常小学校への入学は、一九二六年四月八日であった。中曽根によると、「目深にかぶった帽子も、肩にかけたカバンも、手に下げたゾウリも、いずれもこの日のために母が用意してくれた新品で、これらは前の晩からまくらもとにあって、わたしの胸をひそかにときめかしていたものである」という。

ゆくは中曽根を新調の着物に着替えさせると、「やっちゃん立派」と目を細めた。[4]

姉の初子によれば、吉太郎がきかん坊だったのに対して、中曽根は素直で忍耐強かった。ゆくは、「この子はなんて育てやすいんだろう」とよく口にしたという。中曽根は小学校の人気者であり、古久松の材木置き場は子どもたちに格好の遊び場だった。

小学校では担任の落合達二先生から、「君は将来、きっと西郷隆盛のようになるぞ」と言われたことが頭に残った。やればできるという「楽観主義」につながったと中曽根は回想している。[5]

小学校時代の記憶で、最も大きな部分を占めるのはゆくである。中曽根は運輸相時代の一九六八（昭和四三）年に「風花《かざばな》に想う母の温情」を『婦人生活』に寄稿した。風花とは、風とともに降り落ちる初冬の雪である。中曽根はゆくを「美しいひと」と記している。

　息子の口からいうのは憚《はばか》られるが、母は美しいひとであった。記憶は歳月とともに浄化されるというが、公平に見てそうであったと思う。私はこの母が自慢であった。このひとが決して皺《しわ》をたくわえた老婆などにならぬように、と子供心にひそかに願いさえしたものである。

ゆくの躾《しつけ》は厳しかったものの、中曽根はおとなしい性格で読書を好んだこともあり、「悪戯《いたずら》がこうじて折檻《せっかん》を受けたという記憶がない」という。

中曽根は作文を得意とした。五重丸の付いた作文を学校で受け取ると、足早に帰宅し、ゆくに褒《ほ》めてもらいたい一心で読み聞かせている。ゆくは決まって、「やっちゃん、上手、上手」と微笑《ほほえ》んだ。[6]

中曽根によると小学生のある日、地元紙が作文を募集したので投稿したところ、中曽根の作文が掲載されたという。海水浴で砂浜に城を築いたというものだった。たわいない内容ではあるが、ゆくは非常に喜んで切り抜きを懐中し、人が訪れるたびに「これ、康弘の文章ですよ」と誇らしげに見せている。

小学校上級生から旧制高崎中学にかけて、時代は準戦時体制となる。松五郎は忠君愛国を口にしたが、ゆくは「いやだねえ、戦争は」という調子だった。[7]

政治への関心

関東大震災は五歳のときだった。高崎の被害は比較的に少なかったものの、「朝鮮人が襲撃する」という流言蜚語《りゅうげんひご》が広まった。中曽根は幼心《おさなごころ》に「本当かな」と恐怖感を抱いた。小学校では、朝鮮半島出身者が同級生に二人ほどいた。「小学生ながら異文化、異民族だという感じを持った」という。[8]

小学六年にもなると、政治への関心が芽生えてくる。同級生で、引っ込み思案の金子弘が話し相手だった。高崎には陸軍歩兵第一五連隊があり、中国に出征していた。新聞も読み始めた。

高崎中学時代，1932年頃　左から母ゆく，弟良介，康弘

中曽根は一九三一年四月、旧制高崎中学に入学した。満州事変が九月に勃発すると、対外関係に興味を高めた。

中曽根によると、「政治外交問題に関心を持った大きなきっかけは、一三歳の時に起きた満洲事変（一九三一年）と国際連盟脱退の表明（一九三三年）だね。日本の孤立は、私も新聞で読んでいたからわかっていました。『こんなことをして日本はどうなるのか』と将来を案じました」という。

議論の相手は同級生の茂木《もてぎ》三郎だった。茂木は水泳部の部長で、中曽根が政治家に転進するとき選挙事務局長を務めている。

高崎中学で中曽根は、いつも級長を務めていた。成績はほとんど甲で、乙は体育だけである。剣道はこなしたが、器械体操を苦手とした。好きな科目は歴史で、小説は国木田独歩や夏目漱石を愛読している。

中曽根は山口健男と成績でトップを争った。山口の父は女学校の教員だった。当時の中学は五年までであったが、中曽根と山口は中学四年で小手調べに旧制静岡高校を受験した。静高には本家の中曽根成雄がおり、受験を強く勧められたのである。

中曽根が合格した文科丙類《へいるい》はフランス語専攻であった。優秀な学生がドイツ語、英語を学ぶなかで、丙類は滑り止めと見なされていた。中曽根も本来はドイツ語か英語を希望していた。中学五年まで勉強して一高を受験する方法もあるが、迷った末に静高への入学を決めた。「四修」と呼ばれる飛び級である。山口は理科に進んだ。

旧制静岡高校

一六歳の中曽根は一九三五年四月、静高でフランス語のクラスに入学した。意図せざる結果であるが、このクラスは中曽根の肌に合っていた。「フランス的教養はガリ勉的なステレオタイプの人間を排撃し、面白みのあるややディレッタント〔芸術や文学の愛好家〕な人間をつくる傾向があ」り、「ここで入学したことが人生の適切な選択だった」というのである。

中曽根は仰秀寮《ぎょうしゅうりょう》で暮らした。寮生は約二〇〇人で、旧制高校らしく教養主義の雰囲気に満ちていた。連帯感が強く、荻原忠顕、東郷民安、久保田正英らと親友になっている。

全体主義の時代にありながら、中曽根は自由な校風に感化されたという。

私はとくに好きな政治家はいなかった。ルーズベルトだって、スターリンだって、ヒトラーだって、好きじゃなかったね。ヒトラーについては、我々は軽蔑しとったね。当時はヒトラー礼讃《らいさん》の風潮が強かったが、旧制高校では、ああいう全体主義に対する反感は強かったし、静高では、ヒトラーに対する評価はゼロだった。〔中略〕高校の一番の特色は自由主義が根底にあったことですね。

ヒトラー礼讃の風潮のなかで、静高ではヒトラーに対する評価は低く、中曽根個人として好きな政治家はいなかったというのである。

他方で中曽根は東京帝国大学時代の一九三八年、来日したヒトラーユーゲントと軽井沢で夏休みに交わったこともある。ヒトラーユーゲントとは、ナチス・ドイツの青少年団であった。中曽根は、「碧眼《へきがん》の童子《どうじ》が蛇に立ち向ふ」、「碧眼の子罐詰《かんづめ》の鰻ひた食らふ」などの俳句を残している。碧眼とは、青い眼のことである。もっとも、彼らとの交流が中曽根の思想に影響した形跡はあまりない。

静高の部活では、陸上競技部に所属した。四〇〇メートルの中距離選手だったものの、目立つ活躍はなかった。寮では炊事部長となり、献立研究の名目で女学校の寮に乗り込んだこともある。静高の同窓生は後年、仰秀会《ぎょうしゅうかい》という中曽根後援会を作っている。

一九三六年には二・二六事件が起きた。中曽根は、元老の西園寺公望《さいおんじきんもち》が静岡県知事の公舎に避難しているという噂《うわさ》を耳にした。その噂は、のちに事実と判明する。一九三七年七月には日中戦争が始まった。右翼学生グループもいたが、静高は概してリベラルであり、軍部の台頭を不安視していた。

中曽根には毎週のように、母ゆくから手紙があった。「風ひくな」、「不良と一緒に夜遊びするな」といった内容で、「よくぞこんなにと思うぐらい葉書や手紙を静岡に書いてよこした」という。[10]

ゆくは一〇月三日の書簡で、「実に戦死する人も多く毎日毎日、戦争の話ばかりです」と伝えている。中曽根は「暗い落日の時代がくるのではないか」と感じざるをえなかった。

姉の初子によると、「康弘がまがりなりにも政治家を志すようになったのは、旧制高校の頃からではなかったかと思います」という。この頃ゆくは、「ヤッチャンが政治家になるんだ、といっているけれど、どうだろう、知事さんくらいにはなれるかしらねえ」と初子に相談している。[11]

東京帝大

静高では、特に歴史の点数がよかった。西洋史の平塚錦平先生には、「君は東大文学部に進み、西洋史の今井登志喜《とし き》先生に師事し、教授を目指せ」と言われた。

だが中曽根は政治への関心を高めており、一九三八年四月、東京帝大の法学部政治学科に入学した。最も喜んだのが、ゆくである。ゆくは時折上京し、鈴蘭《すずらん》の鉢やチョコレートを下宿に届けてくれた。下宿の友人たちと中曽根は、夜になると団子坂《だんござか》にある「かめの湯」に行った。[12]

講義では、矢部貞治《やべていじ》の政治学に感銘を受けた。中曽根によると、「日本の伝統的国柄と近代政治学を調和させた矢部政治学」だという。矢部は欧米留学から帰国したところであり、中国にも出張するなど世界情勢に通じていた。

矢部が近衛文麿《このえふみまろ》首相のブレーンだったことは知らなかった。矢部とは、中曽根が政治家となってから再会することになる。岡義武《よしたけ》のヨーロッパ政治史、南原繁《なんばらしげる》の政治学史、神川彦松《かみかわひこまつ》の外交史なども興味深く聴いた。

当時の論壇では、蠟山政道《ろうやままさみち》東大教授らが東亜協同体論を唱えていた。東亜協同体論とは、近衛が日中戦争の目的を「東亜新秩序の建設」にあると声明した東亜新秩序声明を支える理論であった。

中曽根はこれに批判的であり、「当時の言論は右翼的思想が支配的で、『東亜協同体』論は日本による支配の隠れ蓑《みの》ではないか、本来の協同体が果たしてできるだろうかという原理的な疑問もあった」という。[13]

内務省へ

一九四〇年三月九日、真夜中のことである。中曽根が期末試験に向けて猛勉強していると、父の松五郎が、「母親が危篤だから至急帰ってこい」と電話してきた。

中曽根は、「どうして今頃知らせるんだ、急に何事だ」と驚いた。上野駅に着いたが、高崎行きの汽車はなくなっている。

朝一番の汽車で駆け付けると、ゆくはもう亡くなっていた。遺体の枕許《まくらもと》で、中曽根は生まれて初めて厳父に大声を上げた。

「おふくろの死に目にも会えないくらいなら、ぼくはもう大学に行くのはやめた」

松五郎は目を潤《うる》ませた。

「わたしだってもっと早く知らせたかった、しかし、これはゆくのたっての願いだったのだ」

ゆくは三月三日に国防婦人会の一人として、出征兵士を駅に送った直後に発病していた。軽い風邪と思い、律儀な性格から床に就かなかったところ、こじらせて肺炎となり、熱は四〇度を超えた。

松五郎が「息子たちに連絡しよう」と言うと、ゆくは、「あの子たちはいま試験の最中だから、なまじ知らせて心配をかけてくれるな」と止めた。中曽根だけでなく、弟の良介も小《お》樽《たる》高商で勉強していたのである。

　高熱は一週間近く続いた。最期の日の夕方、ゆくは病床に松五郎を呼び、神社仏閣《ぶっかく》の八ヵ所を口にした。

「わたしが行けないのでお父さん、あなた済みませんがあの子たちの試験が無事に終わるようお祈りしてきてください」

　松五郎が急いで神社仏閣を一廻りし、「行ってきたよ」と告げると、ゆくはとても喜び、静かに息を引き取った。「私は父と言い争いながら、この話を聞いて涙があふれるのを、とどめることができなかった」という。

　中曽根は東京に戻ったが、大学図書館で勉強しても、「目の前に母の幻影が浮び本の上にもあらわれ、一生懸命やってみるけれども少しも頭に入らない」。成績は低迷し、無為に時間を過ごすようになった。

　ある日、中曽根は我に返った。「母は何のために死んだのだろう……私らのためを思って死んだのだ」。「頭の上へ雷をおとされたほど強く感じ」た。

「その後の人生において、私はなんどか苛酷《かこく》な試練を経験したが、そのたびに、私を奮い立たせてくれたのは、この母の愛であったと思わずにはいられない。母の墓前に喜びを供《そな》えたい。そう願って私は不断の努力を続けてきたのである」という。

　中曽根は遅れを取り戻すべく机に向かい、内務省を目指した。軍部の台頭に危機を感じつつ、英米流の政治にも疑問を覚えており、国家の統治に携わりたいと考えたのである。一〇月、中曽根は高等文官試験行政科に八番で合格すると、内務省の面接を受けて内定を得た。内務省は当時最大の官僚機構であり、地方行政や警察、選挙などを取り仕切る。中曽根は、洗練された印象の強い海軍にも魅力を感じており、一二月には海軍経理学校も受かっている。

法学部政治学科を卒業すると、中曽根は一九四一年四月に内務省へ入省した。内務省では、口頭試験での人事課長が町村金五《まちむらきんご》であり、入省時の人事課長は古井喜実《ふるいよしみ》だった。のちに町村、古井とも自由民主党の政治家になっている。[14]

第1章　出征と敗戦――海軍主計中尉

海軍経理学校

中曽根は内務省に入省直後の一九四一（昭和一六）年四月一八日、海軍経理学校に第六期補修学生として入校した。東京帝大在学中に高等文官試験のほか、海軍経理学校にも合格していたからである。海軍に短く在籍して経験を積むことは、当時の高級官僚にはありうることだった。

というのも海軍主計には、二年現役補修学生という制度があった。しかも四ヵ月の教育を受ければ、すぐに海軍主計中尉にしてくれる。海軍経理学校の同期には、のちに首相となる鳩山一郎の長男、威一郎《いいちろう》がいた。鳩山威一郎の場合、東京帝大法学部法律学科を首席で卒業し、大蔵省に入省後、すぐに経理学校に入校している。

中曽根は海軍を志望した動機について、「私は五月二七日の海軍記念日生まれでね。だからというわけではないけれど、海軍は陸軍よりも洗練されているし、海軍のほうが視野も広い印象がありました」と述べている。海軍経理学校は築地の勝鬨橋《かちどきばし》近くにあり、同期一一〇人のうち二二人が戦死する。[1]

呉からの出港

中曽根は海軍経理学校を一九四一年八月半ばに卒業した。主計中尉として、すぐに連合艦隊第一艦隊第六戦隊で重巡洋艦の青葉に配属されると、土佐沖で訓練を行っている。

一一月中旬には電報が艦上に届いたため、中曽根は九州南部で下船のうえ、呉《くれ》の鎮守府《ちんじゅふ》に向かった。鎮守府とは軍港で防御や出征をつかさどり、所属部隊を管轄する海軍の機関であり、呉、横須賀、佐世保、舞鶴に置かれていた。

中曽根は一一月二〇日、呉鎮守府で第二設営班主計長に着任し、参謀長に挨拶《あいさつ》した。中曽根が「設営班とは、なんでありますか」と聞くと、参謀長は厳粛な面持ちで答えた。

「敵の飛行場を占領して、自軍の飛行機のためにそこを整備する任務を帯びた部隊だ」

「どこへ行くのでありますか」

「一一月二九日の出港までは、極秘で言えない！」

「大部隊を引き連れていくには、金がいります。工員の給料も支払わねばなりません。現地で物資を調達する軍票も用意しなければならないのに、行先が不明では準備ができません」

すると参謀長は「これは軍機事項であるから、死んでも他人にもらしてはならん」と念を押し、「比島（フィリピン）三ヵ月分、蘭印（インドネシア）三ヵ月分」とペンを走らせると、すぐにメモを燃やしたという。中曽根は「いよいよ戦争だ」と確信し、軍票や名簿を用意した。

中曽根は台東丸《たいとうまる》という徴用船に乗り込み、一一月二九日の夕暮れに一四隻で呉を出港した。台東丸には、海軍技師や軍医のほか、徴用工一一六二人が同乗している。「俺は日本の海軍将校として最善を尽くして準備し、仕事をやった。これは他の奴にはやれない、国家に忠義を尽くした」という思いだった。聖書のほか、シューベルトの歌曲「冬の旅」を円盤《レコード》で持ち込んだ。

エンジンの鼓動に身を任せると、不意に涙が溢《あふ》れ出した。晩秋の闇《やみ》に遠ざかる祖国の灯火《ともしび》を見つめながら、「あとは突撃するだけだ」とつぶやいたという。[2]

フィリピン・インドネシア・台湾

中曽根は一九四一年一二月八日の真珠湾攻撃を西太平洋のパラオで知らされた。パラオは日本の委任統治領であり、物資補給の拠点である。「いよいよ戦争が始まった。本当に軍票を使わなくてはいけなくなる」と緊張が走った。

台東丸は一二月二〇日未明、フィリピンのミンダナオ島ダバオに突入した。中曽根によると、「我々の任務は、敵が破壊して逃げた飛行場から地雷を撤去し、三日以内に飛行可能なように整備して、味方の戦闘機を飛ばせるようにするというものでした。徴用工員二〇〇〇人を連れていったのも、それが目的だったのです」とされる。

　さらに油田を求めて、一九四二年一月一〇日にインドネシアのボルネオ島タラカン、二四日にはバリクパパンに進撃した。

　バリクパパン沖の戦いでは、台東丸が敵軍に砲撃されて出火し、中曽根は多くの部下を失った。

「阿鼻叫喚《あびきょうかん》の地獄である。腕をもがれた者、頭を割られた者。血と硝煙《しょうえん》の臭《にお》いが充満していた」という。

海軍時代　1942年頃

　三月一〇日には台湾の馬公《まこう》に転任を命じられ、バリクパパンから空路で高雄《たかお》に向かった。馬公は澎湖島《ほうことう》の西岸にあり、中曽根は海軍建築部附となった。一一月には主計大尉に昇格し、一九四三年四月には高雄の海軍建築部附となる。台湾での任務は、米軍の来襲に備えて飛行場を整備することだった。

　このとき台北《タイペイ》には、内務省で二年先輩の後藤田正晴《ごとうだまさはる》が陸軍主計中尉として滞在していた。中曽根内閣で官房長官になる後藤田は、中曽根と台湾で物資調達を競ったという。

　中曽根さんは、内務省で私より二年後輩だが、入省してすぐ海軍に入ったので、内務省の勤務は戦争が終わるまでほとんどやっていない。〔中略〕陸海軍の会合などの際に席を同じくすることがたまにあったという程度だ。

彼は大変なやり手で、モノが少ないときだっただけに、陸海軍の間で物資調達をめぐって絶えざる争いがあったのだが、私の方の資材課の酒匂少佐は絶えず「とてもじゃないが、あいつ〔中曽根〕にみんな取られてしまった」と言って嘆いていた。


前線での体験は、人間と国家、国際関係について思索する契機となった。

中曽根によると、「戦争の苛烈な経験は私のその後の生き方の一つの基軸になりました。人間の生や、生き様や、国家、戦争、国際関係のあり方について深刻な教訓を与えられたと思います。そんな戦時下の経験が、戦後、内務省に戻ってきてから役に立ちました。人とどう接するか、大衆をどうするか。戦闘ほど熾烈《しれつ》なものはないですから」という。

戦後歴代首相のなかで、間近に砲撃を受け、部下を失うなど経験したのは中曽根ぐらいであろう。[3]

帰国と敗戦

中曽根は一九四四年一一月一日、横須賀鎮守府附海軍省兵備局第三課に勤務となった。この課は兵備局第二課、軍務局第三課に再編される。中曽根は兵備局第二課で林孝善大佐の補佐官となり、海南島の行政と上海のインフレ対策を担当した。
軍務局第三課長は浜田祐生《ゆうせい》大佐で、中曽根によると「文人的なヒューマニスト」だという。病弱の浜田は出世が後《おく》れていたものの、中曽根は浜田を尊敬した。

結婚は、一九四五年二月一一日のことだった。妻となる小林蔦子《つたこ》の父は地質学者の小林儀一郎博士であり、海軍の同僚の妹であった。仲人は小学校の恩師、落合達二に頼み、高崎神社で挙式した。「自分の人生は非常に浮沈が多いけれども、それだけは覚悟してくれ」と中曽根が述べると、蔦子は「はい」と応《こた》えている。

二月二五日には、弟の良介が戦死した。海軍の木更津航空隊に入隊していた良介は、鈴鹿山脈の猛吹雪で山頂近くに激突炎上し、同乗者一一名と痛恨の最期を遂げたのである。

中曽根がそれを知ったのは三月初めであり、海軍省から極秘に告げられて愕然《がくぜん》とした。公報がなかったため、しばらく父や兄、姉には黙っていた。のちに良介は千鳥ヶ淵戦没者墓苑《ぼえん》で合祀《ごうし》され、やがて靖国神社に移祀された。中曽根が後年、首相として靖国神社公式参拝に執着した理由の一つである。

六月二〇日、中曽根は海軍省運輸部へ配属され、高松に常駐することになった。その任務は土佐湾に展開する特攻隊と呉鎮守府の間で連絡や輸送に当たることであり、事務所は香川県高等女学校に置かれた。

中曽根は八月六日朝、西の空に立ち上る煙を高松で目にしたという。中曽根は岳父《がくふ》の小林からアメリカの原子爆弾開発を聞いており、「ああ、これは原子爆弾か」、「これで戦争は終わる」と感じたと回想している。ただし、高松と広島は一五〇キロ以上離れており、ほかの体験談や記録に残っていないことからも、高松から広島のキノコ雲は見えないという説が有力である。

八月一五日には玉音放送があり、昭和天皇の声を初めて聞いた。雑音が大きく難解であったものの、敗戦を意味することが分かると落涙した。

中曽根によると、「敗戦は悔しかったが、日本民族が存続するためには仕方がないと思うと同時に、我々の時代が日本の歴史に大きな汚点を残したと痛哭《つうこく》しました。しかしその反面、その晩、灯火管制が解かれて、久しぶりに電灯が点《つ》いたのを見て、『ああ、戦争が終わった。俺の命も助かった』と実感しました」という。中曽根は九月五日に海軍主計少佐に昇格した[4]。

戦争体験は政治家に転身する動機をもたらした。

のちに中曽根は、「民衆の一人として生まれ、そして育ってきたわたしに、戦争の体験が火をつけたといっていい。民衆を不幸にしてはならない。彼らを裏切ってはならない――この気持が、後になって、政治家としてスタートする大きな精神的動機になったし、またいまでも、わたしの政治家としてのバック・ボーンであると信じている。〔中略〕戦時中、ぬくぬくと身の安全を計っていたり、いいかげんなことをしてきた連中に、日本の政治をやられてたまるか」と記している[5]。

占領体験

復員後、内務省に復帰した中曽根は一九四五年一〇月二二日、官房調査部に配属されている。主な任務は、アイケルバーガー中将が率いる第八軍司令部との連絡であり、直接の交渉相手はバラード大佐だった。占領下での対米交渉は、最初のアメリカ体験でもある。

バラードは紳士的であり、中曽根のような被占領国の官僚を対等に扱おうとした。中曽根は、「バラード大佐を先頭とするアメリカ軍将校、下士官、兵の一挙手一投足に感心して、戦争には負けるべくして負けたと痛感した。仮に勝っていても、日本は奢《おご》りたかぶり、アジアの鼻つまみ者になったであろう」と思った。

中曽根がバラードを日光に招待し、中禅寺湖《ちゅうぜんじこ》畔の宿で芸者と座布団取りに興じていた一一月二八日、長男の弘文《ひろふみ》が生まれた。

蔦子が、「お産で苦しんでいるときに、芸者を呼んで進駐軍とドンチャカやっていたとはなにごとです」と不平を口にすると、中曽根は、「国家的な仕事をしていたのだ」と釈明している。二人は後年、女児の美智子と美恵子も授かっている。

中曽根は、グルー駐日大使の秘書だったフィアリーとも出会った。フィアリーはアチソン政治顧問の補佐官として、日本の政情をGHQで報告していた。フィアリーとも気が合った中曽根は、連絡官の仕事を通じてアメリカ人に好意を抱くようになる。敗戦国として見下すことなく、「人間対人間としての付き合いをしてくれた」というのである。

他方で中曽根には、アメリカに対する反発も芽生えていた。弘文が生まれた頃、GHQは理化学研究所の仁科芳雄《にしなよしお》らが開発していたサイクロトロンを東京湾に遺棄した。サイクロトロンとは、原子核の人工破壊などに用いる装置である。

これを知った中曽根は、「アメリカに対して憤《いきどお》りの気持ちがこみ上げてきました。サイクロトロンは平和利用の目的で、仁科博士が研究を続けられてきたものでした。アメリカは、日本を四等の農業国家にするつもりだなと感じた」という[6]。

青年懇話会

占領軍に刺激を受けた中曽根は一九四六年一月、内務省で同期の高橋幹夫や早川崇《たかし》らと青年懇話会という勉強会を立ち上げた。「祖国再建を目標に若い青年の同志を結集しよう」という趣旨である。

新橋にあった蕎麦《そば》屋の二階で青年懇話会を旗揚げすると、内務省の小沢辰男、農林省の檜《ひ》垣《がき》徳太郎、大蔵省の吉國二郎、日銀の中川幸次《ゆきつぐ》、商工省の赤沢璋一《あかざわしょういち》らも続々と加わった。

青年懇話会のメンバーは約二〇人となり、早川や中曽根など、のちに多くが国会議員となる。檜垣は中曽根内閣で郵政相となり、電電公社の民営化に努めた。高橋は警察庁長官、吉國は大蔵次官、赤沢は日本貿易振興会理事長に栄達する。中川は中曽根首相時代の経済ブレーンを務めることになる。
青年懇話会では民間人として、東急電鉄の五島昇《ごとうのぼる》、三菱商事の皆川広宗《みながわひろむね》にも声を掛けた。五島が闇市から食糧を調達してくると、ローソクの光で深夜まで占領軍の対日政策などを論じ合った。
五島によると、中曽根が政治家になってからも懇話会は続けられ、中曽根は苦手な経済問題について多くを学んだという。

中曽根さんは、そのころ〔青年懇話会の発足時〕から雄弁だった。酔うと得意の「木こりの唄」を披露、ハチマキをして踊り出してはみんなを笑わせた。〔中略〕
政治家になってからも中曽根さんは懇話会には必ず顔を出した。「これからは経済問題にも強くなりたい」というので、中川さんが財政金融、皆川広宗さん（三菱商事常務）と私が経済界の動きを、赤沢君が経済政策について説明した。そのせいか懇話会もいつのまにか「中曽根氏を囲む会」のようにみられるようになった。

政治家への転身を志す中曽根は、恩師の矢部貞治を青年懇話会に招いたこともある。矢部は帰郷運動を進めていた。矢部の帰郷運動とは、「日本再建の地下水たれ」と青年たちに帰郷を促す運動である。のちに中曽根が祖国復興の拠点として、高崎に青雲塾《せいうんじゅく》を結成するのと通じるものがあった。

中曽根は一九四六年二月に香川県警務課長となった。四月一〇日には幣原《しではら》喜《き》重郎《じゅうろう》内閣のもとで、戦後初の衆議院選挙が行われた。この選挙には、内務省で同期の早川が立候補している。中曽根は早川に推薦状を書くとともに、和歌山の選挙区に駆け付けた。

早川が二九歳の最年少議員として当選すると、中曽根は四月二四日、父の松五郎に書簡をしたためた。いずれ国政選挙に出たい、「世の中が安定してから出るのでは機を失ふ」、「国民を代表する政治家でないと、GHQに物申す事もできない。内務省の役人では限界がある」という内容だった。

松五郎は反対したものの、矢部や早川の勧めが決め手となり、中曽根の決意は揺らがなかった。

早川は、「これが私の友人で群馬県出身の中曽根康弘君だ、次の選挙では必ずや政界に出て来る筈《はず》だ、まあ君達話してみろよ、なかなか話せる男だよ」と知人に紹介してくれた。[7]

『青年の理想』

中曽根は一九四六年一二月、青年運動を興《おこ》すとして高崎に帰郷した。松五郎が、「お前は代議士になって何をやるのか」と問うと、中曽根は「日本を立て直す」と答えている。

松五郎は当初こそ反対していたものの、最後には「代議士になったら佐倉惣五郎《さくらそうごろう》のようになれ」と背中を押した。佐倉惣五郎は江戸時代の名主であり、重税の改善を求めて将軍に直訴したとされる。その言葉は、中曽根の胸に深く刻まれた。中曽根は、恩師の矢部とも再会して助言を得ている。[8]

一九四七年の元旦、高崎の護国神社は初詣《はつもうで》で賑《にぎ》わっていた。中曽根は参拝者たちの前に一人で立ち、いずれ「日本再建」のために立候補すると決意を表明した。選挙演説の第一声となるものである。当時として身長一メートル七四センチ、体重七四キロの体格は大柄であり、人目を引いた。中曽根は一月一五日付けで内務省を辞職する。

さらに中曽根は群馬の『上毛《じょうもう》新聞』に「青年政治家論」を投稿し、「革命や維新の担当者が常に青年であることは歴史の教える処《ところ》」であり、「現代も偉大な革命期で、青年政治家の出現を待望する声や痛切である」と主張した。[9]

中曽根は三月三一日に『青年の理想』を出版し、青年が奮起しない限り、日本は「老貧国」になると説いた。

> 日本は青年国家でなければならない。何処《どこ》の歴史を見ても、国家が伸びて行く時は必ず青年が働いている。日本を見ても大化の改新をやった中大兄皇子《なかのおおえのおうじ》と中臣鎌足《なかとみのかまたり》は共に二十代の青年である。〔中略〕若《も》し青年が万一奮起しなかったならばこの国家躍進の好機は逸せられ日本は老貧国とならなければならない。

日本を興す力は青年であり、それは地方の農村から生まれる。「現在の日本は箸《はし》に挿《はさ》まれた豆の様なものである。上の箸は米国であり、下の箸はソ連であり、そして箸を握りしめている力はポツダム宣言と謂《い》う力である」という。

文体は硬いが瑞々《みずみず》しく、自身で多く買い上げたにせよ、紙不足のなかで四万三〇〇〇部が売れている[10]。

初当選

『青年の理想』出版の一九四七年三月三一日は、奇《く》しくも吉田茂内閣が衆議院を解散した日となった。中曽根は吉田の自由党ではなく、芦《あし》田《だ》均《ひとし》らの民主党から出馬した。自由党は旧政友会、民主党は旧民政党の系譜にあり、民主党は結成されたばかりである。

中曽根家は戦前から民政党系であり、古久松から民政党の県会議員を出したこともあった。「思想的には非政友会的だったので、自由党でなく、結局、民主党で出た」という。

中曽根は退職金で自転車を買うと、真っ白に塗って選挙運動に乗り回した。白は天皇の白馬にあやかるとともに赤旗と戦うためであり、「過激な赤旗と戦うのは白である」という。この頃、共産党系の労働組合がゼネストを行おうとしており、中曽根は各地でゼネスト反対を演説して知名度を上げた。古久松のトラックで遠出することもあった。

時代の風は共産党や社会党に吹いていたが、中曽根は反共の立場である。かつて中曽根は内務省で共産主義思想の調査に触れており、共産主義と日本の国体や社会構造は相容《あいい》れないと結論づけていた。

選挙民には、「天皇制を維持して社会改革の青写真をつくり、傷つける者をいたわり、悲しめる者を慰めあって、民族の個性と伝統を守りながら独立に向かわなければならない」と訴えた。

反共は中曽根の原点であるものの、かといって自由放任論者ではなく、スローガンは中間的な修正資本主義だった。

「私は、自由党型の古い自由主義、『為すにまかせよ《レッセフェール》、行くにまかせよ《レッセパッセ》』に社会性を加味していかなければ駄目だという意味の修正資本主義について、国会議員に出る頃から言っていたし、会社組織に修正資本主義を応用すれば、どんな形態の会社になるか突き詰めて考えました」という。

自転車での選挙運動

松五郎が貸家を選挙事務所に提供すると、事務所に熱心な支持者が集まり始めた。同級生だけでなく、若い復員軍人が多く中曽根を慕うようになり、のちに青雲塾という後援会に発展する。復員軍人が集まったのは、中曽根が共産党を批判し、「天皇制否定は亡国の思想」

と旗幟《きし》を鮮明にしたからである。警察や消防団も味方であり、「まず落選はない」という手応えを得た。

四月二五日の総選挙で中曽根は、四人中トップ当選を果たした。六万五四八四票は「決して忘れられない数字である」という。まだ二八歳の中曽根は全国最年少でもあり、二〇回連続当選の第一歩となる。

初当選の総選挙は、女性が選挙権を得てから二回目の投票であった。中曽根には女性票が集まったようである。中曽根は演説を得意としただけでなく、長身かつ二枚目で女性に人気があった。「独身と思ってもらったほうが票が集まる」と考え、妻は人前に出さなかった。

中曽根は、ゆくの墓前に当選証書と俳句を捧《ささ》げた。

この花を　母にそえたき　あやめかな

その句を知った女性たちが、「亡くなったお母さんに代わって中曽根さんを応援しよう」と婦人後援会を立ち上げた。後援会は、あやめ会と名付けられた。あやめ会は青雲塾とともに、二大支援組織となっていく。中曽根は、占領下にもかかわらず青雲塾に日の丸を掲げ、占領軍に睨《にら》まれている。

中曽根にとって当初の課題は、新憲法と吉田茂に象徴される占領政治を克服し、真の独立を獲得することにあった。中曽根は高崎を離れ、民主党の議員総会に向かう。しかし民主党は第三党にすぎず、総裁すら決められずにいた。民主党が求心力を欠くことを知った中曽根は、果敢な行動に出て「青年将校」と呼ばれるようになる。そのことを次章でみていきたい。[11]

第2章 「青年将校」——野党時代

民主党の混乱

一九四七（昭和二二）年四月二五日の総選挙で初当選した中曽根だが、所属政党の民主党は混乱していた。この選挙で第一党に躍進したのは日本社会党であり、吉田茂の自由党が第二党を占め、民主党は第三党に転落《てんらく》していた。このとき初当選の社会党議員には、のちに自民党総裁として首相になる鈴木善幸《ぜんこう》がいる。

党派別の議席をみると、社会党一四三、自由党一三一、民主党一二四、国民協同党三一、共産党四などとなっていた。衆議院の総議席は四六六であり、各党とも追加公認を入れても過半数にはなりえない。

民主党は、幣原喜重郎を総裁とする日本進歩党が母体となり、自由党から離党した芦田均などを加えて、同年三月三一日に結成された新しい政党である。結党時には自由党を上回る第一党だったものの、民主党は初代総裁が空席のまま総選挙を迎え、第三党に後退していた。民主党としては連立を組む場合に、自由党ないし社会党という選択肢があった。その際の判断基準は、自由党の吉田をどう評価するかにかかっていた。総裁すら決まらない民主党は、この点でも意見が分かれていた。

「青年将校」

中曽根は高崎から上京すると、五月五日の民主党議員総会に出席した。ここで意気投合したのが、やはり初当選の桜内義雄と園田直《すなお》である。桜内の父、幸雄《ゆきお》は戦前に民政党幹事長や蔵相などを歴任した大物政治家であり、園田は元陸軍軍人だった。特に桜内とは、終生行動をともにする。中曽根は桜内より六歳若く、園田からも五歳若かった。

中曽根と同じく二八歳で、初当選の民主党議員に田中角栄がいた。田中は一九一八（大正七）年五月四日生まれであり、五月二七日生まれの中曽根とは生年だけでなく、生まれた月まで同じだった。その田中と中曽根は、当初から考え方を異にした。

まず、総裁候補として支持する民主党幹部が違っていた。総裁候補に挙がっていたのは幣原と芦田である。田中は、国際的に著名な前首相の幣原を高く買っていたが、中曽根は「知的で若い」芦田を適任と見なした。一八七二（明治五）年生まれで七四歳の幣原に対して、芦田は五九歳と一回り以上若いにもかかわらず、政党政治家としての経歴は幣原よりも長かった。

幣原は戦前から知名度の高い外交官であっただけに、中曽根には吉田と同様に官僚的と映っており、政党政治の経験に富む芦田のほうが総裁に相応《ふさわ》しいと思えたのである。中曽根は、戦前来の政治から保守を脱皮させたかった。

幣原と芦田の違いは、年齢や経験だけではない。二人の決定的な相違は、連立政権の構想にある。幣原は、自らの内閣で外相だった吉田の自由党と近い関係にあった。一方の芦田は、吉田の自由党を嫌って離党しており、片山哲《てつ》委員長の社会党との連立を視野に入れた。幣原を支持する田中には吉田への違和感が薄く、芦田を推す中曽根は反吉田の傾向が強かったのである。民主党の総裁選出は難航した。

すると中曽根は、桜内、園田らとともに民主党幹部会に乗り込み、長老の一松定吉《ひとつまつさだよし》や長尾達生を突き上げて、芦田を総裁にするよう求めた。そこには、戦前からの政治家に対する責任追及という気持ちも働いた。

当選直後　地元遊説中

この経緯については、桜内も回想している。桜内によると、中曽根や桜内が「芦田さんを総裁に決めろ」とねじ込むと、「若造は黙ってろ」と押し戻され、激しい応酬になったという。

「中曽根君はさっそうとして才気煥発《さいきかんぱつ》、弁も立つし筆も立つのでたちまち理論派のエースにのしあがった」と桜内は記している。

長幼《ちょうよう》の序《じょ》を乱し、奔放に振る舞う中曽根らは、いつしか「青年将校」と呼ばれるようになった。一九四七（昭和二二）年五月一八日の民主党総会では中曽根らの思惑通り、芦田が総裁に就任している。

「ライバル」としての田中角栄

占領下で中曽根は初登院のとき以来、「占領下の日本は喪中だ」と称して黒ネクタイを多く締めていた。五月二〇日に吉田内閣が総辞職し、社会党委員長の片山哲を首班とする内閣が六月一日に成立すると、芦田は外相として片山内閣に加わった。

片山内閣はインフレの鎮静に努めるとともに、炭鉱国家管理法を可決した。しかし、この法は民主党を分裂させた。芦田や中曽根は炭鉱国管法に賛成したものの、幣原や田中は反対して民主党を脱し、やがて吉田の自由党と合流する。

社会党内でも対立は激化し、翌一九四八年三月一〇日には芦田内閣が誕生した。その芦田内閣も、化学会社の昭和電工をめぐる疑獄事件で短命に終わっている。中曽根にとっては、民主党員としての短い与党経験であった。

中曽根は後年、ライバルについて問われ、田中の名前を挙げている。「田中の角さん（田中角栄元首相）でしょうね。衆院初当選同期生だから。政治のコースや政策・理念において は違う道をおのおの自覚して歩みました。私は原子力をやり、角さんは高速道路網。二人ともプライドはあったが、火花を散らすことはなかった」というのである。

中曽根と田中は、生年月、初当選をともにするだけでなく、事務所まで同じ平河町《ひらかわちょう》の砂《さ》防《ぼう》会館というビルに長い間構えていた。砂防会館の四階に中曽根、三階に田中である。

もっとも、田中が中曽根を好敵手と見なしていたかは疑わしい。初入閣から自民党幹事長、首相就任に至るまで、常に先んじたのは田中である。派閥の領袖《りょうしゅう》にこそ中曽根が早くなったものの、最大派閥を率いた田中に対して、中曽根派は田中派の半数前後にすぎなかった。

中曽根が田中に比肩した領域としては、演説が挙げられる。中曽根は一九八一年の全議員アンケートで、演説がうまい政治家の第二位に入っている。上位五人は、海部俊樹《かいふとしき》、中曽根、三木武夫、田中、春日一幸《かすがいっこう》だった。春日は前民社党委員長であった。[2]

田中角栄　初当選後

原点としての反吉田

一九四八年一〇月一五日に吉田が首相に復帰すると、自由党に加わっていた田中は、早くも法務政務次官に就任した。吉田内閣は一九五四年一二月一〇日まで続く長期政権となる。中曽根にとっては、六年二ヵ月の野党時代を意味する。

中曽根は吉田の自由党に批判的である。「吉田さんは日本独自の発想を表に出さず、ＧＨＱの言うままに動いている」

ため、中曽根は「吉田的自由主義、資本主義に対して、社会主義まではいかんが、社会的連帯《ソリダリティ》を重視する修正資本主義と社会連帯主義という二つの柱を前面に押し出しました」という。

中曽根は修正資本主義を初陣の選挙でも掲げており、その意味では中道の主張であった。

外交方針として中曽根は、「アメリカに対する独立性の回復、自主防衛」を打ち出すことで、吉田自由党との違いを示そうとした。とりわけ「自主防衛」については、のちに防衛庁長官としても主張している。反吉田は政治家としての原点であり、吉田や池田勇人、佐藤栄作の保守本流に対して、中曽根は革新保守を自認した。中曽根が吉田の進めた日米安保条約を批判することについては、後述としたい。[3]

中曽根は東京裁判にも不満だった。「平和に対する罪とか文明に対する罪などは後から作られた罪で罪刑法定主義に反する」ため、「マッカーサーの東京裁判史観を承認しない」というのである。

他方で、「動員された大多数の国民は祖国防衛のために戦ったし、一部は反植民地主義・アジア解放のために戦ったと認識している」と解しながらも、「英米仏蘭に対しては普通の戦争だったが、アジアに対しては侵略的性格のある戦争であった」という。

のちに中曽根は首相として侵略戦争と認めている。[4]

徳富蘇峰

東京裁判が終結を迎えつつあった一九四八年秋から、中曽根は著名なジャーナリストの徳《とく》富蘇峰《とみそほう》を何度も訪れている。徳富とは縁戚《えんせき》であり、ＧＨＱによる公職追放の対象となった徳富は、八五歳を過ぎて熱海伊豆山の晩晴草堂《ばんせいそうどう》という邸宅に暮らしていた。中曽根が聞きたかったのは、戦争を鼓舞した徳富が敗戦をどう受け止め、未来を展望していたかである。

幕末生まれの徳富は和服に袴《はかま》をまとい、相模《さがみ》湾を見下ろす書斎で世界の大局を説いた。「中国は決してソ連の家来にならない。ソ連が背負い投げを食らうのが関の山だろう。毛沢東はチトー以上になる可能性があるね」、「当分、アメリカと手を握っていきなさい。アメリカには今や日本がどんな難題を出しても、突き放せない弱みがあることを忘れてはいけない」と縦横無尽である。

徳富蘇峰

中曽根は徳富の世界観に魅了されるとともに、柔軟な発想力に驚かされた。徳富によると、「勝海舟の言に『天の勢に従う』というのがある。政治家は救世軍の士官ではないのだから、イデオロギーや既成概念に固執する必要はない」というのである。救世軍とはキリスト教で、プロテスタントの一派を指した。

後年の言ではあるが、中曽根はこれを「風見鶏のすすめ」

と解したという。

大いに勇気づけられた箴言《しんげん》に、「大局さえ失わないなら大いに妥協しなさい」という教えがあります。言葉を変えれば、〝風見鶏のすすめ〟でしょうか。この言葉ほど私の人生観を左右したものはありません。以後は、妥協やまとめ役を重要な仕事と思うようになったのです。

徳富に触発された中曽根は、勝海舟にも傾倒する。公職追放中の鳩山一郎とも軽井沢の別荘で会うなど、野党時代の中曽根は交友の範囲を広げた。

国民民主党と「北村学校」

民主党では芦田の次に犬養健《いぬかいたける》が総裁となり、吉田内閣との連立を模索した。このため民主党は、一九五〇年三月に連立派と野党派に分裂する。連立派には犬養のほか、保利茂《ほりしげる》、小坂善太郎《こさかぜんたろう》らがいた。野党派は苫米地義三《とまべちぎぞう》、北村徳太郎、芦田、中曽根、桜内、稲葉修らである。

中曽根らは連立派と袂《たもと》を分かち、三木武夫の国民協同党と合同して、四月に国民民主党を結成する。国民民主党の委員長は苫米地であり、中曽根は政務調査会副会長に就任した。

中曽根が慕ったのは、経験豊富な政務調査会長の北村である。清廉なクリスチャンの北村は、片山内閣で運輸相、芦田内閣では蔵相を務めたこともある。北村は中国との関係正常化を早くから説き、保守陣営の最左派とも評された。日中関係の正常化という主張は、中曽根と近かった。

北村のもとには、中曽根のほか、川崎秀二《ひでじ》、桜内、園田、稲葉が集まった。北村派というほどの勢力ではなく、いわば若手中心の「北村学校」である。稲葉によると、北村は「青年将校グループの元締役《もとじめやく》のような存在だった」という。

国民民主党が一九五二年二月に重光葵《しげみつまもる》を総裁として改進党に改編されてからも「北村学校」は続き、河本敏夫、田村元《はじめ》、山中貞則《さだのり》らが出入りすることもあった。

中曽根にとっては野党時代が長引いたものの、落胆してはいなかった。のちに中曽根は、「自分の野党時代を振り返って思うのは、野党のときに何をするかで、あとの政治家としての人生が左右されるということである」と回想している。[6]

再軍備を求めて

中曽根は活動的であり、一九五〇年六月にはスイスのコーでMRA世界大会に出席した。MRAとはMoral Re-Armament（道徳再武装）という運動の略称である。イデオロギーや宗教を排した人類友愛の平和運動であり、中曽根のMRA参加は北村に同行したものだった。

スイスで中曽根は、理髪店のラジオによって朝鮮戦争の勃発を知った。スイスを離れると、中曽根は西ドイツ、フランス、イギリス、アメリカを訪れている。

ドイツは冷戦下で分裂しており、西ドイツの首都ボンでは、アデナウアー首相を表敬訪問した。中曽根は、「日本青年よりドイツ青年によろしくとの伝言がありました。日本青年に何かお言葉がありませんか」と述べている。

アデナウアーが、「諸君の敬意はドイツ青年に伝えます。あなたは何歳ですか」と尋ねると、中曽根は「三二歳です」と答えた。アデナウアーは、「日本とドイツの再建は青年の力にかかります。お互にやりましょう」と握手を交わしている。

各国を経て中曽根が八月一五日に帰国すると、この間にマッカーサーが吉田宛て書簡を通じて警察予備隊を創設していた。警察予備隊は七万五〇〇〇人から始まり、再軍備の第一歩となるものの、中曽根は不十分と感じた。

再軍備で共闘を組むべきは、前首相の芦田であった。中曽根は一〇月下旬、芦田の応援演説で京都を訪れている。中曽根は芦田より三一歳も年少である。若手議員が前首相を応援するのは珍しいが、芦田は昭和電工事件で逮捕され、保釈となったものの法廷で係争中だった。

京都から綾部に向かう車中で、中曽根は芦田に訴えた。

「最近、世界をまわって見て、この深刻な情勢を見ると、独立国に無防備中立などはあり得ないという思いを強くしました。マッカーサー元帥は日本に、『太平洋のスイスたれ』と言っておいて、朝鮮動乱が起こると、あわてて警察予備隊をつくらせる始末です。

一国の防衛の基本は、自らの意思で、自らの汗でやるべきです。いずれアメリカと同盟するにしても、日本は相応な再軍備をして、できるだけアメリカ軍を撤退させ、アメリカ軍基地を縮小しなければならない。さもないと日本は、永久に外国軍隊の進駐下にあり、従属国の地位に甘んじなければならないのではないでしょうか」

芦田は、「そのとおりだ。君もそう思うか。それなら一緒にこの運動を始めよう」と同感した。

芦田にとって再軍備は、復権を賭《と》したものでもある。中曽根と芦田が主張した再軍備は、のちに結成される改進党の綱領に「民主的自衛軍」の創設として盛り込まれる。芦田の無罪が確定するには、一九五八年二月一一日を待たねばならない。その翌年に芦田は他界する。

さらに中曽根は一九五一年一月二三日、マッカーサー宛てに長文の建白書を提出し、「内政も国防も、日本人の責任と名誉に於《お》いて処理すべき段階が到来した」と説いている。中曽根は同日、国民民主党主催の演説会でも再軍備を論じた。

二月二日にはアメリカのダレスと会い、原子力の平和利用と民間航空機の製造を認めるよう求めた。ダレスはトルーマン大統領の特別顧問として来日し、講和や安全保障を吉田と協議していたのである。[7]

旧海軍軍人との接触

中曽根の再軍備論で特徴的なのは、旧海軍軍人と積極的に接触したことである。ダレス来日の前後、中曽根は保科善四郎《ほしなぜんしろう》元軍務局長、大井篤《おおいあつし》元海軍大佐らと「防衛軍を設立するための研究」を行っていた。海軍長老で外相、駐米大使経験者の野村吉三郎《きちさぶろう》、元連合艦隊参謀長の福留繁《ふくどめしげる》を研究会に招いたこともある。

研究会の出席者は、ほとんどが旧海軍軍人であり、国会議員は中曽根のみだった。「国防・防衛問題は危なくて他の議員は触らなかった、選挙にマイナスになるわけだから」という。中曽根には、「〔憲法〕九条の欠陥をどう直すのがよいか」との意識が強かった。

そこで中曽根は三月一日、別途、与野党の青年議員を結集して独立自衛研究会の初会合を開いた。石田博英《ひろひで》、川崎、桜内、園田、稲葉など一三人が呼び掛けに応じ、講和の基礎条件を超党派で議論した。中曽根はサンフランシスコ講和会議後も、保科、福留らと意見交換を続けている。[8]

吉田との攻防

吉田がサンフランシスコで締結した講和条約と日米安保条約は、一九五一年一〇月二六日に衆議院を通過した。中曽根は講和条約に賛成票を投じたものの、安保条約については棄権した。安保条約では、内乱時に米軍が出動できることになっており、有効期限が設定されていないためである。日米行政協定で米兵に対する裁判権を欠いたことも、中曽根には不満だった。

ある新聞記者によると、中曽根は民主党総務会で「このような屈辱的条約に、われわれは責任を分担できない。アメリカは無差別爆撃で日本国民にたいへんな損害を与えた。われわれは、アメリカに賠償を要求すべきだ」と語気を強めたという。

中曽根の吉田批判は一九五二年一月三一日、衆議院予算委員会で頂点に達する。ここで中曽根は、ダレスに宛てた吉田書簡を「官僚秘密外交」と批判し、警察予備隊には憲法違反の疑いがあると論じた。吉田書簡とは、中国ではなく台湾と国交を樹立するという内容である。この日のために、中曽根は警察予備隊を視察していた。

ところが吉田は正面から対応せず、答弁の多くを岡崎勝男国務相や池田勇人蔵相に任せた。中曽根は苛立《いらだ》ち、「答弁する確信がないとは何事です。内閣をやめなさい」と一喝した。

質疑応答は中曽根に有利と見えたものの、中曽根が「天皇御退位の問題」を取り上げると、形勢は逆転していく。

中曽根は、「天皇がもしその御意思ありとすれば、この御苦悩をお取払い申し上げることも必要かと存ずるのであります」と述べた。

答弁に向かう吉田は、頰《ほお》の筋肉を震わせた。

「陛下が御退位というようなことがあれば、これは国の安定を害することであります。これを希望するがごとき者は、私は非国民と思うのであります」

中曽根の真意は天皇の自由意思に任せよというものだったが、吉田は退位を促すものと誤認して「非国民」と反撃したのである。拍手に包まれたのは、吉田の答弁であった。[10]

改進党の結成と革新派

中曽根は一九五二年二月八日、国民民主党を母体とする改進党の結成に参加した。新たに名を連ねたのは、重光葵、松村謙三、大麻唯男《おおあさただお》、中島弥団次《やだんじ》、宮沢胤勇《たねお》など、GHQによる公職追放からの解除組である。元外相の重光が初代総裁に就任し、松村は幹事長となった。

中曽根は党設立準備委員として、川崎秀二らとともに綱領の起案に参画した。目を引くのは、「独立自衛」と「協同主義」の二項目である。

一　我党は日本民族の独立自衛を完《まっと》うし、アジアの復興と世界平和の実現を期す。

一　我党は協同主義の理念に基き、資本主義を是正し国民大衆の福祉を増進す。

具体策としては、「民主的自衛軍」の創設、憲法や法令の再検討が盛り込まれた。その狙《ねら》いは、吉田による占領政策の是正にほかならない。

改進党には、四つの派閥があった。松村、大麻などの総裁派、三木武夫、北村、川崎、中曽根らの革新派、古井喜実、町村金五などの中間派、芦田、荒木万寿夫《ますお》らの芦田派である。革新派と呼ばれたのは、三木などの旧国民協同党系と、中曽根のような旧民主党系少壮派から成るためである。

中曽根は革新派でありながら、総裁派の松村に傾倒した。中曽根は松村の人格と見識に感銘を受け、自ら弟子をもって任じた。「松村さんは戦後すぐ、東久邇宮《ひがしくにのみや》（稔彦《なるひこ》）内閣で厚生大臣をやったね。そういう大先輩なのに、若手の政治家を大事に育ててくれた。それを私は恩義に感じていました」というのである。

特に感化されたのは松村の中国観である。中曽根によると、「松村さんは、中国と速やかに関係を回復し、自分の人生は日中友好のために捨てる覚悟でいた。〔中略〕中国を大切にするという点では、私もだいたい似た見解だった」という。

松村も中曽根の将来に大きな期待をかけており、のちに中曽根が派閥を結成するときには、「中曽根君を助けてやってくれ」と田川誠一衆議院議員を説いている。[11]

「爆弾質問」

改進党員となった中曽根は一九五四年二月二二日の衆議院予算委員会で、石井光次郎運輸相、大野伴睦《ばんぼく》国務相を造船疑獄で追及した。「これは確実な資料によったものであり、間違いなら自分が政治的責任をとる」と前置きし、名村《なむら》造船から石井と大野に一〇〇万円ずつ渡された疑惑があると指摘したうえで、中曽根は吉田内閣に総辞職を迫ったのである。

これには緒方竹虎《たけとら》副総理が、閣僚に関係者はいないと反論している。この「爆弾質問」は大野らのほか、池田蔵相、佐藤栄作自由党幹事長の心証を害し、のちに池田、佐藤内閣で中曽根の入閣を遅らせる遠因となった。[12]

「爆弾質問」は改進党の幹部にも不評だった。中曽根は、松村幹事長の制止を振り切って政府を追及しており、重光総裁は日記に「此《こ》の発言は不幸なり」と書き入れている。

> 松村幹事長の制止効を奏せず、中曽根〔康弘〕代議士予算委員会にて汚職曝露《ばくろ》を行ふ〔閣員に嫌疑ありとの事〕。論旨徹底を欠ぐ《ママ》。此の発言は不幸なり。自由党を刺戟《しげき》し過ぎぬ必要あり。
>
> 中曽根等は議会中一度は何か新聞種を作るの要あるものの如《ごと》し。何年経ても発達せぬ代議士に属す。遺憾なり。

重光は、中曽根の言動について新聞を意識したスタンドプレーと見なし、「何年経ても発達せぬ代議士」と酷評したのである。パフォーマンス重視の自己顕示という中曽根評は、のちの防衛庁長官や首相期などにもつきまとう。重光が「新聞種を作るの要あるものの如し」

と記したように、そのことは党内でも早い時期から囁《ささや》かれていたのである。[13]

福田赳夫との「上州戦争」

この間に中曽根は、一九四九年一月二三日の総選挙で第二回当選、一九五二年一〇月一日には第三回当選とキャリアを重ねてきた。

一九五二年の選挙では、元大蔵省主計局長の福田赳夫が同じ群馬三区から立候補していた。中曽根が最多得票であり、福田は二位で当選した。香川二区からは、大平正芳が初当選している。大平も元大蔵官僚であり、池田蔵相秘書官を務めていた。福田、大平ともに、自民党で派閥を率いることになる。

福田赳夫　初当選直前

特に福田は同じ選挙区だけに、中曽根は福田を意識せざるをえない。

一九〇五（明治三八）年生まれの福田は、中曽根よりも一三歳年長だった。中曽根にとって、福田は高崎中学、東京帝大の先輩でもある。福田は経済政策に通じていたことから、「経済の福田」と称された。中曽根と福田の選挙争いは激しく、「上州戦争」と呼ばれるようになった。

中曽根とすれば、同期に田中というライバルがおり、選挙区には福田という競争相手が出現したことになる。福田は一九六二（昭和三七）年に岸信介の派閥を引き継いだ。
中曽根は後年、福田との関係について、「戦前的な官僚系」との対立だったと述べている。

戦前的な官僚系と戦後派的な戦争体験のある青年政治家という対立がありました。支持層も福田さんの場合には、わりあいに金融を中心とする経済関係者、商工業者がかなり強かったです。私の場合には、むしろ青年婦人、ある意味におけるインテリ層が支持しました。県民の中において、年代的区分というものがかなり意識的にありました。
〔中略〕
福田さんの場合には財政・金融を中心に県民・国民に訴えました。私の場合は、むしろ教育・行政改革・憲法改正のような国家的基本問題を中心に訴えてきました。

経済を得意とする福田に対して、中曽根は「国家的基本問題」を訴えたというのである。中曽根は、首相公選論、外交、安全保障、原子力政策などに傾注した。[14]

群馬三区

中曽根と福田の関係は、群馬県民にどう映っただろうか。手掛かりとして、地元の『上毛新聞』が一九六六年の元旦に企画した新春対談を見ておきたい。このとき無役の中曽根に対

群馬３区における中曽根・福田の当選順位と得票数（1952～86年）

総選挙	中曽根康弘	福田赳夫
第25回（52年10月１日）	① 71697	② 46531
第26回（53年４月19日）	① 65878	④ 52665
第27回（55年２月27日）	① 83399	② 61090
第28回（58年５月22日）	② 70852	① 88027
第29回（60年11月20日）	② 75274	① 92099
第30回（63年11月21日）	② 84504	① 95378
第31回（67年１月29日）	② 72731	① 100573
第32回（69年12月27日）	① 106823	② 99465
第33回（72年12月10日）	② 93879	① 178281
第34回（76年12月５日）	④ 56454	① 148736
第35回（79年10月７日）	② 95961	① 122542
第36回（80年６月22日）	② 96930	① 128542
第37回（83年12月18日）	② 117970	① 129100
第38回（86年７月６日）	② 115381	① 120500

出典：『朝日新聞』などから作成

して、福田は蔵相である。新聞社は、景気、公債、地方財政、物価など、経済を論点に設定した。

福田は同年の経済成長について、「実質で七パーセントを目標にしたい。そうすると財政の任務というものが非常に重要になってくる。私は明年度予算案の考え方は、この設備投資の落ち込みを財政で達成するというもの」と冒頭から長広舌を振るった。

かろうじて中曽根が、「最近株が上がっている原因に〔中略〕東南アジア方面の資本がはいって買っているといううわさがある」と述べた。

すると福田は、「よそから来て買うという傾向はないのじゃないか、それがあればすぐ国際収支に現われてくるわけです」と即座に否定した。

福田は輸出や経済成長の数字を挙げるなどして、中曽根を対談で圧倒している。中曽根は発言が細切れになっており、読者には精彩を欠いて映ったはずである。中曽根も内心では、経済では福田に歯が立たないと感じただろう。経済を軸とする論点の設定が中曽根に不利であったが、地元での関心はそこにあると新聞社が判断した結果であろう。[15]

自民党から複数の候補者が立つ中選挙区のもと、中曽根が福田と争った総選挙は一九五二年から一九八六年までに一四回もある。そのうち中曽根のトップ当選は四回にすぎず、福田の一〇回に遠く及ばない。特に一九七二年から一九八六年までは福田が六回続けて首位となり、中曽根は首相として臨んだ二回の選挙ですら二位にとどまった。

群馬三区は保守王国であり、一九六三年には小渕恵三《おぶちけいぞう》が二六歳で初当選している。小渕は、「福田さんと中曽根さんにはさまれた、ビルの谷間のラーメン屋」を自称していた。ロッキード事件後の一九七六年には福田だけでなく、小渕のほか、社会党の山口鶴男《つるお》にも後塵《こうじん》を拝し、中曽根は四位の最下位当選となる。[16]

中曽根と福田は、一九七五年頃から群馬の自民党県議団を二分してもいた。中曽根系が「県政塾」、福田系が「政策同志会」である。首相を目指していた二人は地元で支持基盤の拡張を図っており、両派の競合は県議だけでなく、知事や市町村長も巻き込んだ。両派が解消されるのは、福田没後から一一年を経た二〇〇六(平成一八)年である。[17]

日米安保体制の受容へ

中曽根が一九五二(昭和二七)年一〇月の総選挙で三回目の当選を果たした頃、集団安全保障に関しては、「太平洋同盟方式」ないし「太平洋協定構想」と呼ばれるものがあった。これらはアメリカがNATOの太平洋版として案出した構想であり、日米のほかオーストラリアやフィリピンが念頭に置かれていた。

それらは具体化されずにいたものの、中曽根の考えに近かった。中曽根は吉田が締結した日米安保条約に批判的であり、太平洋の集団安全保障を思い描いていたからである。

一九五三年に入ると、中曽根は見解を改める。二月一四日の衆議院予算委員会で、「太平洋同盟方式というものに対しては、私たちは非常に警戒的であり慎重であります」と中曽根は論じた。「太平洋同盟方式」の集団安全保障に懐疑的となったのである。

この点について中曽根は、「中国と台湾の対立、朝鮮半島の分断という難問もあり、日本と韓国は仲が良くないというように、アジアとの連携は非現実的だった。結局、アメリカと条約を結んで安全保障をやる以外にないという発想の転換をしました」と回想している。[18]

改定が必要と感じながらも、中曽根は大枠として日米安保条約体制を受け入れるようになり、原子力政策に関心を移していく。その契機が七月からの訪米であった。

ハーバード大学セミナー

中曽根は一九五三年七月六日から八月三〇日まで、ハーバード大学夏期国際問題セミナーに参加した。セミナーには、ヨーロッパやアジアの二二ヵ国から四五人が集まっており、政治家、新聞論説委員、ラジオ解説者、大学教授、外交官、公務員、文学者、評論家、弁護士など多士済々である。

中曽根は七月三〇日、「日本の民主主義に関する諸問題」と題して五〇分間にわたり英語で講演した。「日本が、ヒットラーを生んだドイツのワイマール共和国の過失、すなわち政治の混乱と不安定を招来しないためには、首相公選が必要である」という内容だった。一般に、首相公選よりも間接選挙のほうが独裁になりにくいとも考えられるが、中曽根の論理はそうではない。「ヒットラーはワイマール憲法下、小党分立、政局の不安定に乗じて、議会政治の道を悪用して独裁に走った。日本がこの道を避ける方法は、首相公選である」。憲法を改正し、総理大臣が国民投票で選ばれる首相公選論を採用することで、二大政党制が確立して民主主義は強固になるという。

講演は、アメリカ、ドイツ、インド、パキスタンなどの代表に好評であった。中曽根は講演に備えて、英語の発音を矯正してもらっていた。

このセミナーを総括していたのが、のちにニクソン政権で大統領補佐官になるキッシンジャー助教授である。もっとも、キッシンジャーの英語にはドイツなまりが強く、中曽根は三割ぐらいしか理解できなかった。それでも、二人の交流は数十年と続くことになる。[19]

ライシャワーとの対話

中曽根は八月一一日、日本史研究で知られるライシャワー教授を自宅に訪ねている。応接室には雪舟《せっしゅう》の掛絵《かけえ》が飾られ、生け花の壺《つぼ》とともに旅情を慰めた。

ライシャワーが太平洋戦争中に国務省に勤務していたため、中曽根は原爆投下について問うた。

「日本はロシヤを通じて和平工作をしていたにもかかわらず、原子爆弾を投下するとはいかに考えるか」

「日本軍は抵抗する方の指導力がかなり強かったので、投下もやむを得なかった」

「戦争を終わらせるために、二十万以上の生命を一挙に犠牲にするとは適当とは思われないではないか」

「それは戦争というものの性格だ」

「原爆をあのように落したのは、一体平和を促進するためであったのか、あるいは威力を確かめるためであったのか」

「つくる者が試みたくなる心理になることは考えられるが、公式には、もちろん平和を促進するためだった」

「インドは、ドイツに落さないで日本に落したのは、人種的感情がそうさせたのだと言っている」

「戦争が長引けば、もちろんドイツにも落したであろう。人種的感情はない」

「原爆を落すなら、附近の無人の小島に落して、日本人の前に見せて試みるべきであった」

「私もそれはよかったと思う。しかし小島に落したのでは、そのショックも小さいし、反響も小さいし、戦争をやめさせる力になりにくかったかもしれない」

「天皇制の問題はどうだったのか」

「当時は国務省にいたが、天皇制の存続を強力に主張した」

「天皇は当時退位すべきであったか、皇太子に譲るべきであったか、議論がある」

「皇太子が天皇になっても、前天皇が背後におれば同じことだと思う」

ハーバード大学での二ヵ月弱の経験は、アメリカから日本を見つめる好機となった。[20]

原子力の平和利用

中曽根はワシントンに向かい、ニクソン副大統領、ロバートソン国務次官補らと九月に会談し、自衛軍の創設、日米安保条約の改定、米軍の順次撤退を主張している。一〇月には海軍兵学校、陸軍士官学校などを視察し、原子力についてはバークレーのローレンス研究所に立ち寄った。

なかでも重要なのは、留学中の嵯峨根《さがね》遼吉《りょうきち》東京大学理学部教授とローレンス研究所で出会ったことである。嵯峨根は原子力政策に関して、法律と予算で明確にすべきと中曽根に説いた。中曽根は、「原子力の平和利用については、国家的事業として政治家が決断しなければならない」と意を強くした。

一〇月三〇日に帰国するまで、四ヵ月近いアメリカ滞在だった。中曽根は政治家らの演説レコードを大量に持ち帰っている。蔦子夫人は、「中曽根はアメリカに行くたびにクラシックは買わず、演説のレコードばかり買ってくるのよ」と周囲にこぼした。[21]

「ミスター・アトム」——原子力予算の獲得

中曽根は帰国後、「原子力に関する国家的体制を確立しないと日本の将来にとって致命的な損失になる」と猛勉強した。一九五四年三月二日には川崎秀二らの協力を得て、原子力研究の調査費として二億三五〇〇万円の予算を計上している。

なぜ野党の中曽根が参画できたかといえば、第五次吉田内閣で予算案は自由党が組んでいたものの、自由党は少数与党であり、改進党の賛成が不可欠だったからである。中曽根が衆議院予算委員会の理事として突き付けた修正案は、原子力の平和利用研究を本格的に始める契機となるものだった。原子力核アレルギーから反発するメディアもあったため、中曽根は新聞への寄稿や座談会を通じて、原子力開発の必要性を説いた。

三月二日の予算計上は、第五福竜丸《ふくりゅうまる》事件が世に知られる直前だった。アメリカがビキニ環礁で三月一日に水爆実験を行っており、マグロ漁船の第五福竜丸が被曝したのである。第五福竜丸は三月一四日に焼津《やいづ》へ帰港し、乗員二三人全員が原爆症と認定された。

それでも中曽根は揺らぐことなく、一九五五年八月八日から二〇日には、自由党の前田正男衆議院議員らとジュネーブで原子力平和利用国際会議に参加した。中曽根は八月二〇日、「我等四党代表は原子力開発に関しては全く超党派的に協力する旨の約束をなし各党に実現することを誓約せり」と高碕達之助《たかさきたつのすけ》経済企画庁長官に書簡を送っている。「我等四党代表」とは、民主党の中曽根、自由党の前田、右派社会党の松前重義《まつまえしげよし》、左派社会党の志村茂治《しむらしげはる》である。さらに中曽根は八月下旬から、フランス、イギリス、カナダ、アメリカの施設を視察して、九月一五日に帰国した。

帰国後に中曽根は、原子力合同委員会の委員長となっている。原子力合同委員会とは衆参合同の超党派的な委員会であり、一二月一九日に原子力基本法を議員立法で成立させた。中曽根は「ミスター・アトム」の異名を得ている。[22]

反吉田勢力への接近と防衛庁設置

中曽根は原子力政策を超党派で進めつつ、自由党内の反吉田勢力との連携を模索しており、一九五四年二月二五日には石橋湛山《たんざん》を訪れていた。石橋の日記には、「一一時ごろ約により改進党中曽根代議士来、吉田内閣打倒革新運動を起さんという」とある。石橋は自由党にありながら反吉田の姿勢を強め、岸信介らと保守新党運動に向かっていた。中曽根も、新党運動の一端を担おうとしたのである。

その後も中曽根は石橋と接触した。一一月一七日の石橋日記には、「改進党革新派中曽根、川崎、桜内〔義雄〕、稲葉〔修〕四氏を招き懇談」とある。かつて民主党で「青年将校」と呼ばれた中曽根が、いまは反吉田を標榜《ひょうぼう》する改進党若手グループの中心と目されていた。[23]

この間の六月九日には、防衛庁設置法と自衛隊法が成立していた。第五次吉田内閣で少数与党の自由党は、改進党のほか、三木武吉《ぶきち》や河野一郎の日本自由党と連携せざるをえなかった。中曽根は文民優位を念頭に置きながら、自由党の西村直己《なおみ》、日本自由党の中村梅吉《うめきち》とともに両法の策定に加わっている。

中曽根によると、「吉田さんは漸進的な防衛をあまり明言していませんでした。つまり、防衛問題に彼は関心がなくて、発言もない。〔中略〕吉田政策の欠陥を我々が埋めていかなければならんという立場で、改進党は一致していました」という。その自負は後年、志願しての防衛庁長官就任につながる。[24]

共産圏の視察

これまで中曽根の外国滞在は、戦時中を除くと西ヨーロッパとアメリカだけであり、共産主義国を訪れたことはなかった。しかし、冷戦下で対外政策を検討するには、共産圏の視察が不可欠である。中曽根は一九五四年六月二一日から八月一〇日まで、西村直己、黒田寿男《ひさお》、桜内義雄、園田直、松前重義らと、超党派議員団の一員としてソ連と中国を現地調査する。
中曽根は出発前に了解を得るため、五月一八日に改進党総裁の執務室に重光を訪れた。
重光は、「脱線も脱線、大脱線だ。友人として中止方を忠告する。君は日本の政界の指導者の一人になってもらわなければならぬが、これは政治生涯の大きなキズになる。絶対やめよ」と反対した。
中曽根は、「忠告はありがたいが、保守党の政治家が、いまこそソ連、中共をみて国策を考える必要がある」と意に介さなかった。[25]
この件について重光は、「仲《ママ》曽根、ロシア行を持出す。ディスカレージー〔discourage 思いとどまらせる〕置けり。彼は新聞に目立つことは何でもやり度《た》き男なり。修養せねば大成せん」と日記に書いた。中曽根に対する重光の評価は相変わらず低く、共産圏への視察はいつものパフォーマンスと映ったのである。[26]
だが当時、保守政治家が共産圏を訪れることは珍しく、パフォーマンス以上の価値があった。重光の批判は、必ずしも当たっていないだろう。
中曽根が危惧《きぐ》したのはパフォーマンスとの非難ではなく、共産圏を訪問することによって、アメリカに容共的と見なされかねないことであった。中曽根は西村らと連名でアメリカのアリソン駐日大使に書簡を送り、ソ連や中国を訪問予定ではあるが、「日米両国及び両国民間の友好信頼の関係を破壊いたしたくありません」と伝えた。

共産圏の訪問が反共的な米国マッカラン法に抵触すると解され、将来、アメリカで入国拒否になることを避けようとしたのである。[27]

北欧経由でモスクワに入ると、ホテルの電灯は暗く、タオルからトイレット・ペーパーに至るまで、備品は貧弱である。工場を視察したが先進的とは思えず、ソ連の宣伝とは懸け離れていた。

中曽根らはヴィシンスキー外相第一代理に領海や漁業の問題を訴え、シベリアでは戦犯収容所に元関東軍総司令官の山田乙三《おとぞう》らを見舞った。「当時のソ連は、収容所列島《ママ》と言われているように、陰惨で秘密警察の目が常に光っており、まるで留置場にいるような気がした」という。

中曽根はモンゴル経由で北京の飛行場に着いた。人々の表情や商店の果物を見て、「ああ、人間の社会に帰って来た」と感じたという。

郭沫若《かくまつじゃく》副総理や李徳全《りとくぜん》中国紅十字会総裁らと会談すると、郭は「日本の帝国主義」を非難するなど厳しい対日姿勢を示した。中国はソ連一辺倒の時代であったものの、中曽根は貿易や文化交流などを広範に論じている。中曽根の耳には、「毛沢東は必ずユーゴスラビアのチトーのようになる」という徳富蘇峰の言葉が残っていた。

中曽根は、対日関係を手掛けていた廖承志《りょうしょうし》、孫平化《そんへいか》、肖向前《しょうこうぜん》、劉徳有《りゅうとくゆう》とも交流している。劉によると、「言葉を操ることが上手い中曽根氏の即興演説には、人の心を奮い起こさせる何かがあると私は思った」という。廖が宴席を設けると、中曽根は「荒城の月」を歌った。中曽根は天津で毛布工場を訪れるなど、社会主義改革を理解すべく努めている。最終目的地は香港だった。園田が香港の中華料理店で「自分は将来、中国問題をやる」と語ると、桜内が「僕はソ連問題だ」と応じた。中曽根は「アメリカ係を志願して、また乾杯した」という。中曽根は共産圏の経験を踏まえたうえで、対米関係の第一人者たろうとしたのである。

これ以降も中曽根は、アメリカ、東南アジア、中南米、韓国、ヨーロッパなどに外遊を重ねる。豊富な外国経験は政治家としての財産となり、とりわけ首相期に活《い》きてくる。[28]

第3章　保守合同と初入閣——岸内閣科学技術庁長官

日本民主党から自民党へ

中曽根が香港から一九五四（昭和二九）年八月一〇日に帰国すると、改進党は、鳩山一郎ら自由党の一部などと新党運動を進めていた。ここでも中曽根は反吉田を崩さず、池田勇人、佐藤栄作などの自由党主流派を除いたグループとの合同を模索する。

一方、芦田均は自由党主流派の池田と接触し、改進党芦田派の荒木万寿夫や小島徹三、有田喜一《きいち》などを池田に託そうとした。これを知った中曽根や川崎秀二は、一一月一三日の改進党中央委員会で党議違反として芦田を追及している。

芦田の日記によると、「荒木、小島、有田の同志と昼食をしたが、この人達は、今日の中央委員会で吊し上げようと革新派がりきんでいるから決して怒ってくれるなと注意してくれた。それから院内で開かれる二時からの中央委員会に出たが〔中略〕川崎秀二君が私に党議背反の点ありと言って三、四項目の質問をした。次は中曽根君、それからヨコハマの吉田という女性〔吉田セイ衆議院議員〕が喰ってかゝった」という。

民主党結成時には強引に芦田を総裁に推し、再軍備でも芦田と共鳴した中曽根だが、いまや二人の立場は離反したのである。

中曽根は新党の総裁に鳩山を想定して、吉田内閣に代わる政権の受け皿を作ろうとした。後年に中曽根は、「鳩山一郎系勢力、三木武吉・河野一郎系勢力、岸信介系勢力と改進党などの合同による新党の結成に奔走した」と記している。

つまり、中曽根は提携先に鳩山、三木、河野、岸を挙げているのだが、岸の理解は異なる。岸は自由党、改進党を解党させ、新しい保守新党を結成しようとしていた。岸は保守全体の合同を見据えていたのである。

岸によると、「改進党内は松村謙三、三木武夫、中曽根康弘君らのグループと芦田均、千葉三郎君らのグループに分かれていた。後者は私の考えに近かったが、前者は救国新党派と称して進歩的な色彩を装っているものの、本質は保守二党論者であった。自由、改進の保守党間で主導権を争い、吉田政権を打倒して自分たちが政権を握る、というのが基本理念で、このためこのグループは新党運動の機運が出始めたころはどっちつかずだった」という。

すなわち、中曽根の本質が「保守二党論者」であり、岸の考えに近いのは中曽根ではなく、芦田だったと岸は回想している。

岸が「保守二党論者」と呼ぶように、中曽根は吉田自由党との合同には反対していた。[1]

鳩山内閣の成立

鳩山を総裁とする新党は、日本民主党として一九五四年一一月二四日に旗揚げした。党の要職は重光副総裁、岸幹事長、三木武吉総務会長、松村謙三政務調査会長となり、石橋、芦田、大麻唯男が最高委員に就いた。河野一郎も日本民主党に加わった。中曽根が鳩山や河野と合流したのはこのときである。

吉田内閣は窮地に追い込まれて総辞職し、一二月一〇日に鳩山内閣が誕生する。

中曽根は六年二ヵ月の野党時代を終え、日本民主党で組織局長を務めた。組織局長の大きな役目は選挙対策である。日本民主党が一九五五年二月二七日に総選挙で第一党に躍進すると、中曽根は日本民主党の副幹事長に就く。鳩山首相に近い三木武吉が自由党との保守合同を唱えたものの、中曽根は保守連立の選択肢を残すべきとの理由から反対している。それでも左右の社会党が一〇月一三日に統一すると、一一月一五日に自由民主党が結成された。

この保守合同は中曽根にとって、池田、大平、宮澤喜一などとの合流を意味しており、田中角栄とも再び同じ党籍になった。佐藤は当初、自民党の結成に不参加だったが、岸内閣成立の直前に入党する。反吉田を原点とする中曽根は、吉田学校の優等生と呼ばれる池田や佐藤に違和感を覚えたはずである。

中曽根によると、「吉田自由党に対して鳩山民主党をせっかく作ったのに、一緒になるなんて考えられない」と感じていたものの、社会党が統一したのを受けて、「ああ、これは保守も一体にならんとかなわん」と合同に賛成したという。[2]

自主憲法制定論

保守合同直前の一九五五年九月、中曽根は小冊子『自主憲法の基本的性格——憲法擁護論の誤りを衝《つ》く』を憲法調査会から刊行していた。憲法調査会とは、中曽根が矢部貞治、稲葉修、宇都宮徳馬《うつのみやとくま》、赤城宗徳《あかぎむねのり》、杉原荒太《すぎはらあらた》、高山岩男《こうやまいわお》らと協力して発足させた団体である。矢部は拓殖大学総長になっており、稲葉、宇都宮、赤城が衆議院議員、杉原は参議院議員で、高山は神奈川大学教授だった。事務所は銀座に置かれた。

小冊子で中曽根は芦田均の日記などを参照し、「この憲法は日本人が作ったのではない。原案は総司令部で作られ、又国会に於ける一言一句の修正すら総司令部の許可を要し、然《しか》も主要な修正は許されず、外国からの天皇制廃止の脅威の下に、涙を呑《の》んで採択された」と論じている。

中曽根は憲法と米軍駐留を関連づけて、「外国軍隊の駐屯が続く限り、日本政府の自主性は制限され、防衛に関する外国の発言権は強くなり、不測のことに日本が引きずり込まれる恐なしとしない。〔中略〕国家防衛に関する条項が、現在の様に曖昧《あいまい》な憲法下に於ては、魂の入った防衛力は仲々《ママ》出来難い」と主張した。そのうえで、「国民の福祉増進のための積極的理想や内容を盛った条項を以《もっ》て充実せしむべきと思う」と唱えたのである。[3]

中曽根を応援した一人に、師と仰ぐ徳富蘇峰がいた。徳富は中曽根宛て書簡で、「憲法改正ハ日本百年ノ大計上、最大重要ノコト」と激励した。中曽根は、「憲法は次の時代に生きる今日の青年自ら創るべきもの」であり、「小生等の努力足らざるを恥じ入る次第であります」と返信している。[4]

中曽根は一九五六年四月一三日、「憲法改正の歌」を東京宝塚劇場で発表した。中曽根が作詞し、音楽家の明本京静《あけもときょうせい》に作曲を依頼していたものである。満員の聴衆を前に熱唱したのは、歌手の安西《あんざい》愛子であった。

一　嗚呼《ああ》　戦に打ち破れ　敵の軍隊進駐す　平和民主の名の下に
　　占領憲法強制し　祖国の解体を計りたり　時は終戦六ヶ月

二　占領軍は命令す　若《も》しこの憲法用いずば　天皇の地位うけあわず
　　涙を呑んで国民は　国の前途を憂いつつ　マック憲法迎えたり

三　十年の時は永くして　自由は今や還《かえ》りたり　我が憲法を打ち立てて
　　国の礎《いしずえ》築くべき　歴史の責を果たさんと　決意は胸に満ちてり

レコードがビクターから発売されると、中曽根は鳩山らに届けた。中曽根はレコードで三〇〇〇円以上の印税を得たという。もっとも、主要紙は「憲法改正の歌」をほとんど報道しておらず、大きな反響はなかったようである。わずかに『朝日新聞』の「声」に投書があるものの、「歌詞の作者は、何をよりどころに、どんな気持で、どんな文句を連ねたのだろう。私には理解のゆかないことだ」と批判する内容だった。

日ソ国交回復──波乱の演説

鳩山内閣はソ連との国交回復を最大の課題にしており、鳩山は一九五六年一〇月一九日、モスクワで日ソ共同宣言に調印する。共同宣言は戦争状態を法的に終結させるものであり、鳩山はハワイ経由で帰国となった。河野は鳩山を引退させようと考え、「ハワイまで迎えに行って鳩山さんを説得しろ」と中曽根に命じた。

河野はポスト鳩山に岸を想定していた。中曽根が河野から聞いたところによると、河野は岸との間で、「鳩山の次はおまえ〔岸〕がやれ。おれ〔河野〕は応援する。その代わり保守合同では鳩山を支持してくれ」と自民党結成の直前に約していたというのである。

そこで中曽根は、田中榮一官房副長官らとともにハワイを訪れて鳩山に合流した。普段は物怖《ものお》じしない中曽根だが、このときばかりは勝手が違った。鳩山とは、三五歳の年齢差がある。

中曽根は機会をうかがったものの、「引退を」とは言い出せないでいた。かろうじて朝食時、「鳩山先生は、大事業をされたのですから、もうこれからは身体を大事にされて……」

とロにするのがやっとである。

それでも鳩山はぴんと来た。中曽根によると鳩山は無言を貫き、「ほんとうに不愉快だという顔をした」という。

中曽根は日ソ国交回復の先に何を展望したであろうか。帰国後、青雲塾の機関誌『青雲』に寄稿した論考「サンフランシスコのギプスを外せ」から探ってみたい。そこには日米安保条約と領土問題が挙げられている。

鳩山一郎

日本民族は、この世界的な第二次大戦の病根の治癒《ちゆ》時代に、米ソ二大勢力の醜《みにく》い妥協点の修正のための造山運動の時代に、我々も当然、第二次大戦の結果の病根、安保条約や領土の正常化運動を起すべき時期に入ったのである。換言すれば、サンフランシスコのギプスの入ったたまま、日本の体が固定化してかたまってはならない。速《すみやか》にギプスを取り除いて、自由な健康体に復元して改めて対等なる米国との提携に乗り出さねばならないのである。

中曽根によると、「サンフランシスコのギプス」とは日米安保条約や北方四島などの領土問題であり、それらを固定化してはならないというのである。[7]

そこで中曽根は一一月二七日、日ソ国交回復について衆議院本会議で演説した。演説は、サンフランシスコ講和会議で全面講和論が国民の支持を得なかったことに始まり、北方領土が返還されなかったことは「誠に遺憾」とソ連を批判した。

共産主義を「バイ菌」になぞらえる一節もあり、全面講和を唱えていた社会党や共産党の議員は、立ち上がって野次を飛ばした。野党議員が演壇に押し掛け、演説が議場に聞こえないほどの混乱となった。中曽根はマイクを顔に近づけて大声を発し、汗だくになって五〇分の演説を終えている。

怒った野党は、議事録から演説を削除するように要求した。演説がソ連を中傷しているうえ、全面講和への批判で野党の立場を無視したというのである。中曽根は削除に反対したが、自民党執行部は共同宣言の承認が遅れることを憂えて、削除に応じた。

中曽根は読売新聞社社主の正力《しょうりき》松《まつ》太郎《たろう》に頼み、同紙に演説全文を掲載してもらった。このため演説は、議事録から削除されたにもかかわらず、かえって世間に広まったのである。[8]

三縁主義

鳩山内閣は国連加盟を花道として、一九五六年一二月二〇日に総辞職した。中曽根の説得とは無関係に、鳩山は辞職を念頭に置いていたのであろう。

この頃から中曽根は毎年、「結縁・尊縁・随縁」の三縁主義を手帳に書き付けるようになった。中曽根によると、「縁を結んだら、その縁を尊び、その縁に従うということである。それを生涯のモットーにしている」という。

自分で案出した言葉であり、「親密に往来する仲間は親戚、同窓、職域、地域等のせいぜい六〇～七〇人にすぎない。その間を往き来しているうちに人生は怱忙《そうぼう》として暮れていく。せめてその間、互いに温め合い、睦《むつ》み合い、最後の『グッド・バイ』を言う時、『よかったね』とゆくりなく、懐かしく別れたいと思っている。縁を尊ぶゆえんである」と考えた。

中曽根は大学を卒業する頃から座禅を好み、仏教やキリスト教に深い関心を示したが、特定の宗教を信じるには至らなかった。後年の回想によると、「特定の既存宗教を信仰するには、そのための機会と修養が不足しているようです。私には、まだ理性の傲慢《ごうまん》があって、敬《けい》虔《けん》さが不足しているのでしょう」という。

河野派の春秋会

中曽根は自民党で、春秋会と称する河野一郎の派閥に属していた。河野派、大野派、石橋派、三木・松村派は、戦前来の政党政治家が多いことから党人派と呼ばれた。これに対して、岸派、池田派、佐藤派は元官僚を多く抱える官僚派である。党人派と官僚派の中間的存在としては、石井光次郎の率いる石井派があった。

河野派のメンバーは、中曽根、北村徳太郎、桜内義雄、園田直、稲葉修ら旧改進党系のほか、旧日本自由党系の中村梅吉、財界から政界に転じた高碕達之助、元駐英大使の松本俊一《しゅんいち》などである。

河野と高碕はそれぞれ農相、経済企画庁長官として入閣しており、河野派は鳩山内閣の主流派を占めていた。

河野一郎

春秋会は多彩な顔ぶれである。読売新聞社の渡邉恒雄によると、「共通している特徴は、この派のほとんどが、政界の喧嘩《けんか》男として定評があり、一言《いちげん》居士《こじ》で、良く言えば、行動力のある理論派であることだ。このような異分子の集団がよく統一されていると人は不思議に思うだろう」という。

個性的なメンバーが多い春秋会のなかでも、河野の存在感は圧倒的である。中曽根によるなら、河野は風圧を感じさせる数少ない政治家だった。「国会の廊下を歩いていて、むこうからやってくる人に風圧を感じた人が二人いる。一人は吉田茂氏であり、もう一人は河野一郎先生であった。〔中略〕二人の仲が悪かったことは、周知の事実である。このことは、日本の国家のために非常に不幸であったと思う」というのである。

矢部貞治が「なぜ春秋会（河野派）に加わったんだ」と聞くと、中曽根は「河野一郎を政治家として尊敬しているわけじゃない。政治には力が必要だ。河野の力に頼っているんだ」

と答えたといわれる。[10]

河野は中曽根を嘱望《しょくぼう》し、河野にとって日本自由党からの同志である中村梅吉とともに遊説《ゆうぜい》によく連れて行った。中曽根が前座として壇上に立ち、次が中村で、最後に河野となる。中曽根は雄弁で、聴衆を引き込んだ。河野の声は低く、内容があったにしても華麗ではない。人気を博したのは中曽根であり、中村が「河野先生と一緒の演説会ではなあ、演説の調子をもう少し落とすようにいっといてくれ」と中曽根の秘書に頼むほどだった。

もともと中曽根は弁が立つうえに、中野正剛《せいごう》や永井柳太郎《りゅうたろう》の演説集で弁論術を研究していた。中野、永井ともに戦前の名演説家である。[11]

石橋内閣から岸内閣へ

河野派は一九五六年一二月一四日の自民党総裁選で岸信介支持を決めた。しかし、中曽根は石橋湛山に投票した。当選したのは石橋である。

中曽根によると、「私としては大東亜戦争に行って随分部下も殺した、また弟も戦死した。それらを考えると岸さんが総理大臣になるのは早い。むしろあの時、軍とやりあった石橋湛山氏を総理にするのが筋だという気持ちがあって投票した。そのために出世が大分遅れました」という。

かつて岸は、東条英機内閣の商工相として日米開戦に同意しており、占領期にはA級戦犯容疑者として収監されたものの、不起訴のまま釈放されていた。

石橋内閣は一二月二三日に成立したが、病気のため在任わずか六五日で退陣した。東久邇宮稔彦の五四日に次ぐ最短記録である。

代わって岸内閣が一九五七年二月二五日に誕生した。中曽根によると、先の総裁選で岸ではなく石橋に投票したことが影響し、「最初の岸内閣では私はいい処遇を受けなかった」という。対照的に田中角栄は七月一〇日の内閣改造で、三九歳の若さで郵政相として初入閣する。[12]

アジア・アフリカ歴訪

中曽根は岸内閣下で自民党副幹事長、内閣の憲法調査会委員に就任した。一方、日米安全保障条約の改定で知られる岸首相は、まずアジアでの地歩を固めるべく、最初の外遊先に東南アジアと南アジアを選んだ。

岸がビルマを皮切りにアジア各国を歴訪すると、中曽根も議員団の一人として随行した。

一九五七年五月二〇日から七月一三日にかけて、ビルマ、インド、パキスタン、イラン、イラク、レバノン、シリア、エジプト、オーストリア、ユーゴスラビア、ハンガリー、トルコ、イギリス、ギリシャ、イスラエル、セイロン、シンガポール、インドネシア、香港、台湾を訪れたのである。岸に同行したのは、ビルマ、インド、パキスタンまでだった。いまでは考えられないような、二ヵ月近い長旅となる。

中曽根は五月二三日、岸らとともにインド首相官邸にネールを訪れた。岸が挨拶を済ませると、中曽根は、「日本の青年はネール首相の日本訪問を大いに歓迎するものであり、またインドとの間に青年の交換を行いたいと考えている」と述べた。ネールがうなずき、さらに中曽根は、「貴首相は日本においては日本の総理よりも有名である」と冗談を口にした。ネールは、「戦後日本が急速に復興したことに対し、自分は深い感銘を受けている」と語った。

中曽根はパキスタンで岸と別れ、イランからは元衆議院議員の中谷武世《なかたにたけよ》、平凡社社長の下中弥三郎《しもなかやさぶろう》とともに行動した。中曽根は、「エジプトは近東の要衝を占めており、スエズ運河を握っており、世界政策のカナメにある」と考え、ナセル大統領のエジプトを重視していた。

ナセルを訪ねたのは、六月六日のことである。ナセルは中曽根と同じ三九歳だが、白髪が少なくなかった。握手すると、「非常に厚みのある軟《やわ》らかい暖《ママ》かい手であった」、「手の感触は河野一郎先生にも似ていた」という。

中曽根は、「スエズ運河の国有化を日本国民は支持している。〔中略〕アスワンハイダムは欧米白色人種の手によって作られるということは、あまり感心しない。われわれアジア・アフリカ勢力の手で作ろうじゃないか、日本の技術に一つ仕事させてもらいたい」と申し入れた。ナセル大統領は「ベリー・グッド・アイデア」と述べている。

すぐに中曽根は、元経済企画庁長官の高碕達之助らに電報を打ち、アスワンハイダムに関するナセルの発言を伝えた。後日、アスワンハイダムの最高責任者三人が日本に招聘《しょうへい》されたものの、ダムの発注先はソ連となる。

その後イギリスでは、原子力発電所を視察した。台湾では、本土復帰を唱道する蔣介石が印象的だった。

中曽根は帰国後、『読売新聞』に寄稿し、「親ソ・ブロック」に対抗するため「アジア・インター・ナショナリズム・リーグ（アジア国民主義連合）ともいうべきワク」の形成を提唱した。さらに、「歴史共同研究所」設立によって、日本の経済進出に伴う誤解を解消するよう説いた。これらは実現しなかったものの、長期の外遊はアジアの将来像を描く契機となったのである。[13]

沖縄訪問

さらに中曽根は、アメリカの統治下にあった沖縄にも目を向けた。岸内閣は沖縄の経済開発などに援助を推進する方針であり、中曽根は衆議院外務委員長の桜内とともに岸、藤山愛一郎外相と沖縄の開発や財政援助について協議している。

そのうえで中曽根と桜内は、一九五八年七月二四日から二六日にかけて沖縄を訪れた。沖縄では大田政作《せいさく》琉球政府副主席らと援助について懇談し、バージャー主席民政官などと会談したほか、米軍施設を視察している。

東京に戻った中曽根は、「最近デミング新総領事をはじめ沖縄駐在首脳を一新したことをみても明かだが、今度の話合いの結果でも友交《ママ》的態度がみられ、沖縄住民の要望を十分聞いて行政をすすめると明言しているので、筋道をたててゆけば道は開ける」と記者に語った。返還の目処《めど》が立たないなか、中曽根の沖縄訪問は、援助と連携を強化しようという岸内閣の方針に沿うものであった。[14]

他方で中曽根は、憲法調査会の委員として首相公選論に向けた議論を重ねた。さらに中曽根は憲法調査会で、岡崎勝男元外相や西村熊雄《くまお》元外務省条約局長らに対して、憲法第九条や日米安全保障条約の形成過程を聞いている。[15]

初入閣――科学技術庁長官

第二次岸内閣が一九五九年六月一八日に改造されると、中曽根は科学技術庁長官として初入閣した。四一歳のときであり、総理府の原子力委員会委員長にも就任している。

中曽根によると、「私は戦後、一貫して原子力政策の展開、科学技術政策の推進を手がけてきており、このポストは母屋《おもや》に帰ったような気持ちにさせた」という。[16]

このとき中曽根は当選六回で、同期の田中角栄が二年前に三九歳で入閣したのを意識していた。中曽根は大臣就任を切望したものの、肝心の河野が岸との関係を極度に悪化させていた。河野は幹事長ポストを岸に断られ、反主流派に転じたのである。

第２次岸信介改造内閣，1959年６月18日　後方中央に科学技術庁長官として初入閣した中曽根

このため岸は改造に際して、河野派の人事を大野伴睦副総裁に任せた。しかし中曽根は、野党時代に造船疑獄で大野を追及しており、大野は中曽根を毛嫌いしていた。

それでも、大野に取り入らなければ、中曽根の入閣はありえない。大野は党人派の自派閥を率いる大物である。

そこで改造前に中曽根は、共通の知人であり、大野の番記者であった読売新聞社の渡邉恒雄を介して大野に接近する。中曽根の意向を受けた渡邉が、金龍《きんりゅう》という赤坂の料亭に大野を呼び出したのである。

中曽根は料亭に着くと、渡邉とともに大野を待っていた。そこへ大野が入ってくるや、大声で怒鳴りだした。

「おい、中曽根。貴様は造船疑獄のときに予算委員会で、『大野伴睦は賄賂《わいろ》をもらっている。政治生命をかけて言う』とか言ったな。あのときの恨《うら》みをおれは忘れていないぞ」

中曽根は、「若気の至りで申し訳ございませんでした。よろしくお願いいたします」と両手を床に突いた。

そこを渡邉が、「造船疑獄事件のとき、中曽根は野党である改進党にいたんです。野党時代の発言を恨んで、いま返そうというのは、大野副総裁らしくないじゃないですか」といなした。

大野は「うん、それもそうだ。うん、わかった」と機嫌を直した。

大野が中曽根と向き合って座ると、渡邉が、「中曽根は河野派で、組閣への窓口がなく運動できずに困っている。副総裁は河野派の推薦権も持っていますよね。なんとか中曽根入閣を推進してくれませんかね」と頼み込んだ。中曽根も頭を下げた。

すると大野は、このことを予期しており、「よし、きみを入閣させる」と一転して快諾した。三者が話し込むうちに、大野は中曽根を認めるようになった。大野は挙げ句に、「中曽根君、君は宰相の相をしている。将来、君は宰相になるぞ」とまで口にした。

中曽根と渡邉は大野の変わり身の早さに驚いたが、それは政治家にとって必要な術である。中曽根は後日、「ナベさんだけには真相を知っていてもらいたい」と造船疑獄に関する検事調書の写しを見せている。[17]

科学技術と宇宙開発

日米安保条約の改定を進めていた岸内閣は、内政では暴力、汚職、貧乏の三悪追放を掲げた。貧乏の追放は、次の池田内閣で所得倍増計画につながるものであり、中曽根にとっては科学技術の振興と結び付いた。そのことを示すのが、自民党の雑誌『政策月報』一九五九年九月号に掲載された座談会である。

この座談会で中曽根は、自民党科学技術特別委員会委員長の小坂善太郎、東大総長で科学技術会議議員の茅《かや》誠司らと意見を交わした。科学技術会議とは同年二月、総理府に設置された科学技術政策に関する首相の諮問機関である。

まず小坂が、科学技術会議設置法の成立や国立研究機関の設備近代化などについて説明し、「中曽根科学技術庁長官も、長官に御就任以来、新しく宇宙開発の問題も提起され、またエレクトロニクス関係の開発についても特段の関心を寄せておられる」と水を向けた。

すると中曽根は、「政府が一〇年後を目標とした所得二倍の国民経済計画という重点構想を作ろうとされておりますが、その一つの重要な原動力は科学技術の革新にある、従ってその中枢部に科学技術の振興ということを入れ、その計画と吻合《ふんごう》しながらわれわれの政策を進めていきたい」と述べた。

科学技術が「所得二倍の国民経済計画」の原動力だと論じたのである。

多岐に及ぶ科学技術のなかで、中曽根が最も力を注いだのが、伸びしろの大きい宇宙開発であった。この頃、米ソ冷戦は宇宙開発にまで及び、ソ連とアメリカが探査機を相次いで打ち上げていた。中曽根は就任早々から、「日本でも人工衛星、宇宙開発に乗り出す」と意気込んでいる。

中曽根は一九五九年七月一〇日、科学技術庁長官の諮問機関として宇宙科学技術振興準備委員会を設置し、一九六〇年二月四日には宇宙科学技術開発計画をまとめさせた。準備委員会の委員は、東京大学航空研究所長の福井伸二、気象庁長官の和達清夫《わだちきよお》など一五人であった。

中曽根が「いずれ日の丸衛星も飛ばせる」と宇宙開発計画を発表すると、『朝日新聞』社説や日本学術会議のシンポジウムからは批判が寄せられた。科学技術庁の宇宙開発がロケットに偏っており、「防衛庁の誘導ミサイル研究に利用されはせぬか」というのである。

それでも中曽根は五月一六日、首相の諮問機関に格上げした宇宙開発審議会を総理府に設置し、宇宙開発の土台を作ろうとした。かつて原子力開発に傾注した中曽根が、今度は宇宙開発に乗り出そうとしたのである。中曽根はアメリカから協力を得ようとしたものの、アメリカは科学技術で遅れた日本に冷ややかだった。

この間の一九五九年九月下旬には、大型台風が日本に上陸し、伊勢湾をはじめ、全国で約五〇〇〇人の死者・行方不明者を生じていた。この伊勢湾台風後に中曽根は「台風の科学対策委員会」を諮問機関として、台風の科学的解明に努めている。

そのほかの事業としては、中曽根の監修による『二一世紀への階段』の刊行が挙げられる。中曽根は科学者や技術者に依頼して、世紀末までに世界の科学技術がどこまで進歩するのか予測させた。原子力、台風と地震の抑制、眠りのコントロール、バイオテクノロジー、宇宙など、実に広範な内容である。

若者が科学技術に興味を持つように意図された啓蒙書でもあり、『二一世紀への階段』第一部、第二部は、一九六〇年六月三〇日と八月五日に刊行されている。[18]

安保改定と岸への批判

岸内閣最大の課題は日米安保条約の改定であり、岸は一九六〇年一月一九日にワシントンで新安保条約に調印している。新条約ではアメリカの対日防衛義務が明記され、事前協議制を設けていた。

社会党は二月からの国会で、事前協議や極東の範囲を徹底的に追及したものの、岸内閣は五月二〇日未明に衆議院で条約を強行採決した。岸としては、アメリカ大統領アイゼンハワー来日の六月一九日までに批准したかったのである。それはアメリカ大統領の初来日となるはずであったが、国民の多くは岸の強引な手法に危機感を抱き、国会には一〇万人ものデモ隊が押し寄せた。

中曽根は、「新条約の内容は合理的なもので、旧条約に比してわれわれの要望に添った日本の独自性と対等性を回復する内容であった」と評価しながらも、アイゼンハワー大統領の訪日は混乱を生じるため延期すべきと考えた。

そこで中曽根は五月二五日の閣議で発言した。

「目下は政局の安定が最大課題である。新安保条約自然成立の六月一九日は、アイゼンハワー大統領訪日と同日で日が悪い。二兎《にと》は追えない。米大統領訪日は今のうちに延期すべきである」

池田通産相や佐藤蔵相が見つめるなか、中曽根は続けた。

「米大統領と天皇陛下の安全について確実な保証はない。万一の事があれば、日米間に重大な影響が出る。天皇をこのような政争の渦中に巻きこんではならない。象徴として超然としていていただかなくてはならない」

だが岸は、「慎重に考える」と述べるにとどめた。岸は心血を注いだ安保改定をアイゼンハワー来日で仕上げたいと考えており、中曽根の発言を快く思わなかっただろう。

それでも中曽根は、五月三一日の閣議で「治安当局は実際は自信がない」と再び延期を主張した。「もし死傷者が出て血を見れば、アメリカ人のために日本の青年の血を流させたと宣伝するだろう。これに乗せられることは愚かだ。社会党欠席の国会で、米大統領が演説しても相手が喜ぶであろうか」というのである。

ここでも岸は、「一度決めたことだから、万全を期すことで、既定方針でいく。積極的歓迎で圧倒したい」と退けた。

すると六月一〇日には、アメリカ大統領秘書ハガチーが先遣として来日した。その車は羽田空港でデモ隊に包囲され、ハガチーは米軍ヘリコプターで脱出している。エスカレートするデモ隊は六月一五日、国会に乱入して死者一人を出した。にもかかわらず池田や佐藤らは、強硬姿勢で臨むことを閣議で主張した。

中曽根は六月一六日に河野と会い、大統領訪日の延期が認められなければ、岸に辞表を提出することに了解を得た。しかし、岸が夕方の臨時閣議で大統領訪日を先送りしたため、中曽根が辞表を出すことはなかった。新条約は六月一九日に自然承認となり、批准書が六月二三日に交わされると、岸は退陣を表明する。

中曽根が岸に批判的であったことは、岸自身も、「中曽根君がアイク〔アイゼンハワー〕訪日について警備その他の問題で私に進言したことはありました。日にちははっきりしないが、アイクを迎えるについては、とにかく治安対策を十分やらないと、せっかく迎えても何か起こるようではいかんという話は、中曽根君からあったと思う」と認めている。

仮に中曽根が辞表を提出していたら、岸はもとより、池田、佐藤らの主流派と関係を決定的に悪化させていたかもしれない。[19]

七月一四日の自民党総裁選で池田が当選すると、中曽根は最初の閣僚経験を一年一ヵ月で閉じた。池田内閣でも河野派は、相変わらず非主流派のままとなる。それは中曽根にとって、不遇と充電の日々の始まりであった。

第4章　「キル・ザ・タイム」から派閥の領袖へ

池田内閣の反主流派

一九六〇（昭和三五）年七月一四日の自民党総裁選では、池田勇人が石井光次郎、藤山愛一郎を破って当選した。河野一郎は党人派として、石井を支持したものの敗れている。池田内閣が七月一九日に発足すると、中曽根は無役になった。河野も入閣できなかった。池田内閣の主流派は、岸内閣後期と同様に池田派、岸派、佐藤派である。これらの官僚派が主流を占めつつも、総裁選に敗れた石井は通産相に就いている。

河野派は冷遇されたうえに、中曽根個人としても池田とは因縁めいたものがあった。中曽根は改進党時代の一九五三年一〇月二〇日に「苦境に立つ池田特使」を『産業経済新聞』に寄稿して、池田を痛烈に批判していたのである。そのとき池田は吉田首相の特使として訪米し、ロバートソン国務次官補と自衛力の増強などについて協議していた。

当時、ワシントン滞在中の中曽根は同紙で、「池田特使の一行は目下非常に苦境にある。まるでミッドウェー海戦における日本艦隊のようだ。いや、あの時は精鋭をそろえていたが、今度は二、三隻の小型練習艦隊だから、はじめから勝負にならない」と誇大な表現で池田を揶揄した。中曽根は、「池田氏一行のメンバーが全くなっていない」と記しており、同行していた宮澤喜一参議院議員も非難したことになる。

池田は取り合わなかったが、一九五四年二月の「爆弾質問」と合わせて、中曽根に対する印象は悪かったであろう。改進党時代の中曽根は、池田や佐藤と保守合同で早期に合流すると考えていなかった。[1]

中曽根にとって想定外だったことはまだある。首相となった池田が「寛容と忍耐」を掲げ、低姿勢に徹したことである。池田は二ヵ月前の一九六〇年五月下旬、岸内閣の通産相として国会デモを徹底的に取り締まるよう主張しており、その変貌《へんぼう》は周囲を驚かせた。中曽根は、「人間というのは、戦略とはいえ、こうまで変わっていいものか」と感じたという。[2]

河野との離反――「キル・ザ・タイム」

池田との関係が良好でないうえに、中曽根は河野と疎遠になった。中曽根によると、「河野先生がプロの間で人気があったとすると、私はアマチュアや学生の間で人気があった。世の中の常としてナンバー・ツーの台頭をあまり喜ばないナンバー・ワンの例もあるし、同じ派閥の先輩や同期生の中にも微妙な対抗意識が生まれる」という。

河野が中曽根に嫉妬《しっと》を感じていたというのである。

しかも河野は反主流派の時期が続き、八月上旬には自民党に愛想を尽かして新党結成に動いた。中曽根が新党を構想する河野に自重を促すと、二人の関係はさらに悪化していく。

八月のある日、中曽根は大映の永田雅一《まさいち》社長に呼び出されて、帝国ホテルの一室を訪れた。永田は映画「羅生門」などを制作する一方で、河野の支援者としても知られていた。永田は大風呂敷を広げることから「永田ラッパ」の異名を持ち、帝国ホテルを定宿《じょうやど》とした。

永田の部屋で中曽根を待っていたのは、永田、河野のほか、河野派幹部の森清《もりきよし》と重政誠之《しげまさせいし》、北海道炭礦《たんこう》汽船の萩原吉太郎《はぎわらきちたろう》社長、政界フィクサーの児玉誉士夫《こだまよしお》という顔ぶれである。

中曽根が部屋に入ると、河野は新党結成を力説し、「二五名は確実に行動をともにする」と断じた。しかし、中曽根は素っ気なく、「二〇人そこそこでしょう。その中でもかなりの者は仕方ないからついていくというところです」と直言した。

河野は顔を曇らせ、「お前は出て行け!」と叱《しか》りつけている。

結局のところ、河野は自民党にとどまり、池田への接近を図っていく。同じく河野派の稲葉修は、中曽根と河野の微妙な関係を見かねて、「大樹の下に大樹は育たない。中曽根さんはしばらくお遊びだね」と中曽根に言った。しばらく目立たないようにして、河野に尽くすようにとの忠告である。

元副総理で通産相の石井光次郎も、「中曽根君、当分、時間を殺すんだね。欧米には『Kill the time』という言葉があるよ」と述べた。時間を殺して、今後に備えることが大切という意味である。中曽根は石井の助言を受け入れ、「キル・ザ・タイム」の充電期間として無役を前向きに考えるようにした。

ケネディ兄弟とパフォーマンス

あるとき中曽根は、朝日新聞社の三浦甲子二《きねじ》記者と汽車で偶然に一緒となった。三浦は政治部の辣腕《らつわん》記者として知られ、河野など有力政治家にも舌鋒《ぜっぽう》が鋭い。

その三浦が中曽根の座席に来て、「おい中曽根。おまえ、総理大臣になりたいか」と言った。

これに中曽根が、「ああ、なりたいよ」と答えると、三浦は、「総理を狙うんだったら、これから十年、大臣にもならず、党の役職にもつくな。仲間のために演説に行き、新人を発掘して当選させる以外のことは考えるな」と説いた。

三浦が口にした「仲間のため」、「新人を発掘」とは、いずれ自前の派閥を作れという意味であった。

三浦に教えられるまでもなく、首相になるには派閥の長たることが必須である。これまで中曽根は、自分が前に出ることを考えてきたものの、当面は閣僚や党の役員を他人に譲り、将来のために勉強し、見聞と人脈を広めることにした。

まずは一九六一年一月二〇日、衆議院議員の高碕達之助とともに、ワシントンでケネディ大統領の就任式に出席した。中曽根は、「ケネディ大統領が聖書に左手を当て、右手をあげて宣誓した姿は、今でも私の瞼《まぶた》の底に鮮やかに残っている」と回想する。

そこから中曽根は憲法調査会の一員として、恩師でもある矢部貞治らとメキシコ、ペルー、チリ、アルゼンチン、ウルグアイ、ブラジル、ベネズエラ、キューバに足を伸ばした。

特に革命後のキューバでは、カストロ首相と会談している。「アメリカと戦争の危険性があるが、勝つ自信があるか」と問うた中曽根に対して、カストロは、「アメリカが来ようが、万全の手配をしている」と自信を示している。

中曽根は三月五日にワシントンへ戻ると、大統領の弟で司法長官のロバート・ケネディと会った。ケネディ長官がキューバ情勢をしきりに聞いたため、中曽根は、「アメリカが上陸作戦に踏みきっても勝つとは限らない。中途半端にやったら、恐らく失敗するだろう。カストロ首相は沿岸地域に相当な兵力をすでに展開している」と助言した。

中曽根はケネディ長官と懇意になり、日本へ招待した。ケネディは一九六二年二月六日に来日すると、夫人と繰り出し、中曽根も顔負けするようなパフォーマンスを繰り広げていく。スケートリンクに、労働組合の幹部とは居酒屋で飲んだかと思うと、沿道では急に車を降りて、手を振る人たちと握手することもあった。

ケネディは明らかにメディアを意識しており、公式行事は最小限に抑えていた。ケネディのパフォーマンスは、派手な言動を好む中曽根にとっても鮮明な印象を残した。その姿を目の当たりにし、中曽根は「いずれ日本もこれをしなければだめな時代になると痛感した」のである。[4]

「中曽根マシーン」の形成

中曽根はケネディ兄弟に刺激され、その強さを探るべく、セオドア・ホワイト著『大統領を作る一九六〇年』を熟読した。ホワイトはジャーナリストであり、同書で大統領選挙を分析してピューリッツァー賞を受けている。[5]

その本から学んだのは、ケネディ大統領が「ケネディ・マシーン」というブレーン組織を築いたことだった。「ケネディ・マシーン」には、政策通の参謀、実業界の経験者、世論統計のアナリスト、新聞担当などがいた。

そのような合理的システムで政策や資金を成したいと痛感し、中曽根は読売新聞社の渡邉恒雄や氏家齊一郎《うじいえせいいちろう》、早稲田大学の憲法学者である小林昭三らと「科学的政治研究会」を立ち上げて勉強する。

中曽根はさらに交友範囲を広げ、「中曽根マシーン」の構築を目指した。そこに含まれたのは、五島昇、堤清二、井深大《いぶかまさる》らの財界人、浅利慶太、小澤征爾らの芸術家、向坊隆《むかいぼうたかし》、糸川英夫らの科学者、三波春夫、美空ひばりらの芸能人、川上哲治、長嶋茂雄、大鵬幸喜《たいほうこうき》らのスポーツ選手、森繁久弥《もりしげひさや》、三船敏郎らの俳優などである。

連絡役は、最も信頼する秘書の上和田《かみわだ》義彦だった。[6]

「中曽根マシーン」を形成する一方で、中曽根は多くの時間を読書に費やした。ジャンルは主に政治、宗教、歴史、科学であり、小説では司馬遼太郎の本を愛読している。水泳、ゴルフ、座禅を好んだ半面、「インドアの遊びをするなら勉強をしていたほうがいい」と麻雀を嫌った。[7]

首相公選運動

その間の一九六一年六月九日、中曽根は約五〇人の自民党有志議員を東京會舘《かいかん》に集めて、内閣総理公選制度研究会の発足式を行った。顧問が石橋湛山、正力松太郎、高碕など七人で、中曽根は世話人となった。発起人を承知した国会議員は衆参合わせて一六九人となっていた。研究会は当面、首相公選制を研究し、将来的には根本的な憲法改正を目標としている。のちに首相となる海部俊樹も、首相公選運動に加わった。もっとも、池田首相や佐藤通産相は憲法改正に慎重であり、改憲運動は主流派に広がらなかった。

中曽根が河野、徳富以外で師と仰いだ松村謙三も、首相公選制には批判的だった。

「中曽根君のいうあれでやると、もう英国式の解散というものがなくなって、すべてアメリカ流になるのでしょう。アメリカでもずいぶんひどいようですが、日本で解散のない議会をやったら、今だって二年ほどたつと議会は大体ふやけてくるのに、四年間どんなことがあっても続くということになると、すっかりふやけてしまいはしないか」というのである。[8]

外遊

中曽根は外国にも少なからず足を運んだ。科学技術庁長官を退いてからも科学に関心が深く、一九六二年一一月には南極を視察し、極点に日章旗と「首相公選の旗」を掲げている。

中曽根がアメリカ海軍の砕氷艦《さいひょうかん》艦長に「南極での操艦の要諦《ようてい》はなにか」と聞くと、艦長は即座に「ペイシェンス、ペイシェンス、ペイシェンス（忍耐、忍耐、また忍耐）」と微笑んだ。

これを中曽根は、「氷に閉ざされたら、絶対に無理をせず、じっとそのままとまって、氷が動き、水路が開けるまで待つという。これは政治の要諦でもあるな、と思った。待つこと、待つこと、待つことである」と受け止めた。

中曽根は一九六三年一月に香港、フィリピンも訪れている。

中曽根が外遊を重ねている間、河野はしたたかに池田首相に取り入り、農相、さらには建設相として入閣し続けた。中曽根によると、「池田、河野はともに〝情の人〟で、二人とも決断力のある方だから体質的に合うんですよ。それまでは接する機会が少なかったけど、いったん近づくとお互いを認め合って、それからは『おれ』『きさま』の仲になりましたね」という。

政界の一部では池田の次は河野という気運になり、世論でも河野への期待が高まると、河野は池田からの政権譲渡を心待ちにした。中曽根が進言したように、新党を結成しなくて正解だったと河野は感じたであろう。河野に余裕が生まれると、中曽根との関係も改善に向かった。

中曽根には入閣の誘いがなく、自由の身として一九六四年四月には韓国を訪れている。中曽根は韓国との国交樹立を急ぐべきと考えており、「私が行って本音を探ってみる」と河野に提案したところ、河野は「行ってみてくれ」と了解した。

韓国は軍事独裁体制であり、中曽根は朴正熙《パクチョンヒ》大統領や側近の金鍾泌《キムジョンピル》と会談した。韓国側は日本の経済支援を必要としており、関係正常化に積極的だった。そこで中曽根は、金鍾泌の兄の金鐘珞《キムジョンラク》を河野に紹介している。

「キル・ザ・タイム」の日々は続いた。中曽根が憲法調査会で憲法制定過程を検証し、首相公選制の私案を練り、東京都西多摩郡に日の出山荘を買ったのもこの頃であった。日の出山荘は、のちにアメリカのレーガン大統領を招いて話題となる。[9]

佐藤内閣の発足

一九六四年秋になると、政界の関心はポスト池田の自民党総裁に絞られた。池田は喉頭《こうとう》がんであり、築地のがんセンターに入院していた。池田は一〇月一〇日からの東京オリンピックをがんセンターで迎え、一一月九日には病床から次期総裁を指名した。

池田が選んだのは、河野ではなく佐藤であった。佐藤内閣は一一月九日に発足する。

これに衝撃を受けたのが河野である。河野は池田と良好な関係を保っており、池田からの禅譲を信じて疑わなかった。強面《こわもて》の河野だが、一度信じると、とことん信じ込む純真さがある。「まったくわけが分からない」と河野は深く落胆した。

河野派の幹部となっていた中曽根は、池田の佐藤指名を少なからず予期していた。中曽根は池田内閣末期に信越化学社長の小坂徳三郎と対談した際、「次は佐藤さんにいくかもしれない。河野さんの方へいくと、財界はアレルギーを起こすかもしれない」と語っている。

率直で中曽根らしいが、河野派の幹部としては大胆な発言といえよう。この対談は『エコノミスト』誌に掲載されており、河野との微妙な距離感を示している。[10]

佐藤内閣になっても、中曽根は無役のままである。中曽根は戦後の約二〇年を反芻《はんすう》しながら、またも「キル・ザ・タイム」の日々を重ねた。『論語』でいうなら、「速《すみや》かならんと欲すること毋《な》かれ」、つまり「早く成果を上げたいと思うな」ということだと自分に言い聞かせた。[11]

他方、佐藤派の田中角栄は池田内閣で蔵相を務め、佐藤内閣では自民党幹事長となっていた。田中に対する佐藤の信頼は厚く、田中の幹事長は五期、四年二ヵ月に及び、自民党の最長記録となる。その記録は、いまも破られていない。福田も二年五ヵ月、幹事長を担った。

しかし中曽根は幹事長どころか、総務会長と政務調査会長を含めて、党三役にも就いていない。中曽根が総務会長になるのは、佐藤内閣の末期である。

アジア・アフリカ会議一〇周年

一九六五年二月に自民党外交調査会副会長、三月に自民党外交調査会アジア・アフリカ小委員会委員長となった中曽根は、四月一三日から二九日にインドネシア、マレーシア、タイ、南ベトナムを歴訪した。

主な目的は、アジア・アフリカ会議一〇周年記念式典に出席することである。式典に参加したのは、インドネシアのスカルノ大統領、中国の周恩来総理、北朝鮮の金日成《キムイルソン》首相、川島正次郎自民党副総裁など三七ヵ国の代表だった。

中曽根は『毎日新聞』に、「最も強い印象を受けたことは、スカルノ大統領が周恩来中国首相の強力な支持の下に新興国会議（CONEFO）の線をあざやかに打ち出したことである」と寄稿し、矢部貞治に「日本にも、そろそろ大型でスカルノや周サンに肩を並べる政治家が必要と痛感しました」と葉書を送っている。[12]

そこから中曽根は、マレーシア、タイ、南ベトナムを訪れ、アメリカによる直接介入が始まったベトナム戦争を視察して帰国する。ベトナム戦争について中曽根は、「同盟国のアメリカがやっているんだから、苦しんでいる時こそアメリカに協力しよう」という立場である。

しかし内心では、アメリカのドミノ理論に賛同できずにいた。[13]

国連では中国の加盟が争点となっていた。佐藤内閣はアメリカとともに台湾を支持していたが、中曽根は一九六六年一月の青雲塾年頭大会で、「重大な再検討を行なうべき」と論じた。

中国とアメリカ

本年の国際情勢上の重大問題の一つは、秋にくる国連総会における中国加盟の問題である。昨年は、総会における重要事項指定方式で米国は勝ったけれども、加盟決議の表決では可否同数となった。この問題の処理は、本年の日本外交の最大問題の一つであろうが、中国の国際的姿勢に影響されるところが多い。中国の強硬路線が続けば左程の変化は起こり得ないだろう。低姿勢への転換があれば、日本としても重大な再検討を行なうべきである。[14]

ベトナム戦争や対中政策は、アメリカとの関係にかかわってくる。そこで中曽根は一九六六年三月一四日から訪米した。外交関係評議会などで北爆の縮小、反中国政策の再検討を説き、太平洋経済文化圏の建設を提唱したのである。

太平洋経済文化圏は略称ＰＥＡＣＥ（Pacific Economic and Culture Enclave）であり、アジア地域機構の創成による「平和こそが最終目標なのである」と中曽根は主張した。「日本はかつて、大東亜共栄圏の提唱者であった」だけに、「私はこの提言を軽い気持でいっているのではない」という。[15]

中曽根は四月五日に帰国すると、羽田空港の記者会見で「日本も北京政府とどこか適当な場所で非公式に大使級会談を開くべきだ」と語った。さらに中曽根は駐日アメリカ大使館員に対して、日本が米中間の仲介者になれると説いている。佐藤内閣は中国ではなく台湾を承認し続けており、佐藤は中曽根の言動を快く思わなかったはずである。[16]

河野の死

外遊の合間には、愛憎半ばする河野との別れが不意に訪れていた。激しい腹痛を訴え、目黒の自宅で静養中の河野は、一九六五年七月八日に腹部動脈瘤《りゅう》の破裂で急逝したのである。「こんなことで死んでたまるか」が最期の言葉になった。

河野は二日前、自派閥の中曽根、稲葉、桜内、山中と会食していた。河野は、「党に流されるな」、「政治家は損得で動くな」、「国家的見地に立って働け」と語り、「オレは畳の上では死ねないだろう」と漏らしていた。中曽根は、「目を覆いたくなるような、苛烈な政治生涯であった」と記している。[17]

中曽根は河野没後の八月下旬、群馬の『上毛新聞』に「自民党の改革とその進路」を三日にわたって連載し、河野に論及している。

「われわれは自民党の次の時代に生きる若々しいエネルギーにみちた近代的な政策集団としてのあり方を開拓し、河野氏の示された政治家としての使命感に徹し、独自の政策を常に研さんして、活発に政策本位に活動し、いわゆる派閥の新しいあり方を開拓し、自民党近代化の導火線たらんとする」というのである。[18]

派閥の後継に際しては、会長が存命中であっても対立や分裂が付き物である。まして河野はまだ六七歳であり、急死したがゆえに一大派閥の後継者を決めていなかった。その他界は次期会長をめぐる波乱を予感させた。総理総裁を目指すうえで、派閥の領袖になることは不可欠である。中曽根は一つの勝負どころを迎えていた。

中曽根派の結成

春秋会会長に就任したのは中曽根ではなく、河野に近い重政誠之など幹部クラスの支持を集めた森清だった。当選六回の森は、河野派幹部の一人である。もともと自由党に所属していた森に比べて、中曽根は三歳若く、当選回数も八回と多かった。中曽根からすれば不本意である。

ここが決断のときだった。中曽根は、森、重政、園田直らと袂を分かち、河野派を割って出た。一九六六年一二月一三日に新政同志会を立ち上げ、中曽根派を結成したのである。一八人が春秋会に残ったのに対して、新政同志会は二四人を数えた。

中曽根によると、「〔森や〕重政を推すほうは、割合河野さんに近い人たちだった。私を推すほうは、政策本位と大衆性、演説の魅力というような点から中曽根でないと一派はできない、という考えだった。派閥の長老だった中村梅吉さんや野田武夫さん、同僚の桜内義雄君、山中貞則君、稲葉修君らが中曽根を中心にやろうと決断し、新政同志会という中曽根派をつくった」という。

中曽根派の会誌『新政』創刊号には、二四人が中曽根派に名を連ねた。その多くは若手議員である。

顧　問　中村梅吉（当選10回）
代　表　中曽根康弘（9）
座　長　野田武夫（7）
世話人　稲葉修（8）　大石武一《ぶいち》（8）　桜内義雄（8）　山中貞則（6）
幹　事　蔵内修治（4）　倉成正（4）　八木徹雄（4）
会　員　天野光晴《こうせい》（3）　田川誠一（3）　大石八治《はちじ》（2）　大竹太郎（2）　木《き》部《べ》佳昭《よしあき》（2）　坂村吉正（2）　佐藤孝行《たかゆき》（2）　四宮久吉（2）　砂田重民《しげたみ》（2）　湊徹

朗（2）渡辺美智雄（2）河野洋平《ようへい》（1）中尾栄一（1）武藤嘉文《かぶん》（1）

このとき中曽根は同誌に「自民党のビジョン」を寄稿し、「左へ左へウイングを伸ばしてゆくことである。そして、民社党、公明党、さらに社会党の一部をカバーするところまでウイングを伸ばすところに、明日の自民党がある」と論じていた。

のちに中曽根は、首相として迎えた一九八六年の衆参同時選挙でも、「左にウイングを伸ばした」という表現で大勝を振り返っている。[19]

最年少の派閥領袖

中曽根が新政同志会を立ち上げたのは、一九六六年一二月一日に行われた自民党総裁選の後であった。総裁選では佐藤が再選されており、対立候補は藤山愛一郎だった。藤山の八九票に対して、佐藤は三倍以上の二八九票を集めており、その佐藤を支えたのが田中幹事長である。

森や重政、園田が佐藤支持で主流派に食い込もうとしたのに対して、中曽根や桜内は「河野さんの遺志は反佐藤であるから総裁選では藤山愛一郎さんを支持すべきだ」と主張していた。

かねて総理を目指していた中曽根は、自民党最年少の四八歳で派閥の長となり、「これはいけるかもしれないと思うようになった」という。少数派閥ではあるが、ライバルの田中に先んじて領袖の地位をつかんだ。[20]

当選一回の議員としては、武藤嘉文、中尾栄一のほか、河野一郎の二男、洋平が中曽根派に加わった。河野洋平は党人派の一角を再興すべく、旧河野派の一本化を双方に働き掛けたが、うまくいかなかった。従兄弟《いとこ》で中曽根派の田川誠一から、「いつまでも無派閥でフラフラしているな」と言われ、洋平は中曽根派に入ったのである。

その理由として洋平は、「森さんとコンビの重政さんを父は厚く信頼していましたが、中曽根さんのようなカリスマ性がない」と後年に述べている。それでも洋平は、やがてロッキード事件を機に離党する。[21]

派閥と財界

中曽根派の特徴はどこにあるだろうか。公職追放を経て建設相などを歴任した中村、もともと中央大学教授だった稲葉など、党人派の流れをくむ新政同志会は個性派ぞろいである。中曽根自身が演説でならした論客であり、派閥メンバーには、会合のたびに発言せねば気が済まない一言居士が多かった。[22]

思想的に幅が大きく、まとまりを欠くことも中曽根派のカラーといえる。親中派の野田武夫、リベラルな田川誠一や河野洋平を抱えながら、のちの青嵐会《せいらんかい》に参加する者も大勢いた。

青嵐会とは、一九七三年に発足した自民党右派の政策集団である。青嵐会発足当初の三一人のうち、渡辺美智雄など中曽根派の九人は福田派の一〇人に次いで多く、田中派、大平派は一人もいない。[23]中曽根自身は青嵐会には入っておらず、タカ派と目されながらも早期の日中国交正常化を説いていた。

あくの強い派内の議員たちを中曽根はどう束ねたのか。一九六九年一二月に衆議院で初当選した同派の唐澤俊二郎《からさわしゅんじろう》は、中曽根の掌握術を鵜飼《うかい》にたとえている。

「中曽根さんの人の使い方は鵜匠《うじょう》と同じだ。鵜匠は鵜をつないだ紐《ひも》を一二本持っているでしょう。みんな、自分こそ中曽根の一番の直参《じきさん》だと思って、一所懸命やるわけですよ。それが一二人以上いるわけです。それで、誰かに全部任せないで、みんなを使うんです」というのである。[24]

中曽根派の弱点は、長期政権となる佐藤内閣期に反主流派として出発しただけに、資金が集まりにくいことだった。資金面で派閥運営に苦心した中曽根は、財界に弘基会《こうきかい》、山王《さんのう》経済研究会という後援会を作り、マスメディアとは松原会《まつばらかい》という会合で意見を交わしている。

弘基会は、永野重雄、稲山嘉寛《いなやまよしひろ》、日向方齊《ひゅうがほうさい》、宮崎輝《かがやき》などの財界主流から成っており、山王経済研究会は神谷一雄など中堅企業の代表で組織された。松原会に集まったのは、渡邉恒雄、三浦甲子二、宮崎吉政《よしまさ》、戸川猪佐武《いさむ》などのジャーナリストである。

中曽根派に後援会を築くべく、財界を歩き回るのは中尾栄一だった。河野一郎のように鶴の一声で予算を獲得する力はまだないが、中曽根派は少しずつ勢力を増していく。[25]

とはいえ、中曽根派は一九七〇年代に入っても、田中派、福田派、大平派に続く四番目の派閥にすぎない。田中派の半数ほどであり、三木派を下回ることもあった。

一方の春秋会は、一九六八年六月九日に急死した森から園田に引き継がれ、先細りとなった末に一九七二年七月一二日には福田派と合流する。

そのとき旧園田派からは、藤波孝生《ふじなみたかお》、向山一人《むかいやまかずと》が中曽根派に加わった。中曽根は藤波を信頼するようになり、第二次中曽根内閣で官房長官に起用している。なお、三木内閣期に派閥を解消しようという動きになると、中曽根は新政同志会を政策科学研究所に改称する。[26]

芦浜原発計画

派閥の領袖になろうとする頃、中曽根が重点を置いた政策に三重県芦浜《あしはま》の原発計画がある。

中曽根は一九六六年九月一九日、衆議院科学技術振興対策特別委員会の理事として、社会党議員ら三人と芦浜の原発予定地を視察した。

『朝日新聞』によると、中曽根らの巡視船は反対派の漁船約三〇〇隻に囲まれたという。漁民が「バカにするな」などと怒号を浴びせ、巡視船によじ登ってきた。中曽根は巡視船長に「船を出しなさい」と命じたが、漁民たちは激しく抵抗した。やむなく中曽根は視察を中止し、漁民ら三〇人が公務執行妨害で逮捕されている。

帰京後、三重県の漁連が中曽根に釈放を陳情すると、中曽根は「原発を受け入れなさい。そうすればすぐに解き放してあげる」と告げたという。結局、釈放には至らず、二五人が有罪判決となった。中曽根は芦浜原発の推進を試みたが、計画はのちに撤回されている。[27]

拓殖大学総長

池田内閣期から続いてきた「キル・ザ・タイム」の総仕上げが、拓殖大学総長への就任である。中曽根は一九六七年九月一三日、元外務省条約局長で元衆議院議員の安東義良《あんどうよしろう》を継いで第一二代拓殖大学総長になった。といっても自薦ではなく、大学の総長推薦委員会による他薦であった。

政治家による総長兼任としては、川島正次郎自民党副総裁の前例がある。川島は専修大学の理事長、総長を務めていた。だとしても、珍しいことには違いない。

中曽根の名前が浮かんだのは、恩師の矢部貞治が三年前まで九年間も拓大総長を務めていたことにある。もう一人の候補は、鹿島建設会長で参議院議員の鹿島《かじま》守之助だった。委員会が中曽根を推薦すると、大学の臨時評議員会は賛成多数で中曽根を総長に決定した。

中曽根は就任要請を受諾したものの、派閥の領袖が総長を兼ねることにためらいも感じていた。それでも拓大には大きな特徴があった。拓大は桂太郎によって創立され、歴代総長に名を連ねているのは、後藤新平、永田秀次郎《ひでじろう》、宇垣一成《うがきかずしげ》、下村宏、八田嘉明《はったよしあき》などの有力政治家である。

のみならず、「人種の色と地の境、我が立つ前に差別なし」という校歌に象徴されるように、アジアや南米で活躍する人材を育成する伝統が拓大にはあった。その伝統は、中曽根の発想とも通じる。

中曽根は就任に際して、学生たちを大学の茗荷谷《みょうがだに》ホールに集めると、「我々日本民族の、民族的な国際大学は拓大しかないということを我々は銘記しなければならない」と語りかけた。

さらに中曽根は、「慶応は福沢先生、『独立』の精神です。早稲田は大隈侯、『自由』の精神です。本学は桂公爵、『開拓』の精神であります」、「拓大は端的に言えば海外政策、特にアジア政策の学術センターとして大きく発展させてゆきたいと思うのです。矢部先生が海外事情研究所をおつくりになったのもこの趣旨です。私はこの精神を継承してゆきたいと思うのであります」と訴えた。

中曽根は学校教育に携わったことはなく、いわば素人としての出発である。それでも、全学の学生を講堂に集めた総長講演は回数を重ね、二二回に上った。中曽根は将来の日韓関係を見据えて、韓国語の科目を創設してもいた。当時としては先駆的なものである。

教養講座を設け、新日鐵社長の稲山嘉寛、読売新聞政治部次長の渡邉恒雄を特別講師に招いたこともある。大学院には博士課程を創設した。

総長として三年目の一九七〇年六月には、大学で不祥事が生じた。空手同好会で学生一人が、先輩のしごきで死亡したのである。中曽根は宇都宮に両親を訪れて謝罪するとともに、全学の学生と父兄に長文の詫状《わびじょう》を毛筆で記して郵送した。

他方で中曽根は、大学教育のマンネリズム、一部の教授たちの怠惰やことなかれ主義、学生の没個性に疑問を抱くようになっていた。総長は一九七一年九月まで四年間続き、教育やアジアとの交流について考えを深める好機となった。とりわけ、教育改革に関心が芽生えたことは、中曽根内閣期の臨時教育審議会につながっていく。[28]

第5章　非核三原則と「自主防衛」——佐藤内閣運輸相・防衛庁長官

佐藤への書簡

佐藤内閣は長期政権になっていた。自民党内で中曽根の立場は、相変わらず非主流派である。もっとも、表向きは反佐藤の中曽根だが、内心では嫌悪していなかった。その一端を示すものとして、一九六六（昭和四一）年五月一三日の佐藤宛て中曽根書簡を見ておきたい。

中曽根が手紙で伝えたのは、佐藤にとって最大の関心事である沖縄返還についてだった。この日に中曽根はライシャワー駐日アメリカ大使と会談しており、沖縄返還に対するアメリカの方針を佐藤に書簡で知らせたのである。

ライシャワーが中曽根に語った方針とは、事前協議や核兵器について特別の取り決めができれば全面返還の可能性があり、日本側のイニシアティブでそれを行うべきというものだった。また、ライシャワーは、中曽根の太平洋経済文化圏構想にも賛同したという。中曽根はその内容を佐藤宛てにしたためたが、核兵器の扱いなどについて自説は展開していない。

中曽根は佐藤と軽井沢の別荘が近く、ゴルフ大会後のパーティで合流したこともあった。

中曽根は佐藤に接近する機会をうかがっており、そのことを佐藤も感じ取ったであろう。[1]

EC発足後のヨーロッパ

中曽根は佐藤と一九六七年一〇月二日に官邸で会った。二日後から西欧、ソ連を歴訪する中曽根が、挨拶に訪れたのである。

このとき中曽根は、蔦子夫人に預けられた餞別《せんべつ》を佐藤に返している。反佐藤を掲げる中曽根としては、餞別を受領するわけにいかないと考えたのであろう。

佐藤は日記に、「中曽根君がソ連に出かけると云ふので、東南アジア情報を話しておく。然し餞別を寛子〔佐藤の妻〕から中曽根夫人に渡したのを返して来た。だまってうけとる。失礼の男、馬鹿ではないか」と書いている。

このうち「東南アジア情報」とは、佐藤が前月に東南アジアを歴訪していたため、首脳会談の要点などを中曽根に伝えたものと思われる。[2]

中曽根は一〇月四日から二六日まで、イギリス、フランス、西ドイツ、ソ連に出向いた。フランス、西ドイツなど六ヵ国が欧州共同体、つまりEC（European Community）を発足させた直後であり、訪欧の目的は日欧関係と各国事情の全般的な視察である。羽田空港を発《た》つときには、拓殖大学の学生が大勢ロビーで見送ってくれた。

アンカレッジ経由でロンドンに降り立つと、現地の邦人には、日本の製品は各地で評判だと聞かされた。その様子を中曽根は地元の『上毛新聞』にヨーロッパから寄稿している。「二〇年前に比べて日本の躍進が目につく。ターミナルには日本人が多い」、「日本は電子機械については米国と肩をならべ世界二位である」、「英独商品を圧倒しているというのである。

また、「日本人を欧州人は経済的動物（エコノミック・アニマル）と称した」ことについては、「日本の驚くべき経済成長に対するねたみがはいっているようである。日本は欧州人の発言など気にする必要はない」と自信をのぞかせた。

フランスではEC加盟による関税引き下げに対して、一部の農民が少し前に暴動を起こしていた。

そこからベルリンの壁を訪れた中曽根は、「同じ人類がこんな愚劣なことをしているかと思うと見るに耐えないものがある。ところどころ脱出に失敗して射殺された地点に花輪が供えてある。正視するに忍びない」と感じた。東ベルリンにも足を運ぶと、「思ったより明るく、人間の自由を除けば西ベルリンにしだいに経済的に追いつきつつある」と見えた。

中曽根が西ドイツで関心を示したのは、批准を控えて議論となっていた核拡散防止条約、いわゆる核防条約への対応である。中曽根はソ連経由で帰国後、「核防条約に対するドイツの態度は非常に強く、平和利用、条約の期限などについて非核保有国の立場をあくまで貫こうとしている」と記者会見で述べた。

さらに中曽根は、西ドイツと同じく原子力発電だけに核を使うべきとして、「平和利用に限定した濃縮ウランの生産は、わが国が工業国としてさらに発展するうえで不可欠のことだ。このため各党間で協定を結び、濃縮ウランの生産に踏み切るべきだと考える」と記者に語っている。原子力政策に対する関心は一貫していた[3]。

運輸相への就任

中曽根が帰国すると、佐藤内閣は改造の時期を迎えていた。一九六七年一一月二五日、中曽根は運輸相に就任する。七年ぶりの入閣であった。佐藤内閣を「右翼片肺内閣」と批判していた中曽根だが、改造を前に「主流派との距離を縮めたい」と態度を一変させていた。反佐藤から入閣への急転に際しては、儀式めいたことがあった。入閣前のある日、中曽根は佐藤の自宅に呼び出されていたのである。

中曽根が夜に訪れると、佐藤は羽織袴《はおりはかま》の正装で迎えた。

「沖縄返還には命がけで取り組みたい。ついてはあなたに助けてほしい。これさえできれば総理などいつ辞めてもいい」

「ほんとうに、やるつもりですか」

「だから、あんたにこうして来てもらって、おれは会っている」

「これは国家的問題です。私は野にあっても協力する」

以上は中曽根の回想であり、入閣したのは沖縄返還を支えるためというのである。

中曽根は別のインタビューでも、「沖縄問題については、保守党が割れてはいかん、我々が一致団結して、アメリカに要求しないと迫力がない。〔中略〕保守の分裂を防ぎ、それを沖縄返還に結びつけたいというのが佐藤さんの意思で、その決断に私は同調したのです」と述べている。

つまり、佐藤に急接近した最大の理由として沖縄返還を挙げているのだが、佐藤が沖縄返還を目標にしたのは前からのことである。

佐藤は一年数ヵ月前の一九六六年八月一九日に「沖縄の祖国復帰が実現しない限り、わが国にとって戦後が終わっていないことをよく承知しております」と那覇空港で演説していた。遅くともこの時点で佐藤の決意は明らかとなっており、中曽根が沖縄返還を入閣の名目としたことは、取って付けた感が否めない。

中曽根は当時、「犬の遠ぼえでは効果がない。切《き》っ先《さき》が届くには、まず近づく必要がある」と周囲に説明したが、反佐藤を標榜していた従来の立場からすれば豹変《ひょうへん》にほかならない。案の定、中曽根が運輸相になると、保守、左翼の双方から「風見鶏」「変節漢」と非難された。

それを予期していた中曽根は、「燕雀《えんじゃく》安《いずく》んぞ鴻鵠《こうこく》の志を知らんや」とうそぶいた。運輸相への就任は総理を見据えての派閥戦略でもあり、主流派に転じることで、政務次官、副幹事長、政調副会長などに多くの中曽根派議員を送り込むことにした。

「キル・ザ・タイム」を終わらせた中曽根は、運輸相として都市問題に取り組んでいる。高度成長を背景に大都市の通勤人口が急増していたため、中曽根は「都市問題を打開するための交通対策」を掲げた。運輸経済懇談会を活用し、運輸省を許認可官庁から政策官庁に変えようとしたのである。陸海空、三位一体の総合運輸政策を目指したほか、国鉄の赤字体質を改善しようとしたのだが、労働組合に阻まれている。国鉄改革は首相期に持ち越されていく。[4]

非核三原則

沖縄返還を進める佐藤内閣にとって、核兵器の問題は避けられない。野党は沖縄に配備されていた核兵器を国会で追及した。
そこで佐藤は一九六八年一月二六日、核をめぐる原則について閣議で提起した。佐藤の発言は、翌日の施政方針演説に向けたものである。佐藤が「核を作らず、持たず」の二原則を盛り込みたいと述べたところ、中曽根は「持ち込ませず」を加えた三原則を主張した。
中曽根は、「後世に残り、国際的にも影響力を持つ佐藤首相の原則だから、とくに国会の所信表明で言う場合には、中途半端なやり方ではなくして、三原則で堂々とやったほうがいい」と力説したのである。[5]
核の平和利用を訴え続けた中曽根の発言だけに、佐藤は「持ち込ませず」を三原則目として受け入れた。佐藤は一月二七日の施政方針演説で、「われわれは、核兵器の絶滅を念願し、自らもあえてこれを保有せず、その持ち込みも許さない決意であります」と述べている。

他方で佐藤は沖縄返還交渉で、京都産業大学教授の若泉敬《わかいずみけい》をニクソンとの間で密使にしていた。翌年一〇月七日に東郷文彦外務省北米局長が作成した文書によると、佐藤は「非核三原則の『持込ませず』は誤りであったと反省している」と後悔を口にしたという。核の抑止力には、一定の役割があると佐藤は見なしていた。[6]

「持ち込ませず」という「政治的ジェスチャー」

佐藤が「持ち込ませず」を入れたのは中曽根の説を採用したためであるが、当の中曽根にとって「持ち込ませず」とは核兵器の地上配備だけでなく、核搭載艦艇の寄港も禁止することを意味した。しかし、アメリカの艦艇が日本への寄港時に核を外すとは考えにくく、現実とは相反していた。

その齟齬《そご》を中曽根が認めたのは、国会議員を辞めてからのことである。中曽根は、非核三原則が「建前」であり、「政治的ジェスチャー」にすぎなかったと語っている。

> 非核三原則を日本側は堂々と常に言っている。これは建前であってね、日本のそういう平和意思を世界および国民に知らせる、佐藤内閣のドクトリンを明示しているという

意味があります。

それと同時に、じゃあ現実はどうであるかと言えば、日本に入ってくるために、アメリカは核を太平洋のどこかで下ろしてくるなんてことはしないだろう。だから、現実的判断はそういう日本側の原則についてアメリカは従っているということで、異を立てない。そういうことでいいんじゃないかと思います。

だから、入港や領海通過、たとえば津軽海峡の海峡通過というような場合を考えれば、国家間の儀礼として、こちらのほうから船に乗り込んでいって検証するようなことはあり得ません。そういう形で、原則を公にし国民に宣言しておくのは、政治的ジェスチャーとして有効であり、また必要なことだ。


中曽根は、非核三原則が現実と矛盾することを十分に知っていた。多くの国民も、実際には核が持ち込まれており、非核三原則は空文化していると感じていた。核をめぐる国民との距離感を埋めるため、中曽根が打開策を模索した形跡はみられない。

この点は、核「密約」の公表を視野に入れた大平正芳と大きく異なっているのだが、ほとんどの歴代首相は中曽根と同じく「建前」に終始しており、大平が例外というべきだろう。[7]

成田空港と日ソ航空交渉

航空行政には、二つの懸案があった。第一に新東京国際空港、つまり成田空港の土地買収であり、第二にソ連との新航空協定である。

佐藤内閣は成田空港について一九六六年七月四日に建設を閣議決定したものの、土地買収は反対運動によって遅れていた。そこで中曽根は、千葉県や成田市の当局と折衝を重ねた。鍵となる農民代表とは、成田を含む千葉二区選出の山村新治郎衆議院議員、および、友納武人《とものうたけと》千葉県知事の腹心で空港公団に移った根本信介の斡旋によって、秘密に会談を進めている。

中曽根や友納らが見守るなか、土地買収の覚書は一九六八年四月六日に運輸省で調印された。調印したのは、「条件賛成四派」と新東京国際空港公団だった。「条件賛成四派」とは、条件付きで土地を売却してもよいという農民である。

買収価格は一〇アール当たり一四〇万円という高値であり、中曽根が水田三喜男《みずたみきお》蔵相に協力を依頼した結果であった。しかし調印後も、反対派農民を支援した三派系全学連の闘争が続き、空港の建設は遅れた[8]。

もう一つの懸案は、日ソ航空協定の改定だった。当時の日ソ間では、ソ連のアエロフロートだけが日本に乗り入れており、中曽根は日本航空の自主運航によるモスクワ乗り入れを求めた。中曽根は一〇月二四日から二八日にモスクワを訪れ、コスイギン首相、ロギノフ民間航空相らと会談する。

中曽根は、日航の自主運航を認めなければ、ソ連からの東京乗り入れを打ち切ると示唆し、

「ソ連側が問題の解決の引延ばしをはかっているとは思わないが、現在のような状態が続けば日本国民はソ連側にだまされたという感じになるかも知れず、政府の立場は困難になる」と述べた。

中曽根は自主運航実現の時期を明示するよう求めたが、ソ連側は難色を示した。ソ連は、ベトナム戦争中には特別措置を講じるというのである。それでも中曽根は、この路線がアエロフロートのドル箱であり、廃止すればソ連は相当な打撃を受けるため、最後は日本の申し入れを受け入れると読んでいた。

中曽根が「もう交渉は終わりだ」と空港へ向かうと、ソ連側が空港に駆け付けて日本側要求を大筋で容れたため、中曽根は貴賓室で覚書に署名した。新協定は、後任の原田憲《けん》運輸相のときに締結されている。

再び無役へ

佐藤内閣が四年を超えた一九六八年一一月二七日、佐藤は自民党臨時党大会で三選を果たした。対立候補は三木武夫と前尾《まえお》繁三郎《しげさぶろう》であったが、佐藤は一回で過半数を得ている。

この総裁選に際して、二度目の幹事長を務めていた福田赳夫は、佐藤の出馬前から三選支持を表明した。佐藤三選を推進する責任者が、自民党都市政策調査会会長の田中角栄である。田中は佐藤当選後に福田を継ぎ、やはり二回目の幹事長となる。

中曽根は大平から前尾支持を要請されていた。中曽根は、「全員反佐藤の立場をとるよう努力する」と答えたものの、前尾、三木のどちらに投票するかについては明言を避けた。態度を決めあぐねた末に、中曽根が打ち出したのは「人心一新」への賛同であった。「人心一新」というキャッチフレーズは、三木と前尾の合い言葉である。中曽根派が投票したのは、野党時代から行動をともにしてきた三木であった。

中曽根の動向は、投票前から佐藤に伝わっていた。佐藤は一一月二〇日、「中曽根派二転三転、まだまだきまらない。児玉〔誉士夫〕君が段々顔を出して来る。中曽根君も駄目な男だ。反対なら反対ではっきりしたらよい」と日記に苛立ちをぶつけている。

一一月二二日の佐藤日記は、「中曽根派、尚《なお》態度決せず御気の毒のいたり」と憐憫《れんびん》に変わった。佐藤が一一月三〇日に内閣を改造すると、中曽根は当然のように無役となる。一時的に佐藤と接近した中曽根ではあるが、派閥結成から約二年が過ぎ、いまやポスト佐藤に関心を移しつつあった。[10]

米中の間で

少数派閥を率いながら総裁を目指す中曽根は、派閥全盛の時代だけに立場の変化が目まぐるしい。そのなかで一貫していたのは、憲法、原子力、対外政策への関心である。

当時の国際関係を中曽根はどう分析したであろうか。一九六九年一月二〇日には、アメリカでニクソン政権が成立していた。日米議員懇談会が二月九日に自民党本部で開かれると、日本側からは中曽根、前尾、藤山愛一郎、船田中《ふなだなか》が、自民党議員を代表して全体会議で演説した。

最大の焦点は沖縄返還後の核兵器であり、ほぼ一致してアメリカ側の議員は、「核抜きの沖縄基地では米軍が駐留する意味がないではないか」と論じた。

これに中曽根は、沖縄が「日本内地と同じステータスに帰ることが当然である」と訴えるとともに、「私はニクソン政権は早晩中国との和解にのりだすと考えているが、もし実行するならば出来るだけ早く果敢にやった方が良いと思う」と対中政策にも論及した。

さらに中曽根は、「一九七〇年代の日本外交の最大の課題は中国との国交正常化をいかに実現するかであると考える。〔中略〕我々は積上げ方式によって中国との国交正常化への道に大きく第一歩を踏みだす時が来たと思う」とアメリカの議員団に説いた。

早期の日中国交正常化は中曽根の持論である。中曽根のほか、前尾、藤山が中国の国際社会復帰を説いたのに対して、船田は「中国が国連憲章を守る国かどうか保証がないかぎり、ムード的に考えてはならない」と主張した。[11]

中曽根は無役になるたびに外遊し、国際情勢への理解を深めていた。今回は六月一二日から一九日にかけて、フランス政府の招待によってパリ万博航空ショーに出席し、イタリア、スペインも訪れている。[12]

防衛政策の模索

その頃、父の松五郎は脳軟化症という病気を患《わずら》っていた。中曽根が帰国した数日後の一九六九年六月二五日、松五郎は国立高崎病院で死去した。中曽根にとっては、急な別れである。松五郎は五月末に上京していた。そのとき中曽根が、「国会が終わったら、ハワイへ行きましょう。私が通訳してあげますよ」と言うと、松五郎は子どものように無邪気に微笑んだ。それが最後となった。[13]

一方の佐藤は一一月に訪米し、ニクソンとの共同声明で一九七二年中の沖縄返還に合意した。一九七〇年には日米安保条約の延長が予定されており、中曽根はかねて関心の深かった防衛政策について多く発言するようになる。

日中国交正常化に加えて、中曽根は対外政策で「自主防衛」を持論としていた。中曽根は自派の会合などで「自主防衛」を説いた。「終局的には米国の核と第七艦隊以外は自主防衛にすべきで、そうでなければ安保条約は一九七五年ごろには情勢次第でやめるなど弾力的に考えるべきだ」というのである。

言い換えるなら、中曽根の「自主防衛」は完全な自立ではなく、アメリカによる核の傘と第七艦隊を前提とした。「自主防衛」を主張する中曽根は、防衛庁長官への就任を志願する。[14]

「自主防衛五原則」――防衛庁長官

第三次佐藤内閣が一九七〇年一月一四日に発足すると、中曽根は防衛庁長官に就任した。総裁四選を秋に控える佐藤は各派閥に配慮しており、中曽根の入閣は早くから確実視されていた。

タカ派と目される中曽根が「自主防衛」論者であることは知られていた。朝日新聞社の記者が、「自主防衛と安保堅持は相いれない面があるのではないか」と問うと、中曽根は、「私の基本的構想は自分の国は自分の手で守るということであり、足りない面は志を同じくする国と提携してゆくということだ」と答えている。[15]

中曽根によると、「〝志願兵〟の防衛庁長官だった」という。中曽根は友人の四元義隆《よつもとよしたか》を通じて、「入閣するなら防衛庁長官」と佐藤に伝えていたのである。「日米関係の基軸は安全保障にある。摩擦の多い折から、日米関係をつなぐギリギリの線はどの辺にあるのか、日米関係の表に現われない底の底を知っておきたい」という理由だった。四元は中曽根の総理時代に至るまで相談役となる。

中曽根は「東京の空は日本の自衛隊が守れ」と口癖のように唱え、米軍基地の返還や自衛隊との共同管理を進めた。グラハム在日米軍司令官はこれに応えて、在日米軍の大幅削減を中曽根に伝えている。

防衛庁長官としての目標は、「国防の基本方針」の改定にあった。「国防の基本方針」とは岸内閣期に決められたものであり、国際協調や防衛力の漸進的整備を骨子としている。第四項には、「外部からの侵略に対しては、将来国際連合が有効にこれを阻止する機能を果たし得るに至るまでは、米国との安全保障体制を基調としてこれに対処する」と記されていた。

中曽根は、「これでは日本国民が自ら国を守るという意図が欠落し、国連やアメリカに依存する調子が強すぎる」として、「侵略に対しては、まず国力のすべてをあげてこれを自ら撃退する。必要に応じて、アメリカの協力をもって対処する」と改めるべきだと考えた。

中曽根の「自主防衛」とは何を意味するのだろうか。中曽根は三月二三日に参議院予算委員会で、羽生三七《はにゅうさんしち》社会党議員の質問に対して「自主防衛」の五原則を語っている。

私は自分流に考えまして、自主防衛五原則というようなものを実は考えております。それは第一に、憲法を守り国土防衛に徹するということ、第二番目は、外交と一体、諸国策と調和を保つ、第三番目は、文民統制を全うする、四番目が、非核三原則を維持する、五番目が、日米安全保障体制をもって補充する、こういう五原則を基準にして自主防衛力を順次漸進的に整備していく、こういう考え方に立ちたいと思います。

中曽根の「自主防衛五原則」と呼ばれるものである。第一原則の憲法遵守は、以前から中曽根が唱えていた改憲論からすれば後退といえるだろう。第四原則の非核三原則には、自ら策定に深くかかわっていた。

力点は「日米安全保障体制をもって補充する」という第五原則にあり、中曽根はこれを「安保補完論」と称した。

再び参議院予算委員会での答弁によれば、「〔米軍に対する〕無原則的依存というものは、この際払拭《ふっしょく》して、日本が分担すべき機能、それからアメリカが分担すべき機能、これを明確にして、そして自分でやるべきことはきちんとして自分でやっていく」という。

さらに中曽根は国防会議議員懇談会などで、「国防の基本方針」改定に意気込みを示している。だが佐藤をはじめ主要閣僚は、沖縄返還を控えているだけに、論争的な課題に取り組むことに消極的だった。[16]

「核兵器の導入は留保した方がよい」

非核三原則と「安保補完論」を説く中曽根は、アメリカとの関係で別の顔を見せる。中曽根は一九七〇年九月八日から二〇日に渡米し、レアード国防長官、ロジャーズ国務長官、ジョンソン国務次官、キッシンジャー大統領補佐官、マンスフィールド上院議員らと会談した。

注目すべきはレアードとの協議である。

最近公開された日本側の記録によると、中曽根は「国防の基本方針」改定を意図しており、「外敵の侵入に対しては自らの努力で守るとともに日米安保を有効に機能せしめるということを明記すべきである」としながらも、「個人的な考え方であるが、世界の誤解を防ぎ国内のコンセンサスを維持するために核兵器は持たないと書いた方がよい。ただし米国の核兵器の導入については留保しておいた方がよいと思う」と語っている。

重要なのは、「核兵器の導入については留保しておいた方がよい」という最後のくだりであり、非核三原則の「持ち込ませず」と矛盾している。レアードも、「核抑止力の問題においては、核の所在は重要な問題であり、軽々しく論ずるべきではない」として、将来的な核の持ち込みに含みを持たせた。

アメリカ側記録によっても、中曽根は「世界各国の誤解を避け、かつ国民のコンセンサスを大切にするためにも、核武装をしないことを明示すべきだと思う。ただし、米国の核兵器の(再)導入については留保しておく方がよいと考えている。これは事前協議の対象となるものであり選択の可能性を残して留保しておくのが賢明と考える」と述べている。

つまり中曽根は、「国防の基本方針」改定の意向を伝えるとともに、アメリカ核兵器の持ち込みに進んで論及したのである。有事には日本政府と協議のうえ、核の持ち込みもありえるという意味であり、柔軟な半面、自ら進めた非核三原則との抵触は否めない。

したがって、中曽根は「国防の基本方針」改定を意図しつつも、米軍の核依存から脱却しようとしておらず、国内で強調していたほどに日本の自主性をアメリカに訴えていない。改憲論の後退と合わせて、より現実的な方向に舵《かじ》を切ったといえるが、それは中曽根らしさを薄めることでもあった。その穏健化は、近い将来、総裁に立候補しようかという時期だったことと無関係ではなかろう。むしろ中曽根を際立たせているのは、次にみる「中曽根構想」や戦闘機に乗り込むようなパフォーマンスである。[17]

「非核中級国家」と「中曽根構想」

中曽根は一九七〇年一〇月七、八日、現役の防衛庁長官として初めて沖縄を訪れる。米軍の招待を受けたものであり、沖縄返還後の自衛隊配備について現地の感触を探る目的もあった。中曽根が那覇空港に着くと、来島反対の革新団体と歓迎の保守団体が、空港周辺で小競り合いとなっていた。

中曽根は那覇空港から米軍ヘリコプターで本島中部の瑞慶覧《ずけらん》に直行し、ランパート高等弁務官に挨拶した。沖縄で高等弁務官とは、アメリカの最高責任者である。そのうえで中曽根は嘉手納《かでな》基地を視察している。

さらに中曽根は、屋良朝苗《やらちょうびょう》琉球政府主席と会談した。中曽根は、「沖縄住民の意向を十分確かめつつ、これを防衛施策に反映させていく」と前置きのうえ、防衛庁の自衛隊配備計画を伝えた。屋良は自衛隊の沖縄配備に反対を言明している。

東京に戻った中曽根は、防衛白書『日本の防衛』を一〇月二〇日に創刊する。その発行に際して中曽根は日本を「非核中級国家」と称し、「軍事大国にならない経済大国」を説いている。

それ〔自衛隊〕は世界平和を念願する政治に指導され、国土と共同生活体の防衛に徹し、海外に脅威を与える攻撃的兵器を持たず、また海外に派兵せず、徴兵を行なわない。そして政府は非核三原則を政策として維持している。

私はこの考えに立って、「非核中級国家」としての防衛構想を提唱した。今までの西欧的な考え方によれば、経済大国は必ず軍事大国になるという既成概念があったが、われわれはこの考え方に挑戦し、軍事大国にならない経済大国、世界平和のための文化性と新しい時代の精神秩序を開拓しようとしている偉大な国民に日本人は進んで行くと訴えた。

防衛予算を増額させたこともあり、中曽根は軍拡論者とみられていたが、経済大国が必ずしも軍事大国になるわけではないと主張したのである。

中曽根は『日本の防衛』刊行翌日の一〇月二一日、新防衛力整備計画の概要を示している。新防衛力整備計画とは、一九七二年度から一九七六年度の第四次防衛力整備計画のことである。中曽根は独自性を強調するため、新防衛力整備計画と呼んだ。

その要点は防衛装備の国産化を重視し、特に海上自衛隊と航空自衛隊を増強しようというものである。航空自衛隊には二・八倍の予算を計上した。防衛費の総額は世界で第七位前後になると見積もられ、野党は防衛費一八%増になると批判していた。

中曽根がレアード国防長官との会談で、核持ち込みに論及したのは既述の通りであるが、占領期から掲げていた「自主防衛」論を放棄したわけではない。防衛費の増額、防衛装備の国産化に加えて、中曽根は米軍を有事にのみ駐留させる方式を思い描いたのである。

それは「中曽根構想」と呼ばれたが、防衛庁内からも異論が出されて実現しなかった。マイヤー駐日米国大使は、「中曽根構想」を「向こう見ずなことばかり」と感じていた。

しかも中曽根は、表向きに「非核中級国家」を標榜しつつも、防衛庁内では別の行動をとる。核武装の可能性について、防衛庁の技官らに研究を指示したのである。その結論は、二〇〇〇億円で五年以内に成算ありというものだった。

難点は国内に核実験場がないことである。中曽根は、「広島・長崎の惨害を受けて、非核志向を提示すること自体は悪くないが、国際的には日本にも核武装能力があるが持たないという方針を示すほうが得」と判断していた[18]。

パフォーマンス

中曽根に特徴的なのは、自衛隊への愛着を実践で示したことである。中曽根は自衛隊員の士気を高めるため、ジェット機に乗って全国の部隊を視察している。小幡久男防衛事務次官らは事故を恐れて反対したが、中曽根は、第一線のパイロットが連日スクランブル発進している以上、「長官も命がけでやるのは当たり前だ」と押し切った。

防衛庁長官としてT-33ジェット練習機に乗り込む，1970年1月21日　航空自衛隊入間基地から北海道へ向かった

ジェット機に搭乗するには、気圧耐性などのテストに合格せねばならない。中曽根は一九七〇年一月二〇日、立川の航空実験隊でテストに合格すると、埼玉の入間基地からT‐33ジェット練習機で北海道に飛んだ。雪に埋もれた隊舎に泊まり、風呂で隊員の背中を流した。九州では対潜哨戒機《たいせんしょうかいき》やF‐104戦闘機に乗っている。

パフォーマンスと言われることは覚悟していた。中曽根によると、「当時、自衛隊への国民の目は必ずしも温かいものだけではなかった。彼らの仲間になって、若い自衛官の心を癒《いや》してやることが大切だ、と私は思った」という。

中曽根の言動を疑問視する向きは、メディアや国民だけでなく、小幡次官をはじめとする防衛庁や自衛隊内部にもあった。

当時、海上幕僚監部防衛部長であり、のちに海上幕僚長となる中村悌次《ていじ》は、「あのパフォーマンス——部隊を回ったり、戦闘機に乗ったりというのも含めて〔中略〕は、小隊長のやることであって、長官がやることではありません。私もその時は人気取りだと思って、苦々しく、冷たい目で見ていました」と回想している。

それでも中曽根は、民間有識者らによる「日本の防衛と防衛庁・自衛隊を診断する会」を立ち上げ、国民に防衛問題への理解を促そうとした。国際政治学者として知られる猪木正道京大教授を「百顧の礼」で防衛大学校長に迎えたのも中曽根である。

自衛隊への愛着を示し続けた中曽根だが、佐藤が一九七一年七月五日に内閣を改造すると、防衛庁長官を退いて自民党総務会長に就任する。中曽根が退任したため、「国防の基本方針」は改定されなかった。六月には参議院選挙があり、佐藤は「選挙を前にして今改正する事は反対」と中曽根に伝え、「これは慎重にする方がいゝよと注意」していたのである。[19]

防衛費の増額やパフォーマンスを除くと、中曽根が構想した政策の多くは達成されなかった。将来の総理を見据えるうえで意味があったのは、憲法の遵守や核持ち込みの容認などで現実路線を採ったことである。それは佐藤など主流派の立場に近づくものであり、政策面での転機といえよう。

五三歳となった中曽根が総理の座にたどり着けるかは、次の一〇年にかかっていた。

第6章　「新自由主義」と石油危機——田中内閣通産相

自民党総務会長

一九七一（昭和四六）年七月五日に佐藤栄作内閣が改造されると、福田赳夫と田中角栄はそれぞれ外相と通産相に就任した。七年近く続いていた佐藤内閣にとって最後の改造であり、福田と田中はポスト佐藤を見据えて競い合うことになる。官房長官には、当選五回の竹下登が抜擢《ばってき》された。

大平正芳と三木武夫は無役だったが、中曽根は自民党総務会長に就任した。総務会とは、党の運営や国会活動について重要事項を審議決定する機関であり、三〇人の総務で構成される。三〇人の内訳は、衆議院議員一五人、参議院議員七人、総裁による指名八人である。総務会長は総務会を招集のうえ、議長としてその統括に当たる。[1]

総務会長は、幹事長、政調会長とともに党三役と呼ばれる要職であり、このときの幹事長は保利茂、政調会長は小坂善太郎だった。二人とも派閥の領袖ではないが、党内の実力者である。中曽根らの任期は、翌年七月六日まで一年間に及ぶ。

〝中曽根工作〟

初めての党三役について中曽根は、「総理の椅子がいよいよ近くなったな、と感じたのは佐藤内閣のときですね。私は約八年間続いた佐藤内閣で、運輸大臣、防衛庁長官、自民党総務会長を歴任した。あのとき、株でいえばいよいよ一部上場されたな、と思いました」と回想している。[2]

総理の椅子が近づくのを感じたと中曽根はいうのだが、ポスト佐藤の本命と目されていた福田の解釈は大きく異なる。福田によると、「次は、福田に自然に持って行くようにしよう」と佐藤は手を打っており、「その一つの柱が〝中曽根工作〟であった」という。

つまり、佐藤が中曽根を総務会長としたのは、反佐藤に傾きがちな中曽根を手なずけ、次の総裁を福田でまとめるための〝中曽根工作〟だったというのである。佐藤は、「あれ〔中曽根を総務会長としたこと〕は一つの布石だよ」と福田に述べたという。

佐藤が〝中曽根工作〟を意図したかは、佐藤日記を見ても明確ではない。とはいえ、佐藤にとって意中の後継者が福田であり、中曽根でなかったことは確実である。佐藤は中曽根が同郷の福田を支持するように期待していたし、福田も来たるべき総裁選に自信を持っていた。

しかし、中曽根は佐藤や福田の思惑通りに動かず、総裁選では日中国交正常化の推進を名目に田中を支持する。[3]

というのも中曽根は、台湾との外交関係を維持しようとする佐藤と福田に批判的だった。そのことを端的に示すのが、一九七二年四月一七日に行った内外情勢調査会の講演である。

中曽根によると、同年二月にニクソン米大統領が訪中したことによって、「サンフランシスコ体系の一角がおのずから崩れてきた」。「ソ連が軍事的にアメリカに非常に追いついてきている」のに対して、「アメリカはベトナム戦争で左の手をかまれてしまって、右手しか使えない」という。

国際政治の転換期にもかかわらず、「日本の政治を考えてみますと、われわれ反省しなければならないのは、非常に世界政策がない、また世界政策的な理念がない」。日中国交正常化を実現すべきであり、中国、ベトナム、朝鮮半島のような「分裂国家の平和的統合をめざすその大きな国際的な協力に日本も関係していく」ことで、「アジア全般に対する日本の平和外交をさらに積極的に行なう段階にきた」と中曽根は説いた。

中曽根は、「日本は海洋国家であり、海洋民族であ」るとの観点から、「アジア太平洋経済協力機構を建設する」ことも主張した。将来の総裁選を見据え、佐藤内閣への批判を暗示したのである。中曽根の対中方針について、佐藤や福田は苦々しく思っていた[4]。

「三角大福中戦争」

在任七年八ヵ月となる佐藤の後継に意欲を示したのは、三木武夫、田中角栄、大平正芳、福田赳夫、そして中曽根康弘である。自民党総裁四期となった佐藤の次を狙う五者は、メディアによって「三角大福中」と称された。

「三角大福中」という言葉を早い時期に用いた記事として、一九七一年九月一七日の『読売新聞』夕刊コラムを見ておきたい。「三角大福中」とはある種の風刺であり、その意味をコラムはこう記している。

> ポスト佐藤の自民党総裁選のパロディに「三角大福戦争」というのがある。三木武夫、田中角栄、大平正芳、福田赳夫の四人の候補者の名前の一字をもじったものだが、ありようは、丸いはずの大福が奇形の三角になってしまって、アン（核心）がどこにあるのか、とんとわからぬ様を風刺したもののようである。〔中略〕
> このパロディからはずされた中曽根康弘候補が一枚加われば、まったくの混戦、乱戦となり、天下分け目の関ヶ原の大決戦といった様相ではなく「三角大福中戦争」になってしまう。

もともとポスト佐藤で想定されていたのは「三角大福戦争」であり、そこに中曽根が加われば「三角大福中戦争」になるというのである。中曽根は「三角大福戦争」にあとから参戦しており、本命とは思われていなかった。[5]

中曽根は一九七二年六月一九日、党本部で三役会議に出席し、さらに総務会を開いた。佐藤が総務会に現れて退陣の挨拶をすると、七月五日の臨時党大会で後継総裁を選出することになった。[6]

中曽根が総裁選に立候補しかけたところ、中曽根派議員の多くは勝ち目のない戦いを避けるべきと主張した。佐藤孝行によると、中曽根派では、「どの派につくかについては四分五裂の状態」であり、大石武一、河野謙三、河野洋平、田川誠一らは、中曽根が「立候補するなら、われわれは脱藩する」と伝えたという。

中曽根派は四十数名の弱小派閥であり、どうあがいても負けは動かない。中曽根派が草刈り場となれば、派閥の存続すら危うい情勢となった。やむなく中曽根は立候補を断念し、田中に投票することとした。キャスティング・ボートを握ろうという判断であり、将来の中曽根政権に向けた布石となるものだった。[7]

「角福戦争」

総裁選に立候補したのは、「三角大福中」から中曽根を除いた三木、田中、大平、福田の四者である。総裁選は、一九七二年七月五日に日比谷公会堂で行われた。総務会長の中曽根は、壇上に座って開票を見守る立場にあった。

一回目の投票で三木と大平が脱落し、決選投票では二八二票の田中が一九〇票の福田に圧

自民党総裁選を前に握手する福田赳夫（左）と田中角栄（右），1972年６月22日

勝した。二八二票には、中曽根派の票が含まれている。田中は右手を挙げる得意のポーズで会場の拍手に応じ、壇上に立つと挨拶のうえで「自民党万歳」を叫んだ。

頬を紅潮させる田中とは対照的に、最下位に沈んだ三木の表情はさえず、大平はときおり目を閉じていた。福田は青ざめて壇上をにらみつけ、にこりともしない。[8]「角福戦争」と呼ばれる時代の始まりであった。

田中の「万歳」に手を合わせながら、同じ壇上の中曽根は何を思ったのか。中曽根が票を投じた田中の当選は好都合であり、論功行賞の人事は十分に期待できた。福田が総裁となっていたら、また非主流派の歳月が続いただろう。

しかし中曽根は、複雑な心境に違いない。同期の田中は最長記録の幹事長をはじめ、蔵相、通産相などを経て総裁に就任した。大学を出ていないにもかかわらず、中曽根と同じ五四歳の新総裁は自民党史上最年少である。

それにひきかえ、東京帝大、内務省というエリート街道を歩んだはずの中曽根は総裁候補者ですらなく、幹事長はもとより、蔵相、通産相、外相などの主要閣僚を経験していない。中曽根は田中の背中を後方から見つめるしかなかった。

通産相への就任

田中内閣が七月七日に発足すると、中曽根は通産相に就くとともに、科学技術庁長官を兼任している。立候補を辞退してまで得た主要閣僚の座である。大平は外相、三木は副首相に起用され、福田は無役となった。

それにしても、なぜ中曽根は福田ではなく、田中に投票したのだろうか。読売新聞社の渡邉恒雄は、「中曽根さんが田中さんを支持した大義名分は日中関係。福田さんは反中国、台湾支持だったからね。しかし、やはりなんといっても、福田の性格が嫌で、田中のほうがよかったんだと思う。政治は最後、人間関係だから」と分析している。[9]

渡邉は「人間関係」を強調するが、この総裁選で中曽根は田中に買収されたと騒がれていた。『週刊新潮』七月八日号によると、中曽根が出馬せず田中を支持したのは、七億円で田中に買収されたからだというのである。しかも情報を提供したのは、園田派の中川俊思《しゅんじ》衆議院議員であった。同誌は七月一五日号にも続報を掲載する。[10]

すると中曽根は、『週刊新潮』編集長と記者を名誉毀損《きそん》罪で東京地検特捜部に告訴した。

情報源となった中川は一二月一〇日の総選挙で落選すると、買収について事実無根と中曽根に陳謝している。そこで地検は、編集長らを起訴猶予処分にした。記事は買収に関する根拠を欠いており、名誉毀損罪が成立しうるものの、中曽根は中川と和解しているため起訴猶予とされたのである。

ならば、総裁選で金は動かなかったのか。田中の秘書だった朝賀昭《あさかあきら》に聞いたことがある。朝賀によると、「〔金が〕ゼロだったとは言いませんが、巷間《こうかん》言われているのはやはりバイアスがかかっていますよ」という。額はともかく、金の要素が皆無だったとは考えにくい。[11]

周恩来との会談

中曽根は一九七二年九月四日から七日に韓国で日韓定期閣僚会議に出席した。一〇月一〇日から一五日にはオーストラリアを訪れ、日豪閣僚委員会会議に参加している。いずれも経済面から互恵関係を築こうというものであり、中曽根は大平外相と韓国、オーストラリアに同行した。[12]

この間の九月下旬には、田中と大平が北京を訪れて中国と国交を樹立している。日中共同声明第七項目には、「両国のいずれも、アジア・太平洋地域において覇権を求めるべきではなく、このような覇権を確立しようとする他のいかなる国あるいは国の集団による試みにも反対する」と盛り込まれた。この反覇権条項で中国はソ連を想定したが、北方領土問題を抱える田中内閣はソ連を刺激したくなかった。

かねてから中曽根は日中国交正常化を推進すべきと主張しており、ソ連を警戒する観点から反覇権条項に賛成していた。「正常化は田中と大平（外相）がやるが、経済交流は俺がやる」と自負する中曽根は、一一月に通産省の小松勇《ゆう》五郎《ごろう》通商局長を北京に送り込む。

中曽根は一九七三年一月一七日に中国を訪問し、一八、一九日に周恩来総理と会談する。一九年ぶりの訪中であり、周は二年前、中曽根の書簡を受け取ったと伝えた。その書簡とは、日中国交回復を説くものだった。

中曽根は「日本の防衛は憲法の下に、核を持たず、徴兵を行なわず、領土外で戦争を行なわない、そして、外国の圧力に屈しないだけの自衛力は保持する方針である」と述べた。これに周が理解を示し、「ソ連が核を持っている情況からして、日本には米国の核の傘が必要だろう」と語ると、中曽根は、「周総理と一部見解を異にする。日本は独立国である。安保条約も米軍の駐留も基地も日本の国益に基づいて自ら決心した」と論じている。

中曽根は通商とともに安全保障に多くの時間を割き、「一番危険な国はソ連だ」という認識で周と一致している。中曽根は中日友好協会会長の廖承志とも会談し、翌年に大阪で中国展覧会を開催することに決めた。中曽根の訪中は日中交易の端緒になった半面で、ソ連への敵視で意気投合したことは、田中内閣の方針からは逸脱といわねばならない。[13]

中曽根は一月二一日に帰国し、二三、二四日にはタイでタノム首相やプラシット商務相と会談した。タイ側が貿易不均衡の是正を求めると、中曽根は「タイとの従来からの特別の関係にもかんがみ、プロジェクト、ローンの全面アンタイの用意がある」と述べ、円借款のアンタイド化を伝えた。「アンタイ」とはアンタイド・ローンのことで、使途を指定しない借款を意味する。二五日には、日タイ共同コミュニケが発表された。[14]

中曽根は二月六日から一〇日まで、中国の印象を地元の『上毛新聞』に連載し、「中国訪問の記」という小冊子にまとめた。周について中曽根は、「人を信頼すると非常な親身を持って相対する、まことに中国人らしいスティッマンである」と論じた。一方の周も、「中曽根には首相の才覚がある」と夫人に語ったという。[15]

中東歴訪

アメリカとの間では貿易摩擦が続いており、メディアは「日米経済戦争」と書き立てた。中曽根は一九七二年一〇月から自動車などについて、貿易管理令による対米輸出制限という緊急措置を講じていた。さらにアメリカが一九七三年二月、ドルを切り下げて変動相場制に移行すると、中曽根は中小企業へのドル・ショック対策に追われている。

対米関係が一段落すると、中曽根はゴールデン・ウィーク前後の九日間で中東諸国を歴訪した。資源獲得の環境を整備するためであり、中曽根は欧米の石油メジャーを経由しない買い付けを目論《もくろ》んでいた。いわゆる「日の丸原油」構想である。

最初の訪問地イランでは、アムゼガル蔵相やアンサリ経済相と会談した。この頃、アメリカが先進国による連携構想として石油消費国同盟を検討しており、イランは日本の対応を注視していた。

そこでアムゼガルが、「アメリカが提唱している石油消費国同盟に入るか」と問うと、中曽根は、「まだアメリカからその構想も聞いていないし、打診もないが、それが産油国との対決と挑発を招来するものならば、日本としては反対である」と否定的な見解を述べた。中曽根によると、「日本は他の先進国と違って、資源保有国に対してクリーン・ハンドをもっている。政治的野心もない」というのである。アムゼガルは微笑み、満足の意を表した。この発言はイランに好感を与えただけでなく、その後の訪問先でも話題となっている。

アラブ諸国との友好関係では、パレスチナ問題への態度が重要になる。パレスチナは地中海の南東岸に位置し、イスラエルによる占領で難民を生じていた。

クウェートでパレスチナ問題への対応を聞かれると、中曽根は、「日本は国連決議二四二号に賛成し、武力による領土獲得に反対であり、パレスチナの民族自決権を当然のこととして認めている」と答えた。一九六七年一一月二二日の国連決議二四二号とは、占領地からの撤退をイスラエル軍に求めるものであり、日本はそれに賛成していると伝えたのである。

サウジアラビアではファイサル国王、ヤマニ石油相と会見し、中曽根はアラブ首長国連邦、バーレーンを経て帰国する。石油危機が日本を襲う半年前のことであり、現役閣僚による中近東訪問はまれであった。[16]

「資源的安全保障」と「新自由主義」──福祉国家の時代

一九七三年七月二五日には、資源エネルギー庁が通産省の外局として発足した。同庁は、エネルギーの確保や電気事業の調整などを管轄しており、エネ庁と略される。エネ庁の設置を強力に進めたのは前通産事務次官の両角《もろずみ》良彦だったが、中曽根もこれを後押しした。[17]

中曽根はこの日、通産省やエネ庁の幹部たちを特別会議室に集め、異例に長く挨拶している。

「これまでの軍事的安全保障のほかに、資源的安全保障を加えることが必要になり、また可能になってきていると思う。日本のような場合、資源的安全保障が、より緊切であるといえる。資源的安全保障が、これまでの軍事的安全保障の枠をのりこえて、その外延を拡《ひろ》げていくという立場に立って、対外政策、具体的な通商政策、貿易政策を考えていく必要がある」

資源ナショナリズムが台頭する現代の通商政策では、資源を含めた安全保障として、「資源的安全保障」を意識すべきだというのである。

中曽根は、「立地政策も日本列島の枠にとどまることなく、よりグローバルに考えることも必要になろう。列島改造論は、グローバルな広がりを、少なくとも明示的には意識していないところに問題が残されている」と続けた。つまり、田中の列島改造論はグローバルな視野を欠くという。通産相就任から一年を経て、中曽根は自らの職務に自信を深めており、その批判が列島改造論にも及んだことを意味する。

グローバルな時代に対応するためには、いかなる方策が必要だろうか。中曽根は挨拶の後半で、福祉国家への転換期における「新自由主義」を説いた。

成長国家から福祉国家への転換の時代になると、自由と福祉を守るためには、一時的に、その一部の自由を制限するということが許されると思う。いままで以上の拘束や、制限も、最大多数の自由と福祉を守るために許されるという原理を適用する時代に入ったのではないかと思う。これを私流に名づけると新自由主義ということになる。〔中略〕土地問題、緊急物資問題、電力問題、石油問題あるいはPCB〔ポリクロロ〈塩化〉ビフェニル〕や水銀規制など、今日的発想にもとづく介入、拘束は当然許されるような考え方に変わってきていると思う。この点について、従来通産省はきわめて慎重であったし、これからもそうでなければならないが、同時にいたずらに躊躇《ちゅうちょ》することは許されない。それが今日的意味での自由、福祉の擁護に通ずる場合、たじろいではならないと思う。

その場合大事なことは、介入と同時に参加ということが出てこなければ、今日的には成り立たない。統制経済時代には、参加がない官僚統制であったが、新自由主義は、介入と関係者の参加を同時に実行するものだと思う。

中曽根の「新自由主義」には、二つの特徴がある。第一に、石油問題などでは福祉国家として企業に介入するのであり、自由放任ではない。第二に、関係業界、労働者、消費者に対して審議会などへの参加を促し、行政の基盤を広げようとした。「新自由主義」に基づく介入の契機は、思いがけずも石油危機への対処という形で到来する。[18]

石油危機

アラブ諸国とイスラエルによる第四次中東戦争の第一報が日本に届いたのは、田中が大平外相と訪欧中の一九七三年一〇月六日である。OAPECことアラブ石油輸出国機構は、「友好国」以外には石油供給を削減すると決定した。アメリカだけでなく、日本も「友好国」に区分されていなかった。

中曽根はエネ庁に石油供給の対策を検討させたものの、「トイレット・ペーパーがない、どうしてくれる」という苦情が通産省に押し寄せた。中曽根は石油会社や電力会社に規制の方針を伝えるとともに、閣僚らと石油緊急対策合同委員会を開いて善後処置を練っている。

一一月一六日に石油緊急対策要綱が閣議決定されると、中曽根は石油電力を多く使用する鉄鋼、自動車、アルミニウム、セメントなどの大企業に対して個別に一〇%節減を通告し、一一月二〇日から実施させた。

この間の一一月一四日には、アメリカ国務長官キッシンジャーが来日していた。キッシンジャーは中東からの帰路である。中曽根が一一月一五日、ホテルオークラにキッシンジャーを訪れると、キッシンジャーは中東情勢を論じた。和平に取り組んでいるものの、「交渉に期限は決められない」とキッシンジャーは述べた。

これに中曽根は、「日本における石油の輸入減と価格高騰は、来年の参議院選挙に深刻な影響を与えかねない。一三議席が〔自民党から野党に〕変わるだけで、野党は参議院をコントロールできる。そうなれば日米安全保障条約と日本の防衛安全保障政策に重大な結果をもたらすだろう」と強調し、「日本が独自に行動することを示唆し」た。

つまり中曽根は、アラブ諸国寄りに方針を改めようとしていたのである。

中曽根は水野惣平《そうへい》アラビア石油社長を介し、サウジアラビア国王ファイサルに石油供給を働き掛けた。その名目は、「石油が来ないと、インドネシアやインドなど途上国向けの肥料生産が止ってしまう」というものである。水野はファイサルと会見し、サウジアラビアから帰国した。水野によるとファイサルは、日本が親アラブ政策を表明すれば、「友好国」と認めて石油を供給してもよいと考えているという。

そこで中曽根が親アラブ方針の表明を田中に促すと、田中内閣はその方針を一一月二二日に二階堂進官房長官の談話として発する。談話はアラブ諸国の立場に理解を示すものであり、中曽根はアメリカ重視の大平を説得していた。

三木副首相が特使として中東を歴訪したこともあり、アラブ首脳会議は談話を評価し、日本に五%追加削減を行わないと決定した。中曽根は石油緊急二法として、国民生活安定緊急措置法と石油需給適正化法を国会に提出し、一二月二二日に成立させている。[19]

中東再訪

次の一手は、自らの外遊である。中曽根は一九七四年一月七日から一八日まで、イラン、イギリス、ブルガリア、イラクを訪れた。イランについては、一〇億ドルの経済協力費を用意してある。

飛行機はイランの首都テヘラン上空に達したが、吹雪のため引き返し、パキスタンのカラチで一日を過ごした。ようやくテヘランに着くと、過密日程が中曽根を待っていた。

イランの態度は、見るからに高圧的だった。交渉相手はアンサリ経済相であり、前回訪問のときから顔なじみではある。中曽根は石油精製工場について政府借款を提示したが、アンサリの反応は冷たく、ヨーロッパとの経済協力を示唆した。しかもアンサリが、最後の段階でさらに一〇億ドルの追加を要求すると、中曽根は「とても無理な話だ」と首を横に振った。

イランと妥協点を見出せないまま、中曽根はロンドンに向かった。ロンドンの街は節電で暗い。中曽根はチャタウェー産業開発担当相と北海油田に対する日本企業誘致を話し合い、そこからブルガリアを親善訪問すると、最後にイラクを訪れた。

イラクでは、明るい兆しがみえた。イラクの対応はイランと異なり、セメントや化学肥料などのプロジェクトに対して、日本の協力を強く要請するものであった。イラクの石油は開発が大いに見込まれており、中曽根はジャズラウィ公共事業相と合意に達した。各種プロジェクトに一〇億ドルの借款を行い、日本には原油九〇〇〇万トンを供給するという内容である。

イラクとの交渉で、通産省と外務省の事務方が用意した額は五億ドルだった。イラク側がこの額に難色を示すと、中曽根は「俺に任せろ」と一〇億ドルで合意したのである。最初に訪問したイランでの交渉が決裂していたため、中曽根は当初予定額の倍増を即決できた。このとき中曽根は、のちに大統領となるフセイン革命軍事評議会副議長とも会談している。[20]

日本の前途

二月中旬になると、物価が頭打ちになってきた。中曽根は三月一六日に国民生活安定緊急対策本部と閣議で、石油価格を一キロリットル当たり八九四六円引き上げると決めた。諸外国が数ヵ月前に一万円前後引き上げていたのに対して、中曽根は物価鎮静のため、それまで引き延ばしていた。

「この決定は、まさに日本の経済構造の最基底部に、ドリルで穴をあけるような大手術であった」と中曽根は記している。価格引き上げの結果は比較的に平穏であり、三月の物価上昇は〇・七%にとどまった。

四月には電力会社が、待ちかねたかのように値上げを申請してきた。中曽根は五月二一日、九電力平均で五六・八二%の値上げを認可した。産業用は七三・九五%の値上げとし、家庭用については二八・五九%に抑えたのである。石油や電力の節約について、行政指導は続けつつも法的規制は解除した。さらに中曽根は六月から九月にかけて、灯油など個別物資に対する介入を撤廃した。

石油危機を一応は乗り越えたものの、依然として対外依存度は高いままであり、日本の将来は不透明だった。中曽根は『海図のない航海——石油危機と通産省』という自著で、当時の日本経済を病人にたとえている。

「外からと内からと、大整形手術を受けさせられた日本経済という病人は、なおしっかりと一人《ママ》立ちできる力を回復できないまま、インフレと不況と国際収支不安におびやかされながら、ジッと病床にその疲れた体を横たえている」というのである。

石油危機を脱したにせよ、内外の情勢は流動的であり、中曽根は日本の前途を楽観できずにいた。[21]

しかも自民党は、七月七日の参議院選挙に敗北して六議席を減らした。田中の人気は凋《ちょう》落《らく》しており、その手法は「企業ぐるみ選挙」と批判された。中曽根は九月一二日、新政同志会の第七回青年政治研修会で「坂の上の雲」が消滅したと論じている。

日本人は戦後四半世紀、いな、むしろ明治以後百年、常に「坂の上の一朶《いちだ》の雲」を見つめて、わき目もふらず走り上ってきた。

今、一つの頂《いただ》きに到達し、日本人は前途への展望よりも、ある種の落胆、空《むな》しさ、不安を感じている。ここ数年来の公害問題、物価問題が、これまでに得たものの大きさを忘れさせ、失ったものへの悔恨をかきたてている。

このなかで中曽根は、激動の時代に対応するため自民党を「開かれた政党」に転換し、内閣は「自民党の内閣」から「国民の内閣」に脱皮せねばならないと説いている。[22]

次の三木内閣で、中曽根は幹事長として党の運営に専念する。

第7章　「三角大福中」の時代——幹事長・総務会長・行政管理庁長官

「椎名裁定」

中曽根は田中内閣末期の一九七四（昭和四九）年一一月二〇日、キッシンジャー国務長官と東京の迎賓館で再び会談し、エネルギー問題や中東情勢、中ソ関係などについて広範に意見を交わした。石油危機直後の会談とは異なり、切迫感は薄れていた。キッシンジャーは、フォード大統領とともに来日していたのである。[1]

一方、田中首相は金権政治との批判を浴び、一一月二六日に辞意を表明した。次の首相が「三角大福中」から田中を除いた四者のいずれかであることに、衆目は一致していた。

最大派閥を率いる田中の盟友は大平であり、総裁選になれば大平が勝つ可能性は高い。そこで大平は公選を主張した。三木、福田、中曽根はこれを受け入れず、話し合いによる決着を求めた。

大平が田中の盟友であることから、福田は大平を快く思っていなかった。大平と福田の関係は「角福戦争」の一形態でもある。また、安定成長論の福田は、池田内閣期に所得倍増計

自民党後継総裁をめぐっての5者会談，1974年11月30日　左から中曽根，三木武夫，椎名悦三郎，福田赳夫，大平正芳．最終的にはいわゆる「椎名裁定」で総裁は三木に決定する

画を批判していた。福田の回想録によると、福田は池田の「低姿勢」を暗黙の岸批判と解しており、「功労者である岸さんの顔に泥を塗るようなやり方だ。けしからん、という感情的な要素があったことも否定はできない」という。

大平は池田の腹心であり、池田内閣期に官房長官と外相を務めたため、福田の池田批判を不快に感じていただろう。

中曽根とすれば、田中派の支援を受ける大平に対して勝ち目はなく、話し合いを求める福田、三木と利害が一致した。総裁選を回避するのは、党の分裂を避けるためでもある。[2]

そこで三木、大平、福田、中曽根が四者で会談し、椎名悦三郎《しいなえつさぶろう》副総裁に指名を一任することにした。椎名に託したのは、前回の総裁選で多額の資金が流れたことを反省し、社会的信頼を取り戻す意味もあった。

椎名は一二月一日、清廉で知られる三木を後継総裁に推した。いわゆる「椎名裁定」である。[3]椎名が田中と対照的な「クリーン三木」を指名したのは、大平、福田のいずれかに軍配をあげれば党内の亀裂が避けられないためであろう。

もっとも、「椎名裁定」に至る前の段階では、椎名自身が総裁に色気を示していた。その背後には田中がおり、政権末期の田中は、大平ではなく椎名に目を付けた。田中は再登板を期し、椎名首班の暫定政権を思い描いたのである。椎名もそれを了承していた。

しかし、椎名暫定政権構想は、田中派以外に大きく支持を広げられなかった。大平が「行司〔椎名〕がまわしをつけて出てきた」と新聞記者にぼやいたのも、そのような文脈からである。[4]

自民党幹事長

いずれにせよ、中曽根に総裁の芽はなかった。中曽根は「椎名裁定」について、「金権で倒れた田中君のあとには、やはり対照的なものを出した方が自民党には有利だと判断したんでしょう。自民党はずっと振子の理論でやってきたわけですよ。右に対しては左、金脈に対してはクリーンと。そういう意味で三木さんに持っていったのは合理性があったと思います」と後年に述べている。

三木は二年前の総裁選では最下位であり、椎名の三木指名は意外と受け止められた。三木自ら「青天の霹靂《へきれき》」と述べたほどである。

しかし中曽根によると、三木は「椎名裁定」について事前に内報を得ており、党三役と閣僚の人事を練っていた。その証拠に三木は「椎名裁定」の直後に中曽根を呼び出し、「中曽根君、幹事長をやってくれ」と告げている。

中曽根からすれば、幹事長は総理への道に通じる理想的なポストであり、「けっこうです」と快諾した。三木から幹事長に起用された理由について、中曽根は「年が若いということもあって、クリーン三木には若手印象でいこうと思ったのかもしれません」と推測する。

幹事長は党人事や選挙の公認選定で巨大な権力を握り、その成否が総裁に向けた試金石になる。このとき中曽根は五六歳であり、四七歳で幹事長となった田中から九年半も後れての就任だった。

大平は蔵相に留任し、福田は副総理兼経済企画庁長官となった。退任した田中も再起を期しており、「三角大福中」の離合集散が続くこととなる。椎名は副総裁に留任した。

「椎名裁定」から幹事長就任に至る経緯は、派閥政治における中曽根の立脚点について示唆的である。端的にいうなら、五番目の少数派閥にもかかわらず、中曽根派には有利なところがあった。

第一に、中曽根は「三角大福」の確執と距離を置いていた。同じ群馬三区の福田は厄介であり、総選挙では「上州戦争」と呼ばれたにしても、「三角大福」との深刻なしこりはなかった。この点は、「角福戦争」で田中に与《くみ》した大平と対極的である。

第二に、田中は派閥オーナーの地位を他者に譲ろうとせず、最大派閥の田中派は自前の総裁候補を出せずにいた。しかも中曽根は、田中内閣の誕生に際して総裁選に立候補せず、田中を支持していた。田中には貸しがある。

第三に、三木、福田、大平が六〇代であるのに対し、中曽根は五六歳と若かった。三木、福田、大平が首相となって退任すれば、次の領袖が決まるには時間を要するだろう。その世代交代期を中曽根は活用できる位置にいた。

三木内閣が一二月九日に発足すると、中曽根は幹事長として最初の記者会見で、「三木内閣の誕生は歴史の潮流であり、自民党は革新保守とでもいうべき路線を選んだものといえる」と述べ、「清潔な党」を掲げた。

中曽根と三木には、改進党や民主党の野党時代に吉田内閣打倒で一致したという仲間意識があり、田中的な金権政治の是正という課題を共有した。

だが、根本的な政策は異なっていた。タカ派と目されていた中曽根によると、「三木さんは、保守における左派、あるいは中道よりかなり左」だったという。その違いは、国鉄ゼネストやロッキード事件への対応で表面化していく。

「日本的福祉国家」

幹事長として最初の仕事は、党財政の合理化と借金返済である。借金は、「企業ぐるみ」と呼ばれた一九七四年七月七日の参議院選挙などで一二〇億円にも上っていた。三木内閣が政治資金規正法を改正させるなかであり、資金の調達には苦労した。

そこで中曽根は、自民党経理局長の細田吉蔵《きちぞう》とともに経団連事務局の花村仁八郎《はなむらにはちろう》を訪れ、「借金の返済だけでもどうにかならないか」と相談した。やむなく花村は、企業や銀行に自民党への献金を依頼して回った。

花村が中曽根らに代わって企業などに頭を下げたのは、花村が自民党に対する企業献金の窓口だったからである。花村は財界政治部長の異名を持っていた。

花村の協力により、自民党の借金は半分ほどになった。花村によると、中曽根と細田は、『どうせなら借金の額をもっと多く言っておけばよかった』なんて、ずうずうしいことを言っていた」という。[6]

借金返済に目処をつけた中曽根は、どのような政策に力点を置いただろうか。中曽根派の新政同志会は一九七五年九月一一日、代々木のオリンピック記念青少年総合センターで第八回青年政治研修会を開催している。中曽根が高度成長後の将来像として講演したのは、「日本的福祉国家建設路線」であった。

「我々がめざすべき安定成長路線とは、『進歩的保障』と『社会的公正』の実現をめざしての日本的福祉国家建設路線である。福祉は進歩と公正の大原理の上に、長く強く実現される。その実現には周到に検討された総合的体系と、受け入れ態勢の整備と長期の財政的展望に立ったタイム・スケジュールがなければならない」というのである。

この「日本的福祉国家建設路線」は、通産相時代の「新自由主義」を福祉重視の方向に発展させていた。中曽根は、安定成長の積極的意義を「日本的福祉国家」の建設に見出そうとしたのである。[7]

もっとも、福祉重視は中曽根に限ったことではなく、三木の「生涯設計計画」と軌を一にしていた。「生涯設計計画」とは、教育から就職、住宅、医療、老後までの総合的な福祉政策である。「ライフサイクル計画」とも称される三木内閣の一枚看板であり、福祉は与野党を問わない時代の要請となっていた。[8]

国鉄ゼネスト

福祉政策とともに懸案になっていたのが、国鉄労働組合の要求するスト権への対応だった。国労は一九七五年一一月二六日にスト権ストを決行し、運休は史上最長の八日間に及んだ。スト権ストとは、スト権を認めさせるためのストである。公務員のスト権は、芦田内閣期の政令二〇一号で禁止されていた。

NHKの取材によると、三木や長谷川峻《たかし》労働相は、一定の条件下でスト権を認めるのが好ましいと考えていた。一方、中曽根と椎名はスト権の付与に反対であった。中曽根は一一月二二日に三木と協議し、ストが決行されれば厳重に処罰する方針を確認していた。

三木には、「なんとかストを中止させたい。スト権の条件付附与もやむをえない」という意向があったものの、中曽根は突っぱねたのである。

中曽根は「一歩も引かず徹底的に戦う」と決意し、法秩序の厳守という党見解をまとめ上げ、一二月一日の総務会で了承された。「国民の支援で国労を正す、むしろ絶好のチャンスだ」と中曽根は考えたのである。私鉄が発達し、自動車やトラックも増えていたため、ストは失敗すると見込んでいた。

一週間続いたゼネストは国民の反発を招き、スト八日目の一二月三日に中止された。中曽根にとって国鉄ゼネストは違法ストであり、その赤字体質とともに抜本的改革が課題として残された。そのことは、首相期での国鉄分割民営化に向けて伏線となる。

八ッ場ダム

国鉄ゼネストに国家的見地から対応した中曽根は、ダム建設をめぐって別の顔を見せる。

群馬県の長野原町《ながのはらまち》では、八ッ場《やんば》ダムの建設が予定されていた。八ッ場ダムは二〇〇九(平成二一)年、民主党の鳩山由紀夫内閣で前原誠司国土交通相が中止を表明したことで知られるが、すでに一九七〇(昭和四五)年には予備的調査を終えて着工の段階に移行していた。

三木内閣で八ッ場ダム建設を進めていたのが、田中派の金丸信《かねまるしん》国土庁長官である。当時、水不足の東京では工業用水などを多く地下水に依存しており、地盤沈下でゼロメートル地帯が江東区周辺に広がっていた。

八ッ場ダムは東京の水不足を解消し、これ以上の地盤沈下を防ぐものである。ところが、金丸によると中曽根は、「閣議に出すことまかりならぬ」と金丸に抵抗した。建設予定地の長野原町は中曽根の選挙区であり、地元はダム建設に反発していた。

金丸は幹事長室に出向くと、中曽根に向かって、「あんたは群馬県の幹事長なのか、日本の幹事長なのか。東京は水が不足している。足りないところへ供給するのは政治の責任じゃないか。群馬県にも賛成してくれている御仁《ごじん》がいますよ」と毒づいた。

金丸の言う「御仁」とは、福田のことである。福田は同じ群馬三区でありながら、広い観点からダム建設に賛成していた。しかも中曽根は、金丸が去った幹事長室から、国土庁の橋《はし》口収《ぐちおさむ》事務次官に電話して圧力を加えたという。

それを知った金丸は、「〔八ッ場ダムの原案を〕一字たりとも直してはいかぬ」と橋口に命じ、「〔中曽根が〕総理大臣になりたいなんて、もってのほかだという感じを持った」。この一件があってから、金丸は「中曽根ぎらい」を公言するようになる。[10]

一方、中曽根の言い分は金丸と異なる。中曽根によると、「田中、金丸君は、要するに建設族ですよ。あの頃、よくいわれました。二〇年くらいのちの将来にわたって、日本中のダムを何年後どこにいくつつくるという割り振りまでやっていたとか、〔中略〕私の場合は利権的なものはありません。建設省もないし、科学技術庁もない。つまり族議員ではない」という。

中曽根が族議員を超越しようとしたのは事実であろう。それでも、八ッ場ダムに関しては金丸の回想に説得力があるように思える。[11]

ロッキード事件

三木内閣を動揺させたのが、空前の疑獄事件として知られるロッキード事件である。アメリカのロッキード社は航空機の売り込みに際して、当時首相だった田中のほか、橋本登《と》美《み》三《さぶ》郎《ろう》、佐藤孝行など有力政治家に贈賄したとされる。

橋本と佐藤は田中内閣でそれぞれ自民党幹事長と政務調査会交通部会長であった。橋本が田中派なのに対して、佐藤は中曽根派である。

事件が一九七六年二月四日に発覚すると、三木は記者会見で、「民主政治の健全のため徹底的に事態を究明しなければならない緊急の課題だ」と誓った。中曽根は三木の姿勢を過剰反応と見なし、「血道《ちみち》上げて爪《つめ》を剥《は》ぐようなことはやらない方がいい。政権の安定という問題もあるし、また田中派をあまり無情に扱うと党の団結が乱れる」と三木に進言している。

中曽根は二月六日にアメリカ大使館と接触し、さらに数日後には日綿實業《にちめんじつぎょう》という商社からアメリカ人記者の情報を得た。その情報とは、田中と大平蔵相が事件に関与しているというものである。実際には大平は部外者だが、当初、そのことは明らかでなかった。

アメリカ側の記録によると、中曽根は二月一八、一九日に「この問題をもみ消すことを希望する」とアメリカ大使館に要請している。「自民党が選挙で完敗し、日米安全保障の枠組みが壊される恐れがある」という理由だった。中曽根は三木と逆の方向に動いたのである。

衆参両院の本会議は二月二三日、ロッキード事件の資料提供をアメリカに求めると全会一致で決議した。三木は翌日、フォード大統領宛て親書で氏名の公表と協力を要請するのだが、中曽根は親書について事前に知らされていなかった。

中曽根にとって気掛かりなのは、ロッキード社が児玉誉士夫を対日工作に用いていたことである。政界の黒幕として知られる児玉と中曽根は近しく、児玉秘書の太刀川恒夫《たちかわつねお》を書生として自宅に預かったほどである。もともと児玉は三木武吉の紹介で河野一郎と昵懇《じっこん》になっており、中曽根は河野との関係から一九五五、六年頃に児玉と知り合った。河野が新党結成を決意したとき、中曽根が帝国ホテルに呼び出されると、部屋には河野らのほかに児玉がいたことはすでに述べた通りである。

児玉は病気と称して国会証人喚問に応じなかったものの、検察によって起訴された。福田派の玉置和郎《たまおきかずお》参議院議員らは、「中曽根は児玉と深い仲だ。カネをもらっているんだろう」と総務会で中曽根を叱責《しっせき》している。メディアも中曽根に疑惑の目を向けた。

六月一三日には河野洋平、西岡武夫、田川誠一など六人が離党し、「腐敗との決別」を掲げて新自由クラブを結成した。新自由クラブを代表して、離党届を中曽根に持参したのが河野にほかならない。

中曽根は、「一つの空気というか、流行のようなもので踊るというのは、短期的にはいいかも知れないが、長い政治家歴から見れば勲章にはならなくて、かえって傷になる。だから、先輩としていうが、もう一度よく考えて思い止《とど》まれ」と慰留した。しかし、河野らの離党を防げなかった。

河野は初心を貫き、「〔自民党に〕未来を志向した提言とか、議論はほとんどありません。あるのは、党利党略だけでなく、派利派略、国民生活と無縁ともみえる路線論争など、むしろ政治不信を増加させる問題ばかり」と『中央公論』誌上で批判した。河野は後年、中曽根内閣期に復党するが、中曽根派には戻らず宮澤喜一の宏池会《こうちかい》に属している。[12]

幹事長辞任へ

田中の逮捕は七月二七日だった。中曽根によると、その日の早朝に稲葉修法相から「きょう逮捕される」と電話を受け、愕然としたという。もっとも、稲葉は中曽根派であり、稲葉からは事前に情報を得ていた可能性もある。

田中は逮捕直後、東京地検の検事正を介して中曽根に離党届を送った。中曽根は総務会に田中の離党を報告している。田中は田中派の七日会にも脱会届を出したが、いずれも形式的なものであった。

田中が八月一七日に保釈されると、田中派、福田派、大平派、椎名派らが三木に反発し、挙党体制確立協議会を八月一九日に結成した。この挙党協の目的は、いわゆる「三木おろし」である。自民党は主流派の三木派、中曽根派と反主流派の挙党協に分裂しかけ、結党以来二一年間で最大の危機に直面した。

中曽根は幹事長として三木を支えるべき立場であり、世論が求めるように徹底解明の姿勢を見せた。しかし、それは表向きというべきだろう。本心は異なっていた。分裂は総裁の椅子が遠のくことを意味しており、三木と心中するつもりはない。

内務省で三年先輩の奥野誠亮《せいすけ》衆議院議員によると、この頃に中曽根は、「私は世間に自分を押し出していく、ポーズをとると言うんですか、そういうことはわりあいにうまいんだよ」と述べたという。無派閥の奥野は、「少数派閥で政権を取ろうとすると、そういったことが大事なんでしょう」とオーラル・ヒストリーで評している。

三木、挙党協、世論の間で苦心する中曽根は、野党との関係でさらなる窮地に立たされた。中曽根は、民社党との秘密折衝を吹聴したことが発覚し、面目を失ったのである。

というのも中曽根は、予算案の可決について水面下で民社党を抱き込んでおり、そのことを群馬にある中曽根事務所のテレフォンサービスに吹き込んでいた。テレフォンサービスとは、そこに電話すれば誰でも同じ内容を聞けるというシステムである。

テレフォンサービスで流された中曽根の声とは、「民社党とズーっと話し合いをしはじめまして、そして四月一〇日に予算を通そうという盟約をつくったわけです」というものだった。

これを聞いた共産党の『赤旗』が、テレフォンサービスの一部始終を暴露した。自民党が公的には五党会談による決着を図っていただけに、『赤旗』の波紋は大きかった。中曽根としては功績をアピールしたつもりであるが、特定野党との「盟約」をテレフォンサービスで音声化したことは、幹事長としての資質を疑わせるに十分であろう。

中曽根は民社党に謝罪文を発したが、それだけでは済まなかった。衆議院議長の前尾繁三郎が、中曽根を議長室に呼び出したのである。中曽根が「軽率な行動で議長や各党に迷惑をかけたことをおわびしたい」と頭を下げると、前尾は「あのテレホン発言は、国民に対して陳謝すべきだ」と叱責した。

大平はさらに辛辣《しんらつ》であり、「Lockheed〔ロッキード〕ノ進展ハ三木ノ退陣ヲ促ス 田中派ノ弱体化ヲ促ス。中曽根派ハ再起不能」と手帳に書き入れている。

ここが幹事長としての潮時《しおどき》である。中曽根は、「任期満了まで三木内閣を認める。それで退陣させたらどうだろう」と妥協案を示して挙党協を抑えつつ、他方で三木の目論む解散総選挙を阻止した。中曽根は混乱を招いた責任を負う形で、九月一五日に幹事長を辞している。

一年九ヵ月の幹事長職だった。[13]

福田内閣の成立

中曽根がロッキード事件や自民党内の対立を冷静に語れるようになったのは、幹事長の辞職から一〇日以上が過ぎた一九七六年九月二六日のことである。この日に中曽根は日比谷公会堂の自民党青年部総決起集会で講演し、党内の争いは「幹事長たる中曽根の全責任であります」と詫びた。さらに中曽根は全党員参加による総裁選を掲げ、政治改革を説いている。

このとき中曽根は、派閥の弊害が金と人事にあると認めながらも、「金魚ですら一〇匹集まれば三匹と七匹に分かれる。いわんや人間においては、である。こういう政策人としてのバイタリティを失ったら、自民党はだめになります。それが行き過ぎると、全体主義の、共産党のような政党になってしまい、みんな宮本顕治氏の顔色ばかりうかがうという形になる」と述べており、派閥そのものは否定していない。[14]

自民党は一二月五日、任期満了の総選挙に大敗した。結党以降初めて、公認候補の当選者が過半数を満たせなかったのである。自民党は保守系無所属の議員を一二人も入党させることで、かろうじて過半数に達した。

一二月二四日には、三木内閣に代わって福田内閣が成立し、もう一人の首相候補だった大平は幹事長に就任した。高騰する物価の抑制に取り組むなど、「経済の福田」を自認する首相は経済再建を当面の課題とする。

福田の首相就任に際しては、大平と福田の間で「大福密約」が交わされたようである。「大福密約」とは、大平が福田を推す代わりに総裁任期を三年から二年に短縮し、福田は二年後に政権を大平に渡すという内容である。三木内閣で主流派だった中曽根は、候補にすらなれなかった。総裁任期は党大会で二年に短縮されている。[15]

後年、「大福密約」について問われた中曽根は、「挙党協であれだけの攻勢をやって、福田さんと大平さんの間でそういう約束〔「大福密約」〕までできたから、福田内閣ができるのは当たり前だと思いました。ただ、いわゆるクリーン三木として恰好《かっこう》いいことをやってきた三木さんを引きずり降ろしたからには、この内閣も長くは続かないだろうと思っていました」と振り返っている。福田内閣の短命を予期したというのである。[16]

「新自由主義」と政治参加

保革が伯仲し、自民党内も波乱含みという難局のなかで、中曽根は将来をどう展望したのか。中曽根は一九七七年二月一六日にアメリカン・クラブで講演し、持論の「新自由主義」と民衆の政治参加を説いている。

「新自由主義のもとでは、政治がオリエンテーションをやる方向を決める。そして、仕事は経済人や官僚のほうがやはりやり方がうまいので、政治はそれを駆使していく。そして、民衆との接触と責任は政治が受持つ。だから参加は政治と民衆の結合でやっていく」というのである。政治は民衆と接しながら大きな方向性を定めるものであり、経済の詳細については経済人や官僚に任せるべきだという。つまり中曽根は、与野党伯仲という厳しい現状を踏まえ、以前にもまして民衆に政治参加を強く促しながら、民衆との接点を回復しようとした。

中曽根によると、「民衆の脈搏《みゃくはく》を自分で感じて自分で断を下すというストレイトに政治が民衆に直結している要素が非常になくなった。政党が官庁代弁者や、出張所みたいになりつつある。〔中略〕明治の自由民権的なフレッシュなものをもう一回蘇《よみがえ》らせないと、民衆も政党についてこれないものになる」という。

自民党は官僚ではなく民衆と向き合い、国民投票などによる政治参加を真剣に検討すべきだというのである。中曽根の危機感を反映した演説であった。[17]

衆議院の証人喚問

中曽根自身の危機は、依然としてロッキード事件である。中曽根は四月一三日に、衆議院ロッキード問題調査特別委員会に証人喚問されている。ロッキード事件で現職議員が喚問されたのは、中曽根が初めてだった。

焦点は児玉との関係である。社会党の横路孝弘《よこみちたかひろ》議員が児玉との間柄を追及すると、中曽根は東京地検から二回にわたり事情聴取された事実を認めている。

ロッキード事件をめぐっての国会証人喚問，1977年4月13日
関与を全面否定し不起訴となる．同事件での現職議員初の喚問だった

それでも中曽根は、「事件に関して自分の手も魂も汚れていない。国民の皆様を裏切ったことはない」と全面的に否定した。検察も中曽根をロッキード事件で起訴しなかった。

中曽根がロッキード事件を乗り切ったことは、後半生が法廷闘争になる田中との分岐点であった。しかしメディアが「闇将軍」と称したように、田中は絶大な影響力を政界で保っており、田中との関係が総裁を目指すうえで鍵となることに変わりはない。「三角大福中」の時代は田中を「闇将軍」とする第二幕に入り、中曽根は派閥政治の基盤を模索し続けていく。[18]

二度の外遊

福田首相は一九七七年八月六日から一八日にかけて、マレーシア、ビルマ、インドネシア、シンガポール、タイ、フィリピンを歴訪した。福田は一八日のマニラ演説で、軍事大国にならない、「心と心のふれ合う相互信頼関係」の構築、東南アジアの平和と繁栄に対する寄与を唱えた。この福田ドクトリンは、日本外交として例外的に理念を標榜し、関係国も好意的だったと評されることが多い。

その半月後、長らく党務やロッキード事件への対応に追われていた中曽根は、福田の跡をたどるかのように東南アジアを訪問した。無役の中曽根が九月四日から一三日に外遊し、シンガポール首相リー・クァン・ユー、マレーシア首相フセイン、インドネシア大統領スハルト、フィリピン大統領マルコスらと会談したのである。

印象的なのは、フィリピン外相ロムロの言葉だった。ロムロは、「福田ドクトリンは間違いである。ドクトリンという言葉は、優越した者が原則として下の者に使う言葉である」と語った。

中曽根が、「それならどんな言葉を使えばいいのか」と聞くと、ロムロは「プレッジ」だと答えた。プレッジは約束ないし誓約という意味であり、高圧的な印象を免れうる。日本は経済的に進出しているものの、「経済だけで押しまくって、それが尊敬されるかと思うと、そうでもない」と中曽根は感じたという。

そのことを中曽根は一一月に『国際情勢と日本の役割』という小冊子にまとめ、自派の政策科学研究所で印刷物にした。そこに記されたロムロ発言は、好評を博したとされる福田ドクトリンに水を差すものであり、福田への対抗心を暗示するかのようである。

中曽根はロムロ発言の教訓を活かし、自らの首相期に東南アジア外交ではドクトリンの提示を避けている。その姿勢は謙虚で現地に受け入れられやすいと同時に、内戦の続くカンボジアの和平問題では受け身の態度にもつながった。

東南アジア歴訪後、中曽根は九月一八日から一〇月五日に訪米し、ブレジンスキー補佐官やフォード前大統領、キッシンジャー前国務長官らと懇談していた。

特に重要なのは、ジョンソン元駐日大使との会談である。ジョンソンはSALT交渉の文書を中曽根に手渡した。SALTとはStrategic Arms Limitation Talksの略称であり、米ソ間の戦略兵器制限交渉を意味する。ジョンソンはSALT交渉の代表を退いたところだった。ジョンソンから渡された文書は、中曽根の視線を釘付《くぎづ》けにした。その文書が、米ソ軍縮交渉の内実を示していたからである。

中曽根は、「人類文明最高のゲームを米ソはやっているなという気がした。そして読んでいるうちに厳粛な気持になって、われわれが、そのへんの飲み屋で一杯やっているうちに、米ソはわれわれの知らない世界で、文明の先端をゆくものすごい兵器、あるいは凶器を背景にしながら、額に汗のにじむような生存競争のゲームをしている、心理戦略戦をしているなということで、感銘に打たれた」という[19]。

長らく国内政治に忙殺されているうちに、東南アジアでは日本が存在感を高めて福田ドクトリンが評判となり、世界情勢はSALTに象徴されるような緊張緩和に動こうとしていた。久々に外遊を重ねた中曽根は、本領の対外政策で情勢判断を新たにしたのである。

継続的に主要国を訪れ、各国首脳と交流を深めようとする態度は、「三角大福」にみられない中曽根の特徴といえよう。

「政治原理のコペルニクス的転換」――総務会長再任

アメリカから帰国後、しばらくすると、中曽根は福田から党幹部への就任を打診された。中曽根が選挙区の碓氷峠《うすいとうげ》で「峠の釜《かま》めし」という茶屋にいると、福田が「総務会長になってくれ」と電話してきたのである。

場所が茶屋だけに驚いたが、中曽根は総務会長を引き受けることにした。中曽根は、「福田さんは再選をねらっていたわけで、そのために中曽根を自分の陣営の中に引き込んでおこうとした」と解している。

中曽根は一九七七年一一月二八日、二度目の総務会長に就任した。先に触れたように、最初の総務会長は佐藤による福田後継を意識した〝中曽根工作〟であったが、今回は福田による再選工作だった。中曽根によると、総務会は「議員総会を除くと平常時における政策人事党務運営上の最高審議決定機関」だという。

総務会長としての関心は、何に向けられたのか。明治神宮会館での講演をまとめた小冊子『海鳴りが聞こえる』を手掛かりとしたい。

それによると中曽根は、成田空港の闘争、赤軍によるダッカ日航機ハイジャック事件、中国漁船による尖閣《せんかく》諸島の領海侵犯などによって、「相次いで日本国家存立の基本への挑戦が起きておる」と憂えていた。

しかるに自民党の執行部は、野党などへの配慮から「純度を貫けない」のであり、「そうなると結局、自民党のバックボーンは総務会以外にはないという意識を私達はもっておる」という。そこで中曽根は、「政治原理のコペルニクス的転換」を説く。

この辺で、日本政治は、従来の経済本位の惰性を変え、より大きな広い活力にあふれた世界に向かって、転換しなければならないと思います。いわば、政治原理のコペルニクス的転換が要請されていると信じます。すなわちそれは、ガバナビリティの回復であります。経済という政治の一部面—最も大切なひとつでありますが—から解放されて、政治本来の包轄《ママ》的な全体的な民族の統合と発展をめざす機能に前進することであります。

「ガバナビリティ」、つまり統治能力の回復を主張する中曽根は、「吉田内閣以来、岸、池田、田中、福田内閣に至るまで」歴代内閣の多くが経済偏重だったと論じている。経済以外の重点的課題として中曽根が挙げるのは、教育、科学、福祉、安全保障、外交、地方自治、憲法である。当時は福田内閣期であり、「経済の福田」に対するアンチテーゼといってよい。

もっとも、中曽根が総務会を「自民党のバックボーン」と表現したのは過大評価であろう。族議員に占められた自民党の各部会が事実上の決定を下し、政調審議会を通過すれば、総務会では通常そのまま承認される。総務会で不満が噴出することもあるにせよ、ある大蔵官僚が言ったように、「ガス抜きのための総務会」であることは広く知られていた。[20]

「風見鶏」

中曽根が経済偏重として福田内閣の施策に不満だったとしても、それは主に内政であり、外交で福田と大きく対立した形跡はみられない。福田の対外政策として重要なのは、先に述べた福田ドクトリンと日中平和友好条約である。中曽根も日中平和友好条約を推進する立場だった。

日中平和友好条約の交渉に際しては、一九七八年四月一二日に中国の漁船が尖閣諸島の領海を侵犯している。中国はこれを偶発的な出来事と説明した。

中曽根は四月二三日、札幌の北海道青年会議所全道大会で講演した。中国漁船による尖閣の領海侵犯については、「中国側から、これは偶発的事件であったという話があったことは結構なことであります」と述べ、「問題は尖閣列島だけではなく、日韓もあるし、中近東もある」と論じたのである。

さらに中曽根は、「私は今、日本で一番必要なのは『風見鶏』だと思う。よく私は政界の風見鶏といわれますが、しかし『風見鶏』ぐらい必要なものはないと思っている。『風見鶏』は足はちゃんと固定している。からだは自由です。だから風の方向が分かる。風の方向が分からないで船を進めることはできません」と語った。「大事なことは、相手の情勢をよく把握し、風向きを見ながらうまくハンドルを切っていくということです」という。[21]

中曽根は八月の日中平和友好条約締結に際して党内を調整し、一〇月には来日した鄧小平副総理と言葉を交わしている。[22]

福田への違和感

福田内閣発足から一年半以上が過ぎた一九七八年初秋には、福田の続投が政界の焦点となっていた。幹事長の大平は、福田が二年で大平に総裁の座を譲るという「大福密約」を信じていた。

しかし、福田と大平の話し合いは決裂し、政局は一一月に行われる初の自民党総裁選予備選挙に向けて動き出す。予備選挙とは国会議員による本選挙の前に、党員、党友が投票するものである。

総裁選が不可避となったことを受けて、大平は一〇月一三日に中曽根をホテルオークラに呼び出した。中曽根がホテルの一室を訪れると、普段は物静かな大平が、このときばかりは殺気立っている。

大平は、福田が政権禅譲の約束を反故《ほご》にしたと告げ、「あんな不信義な態度をとる人ははじめてだ」と憤慨した。大平が総裁選に向けて中曽根・福田連合を嫌っており、「立候補してくれ」という意味だと中曽根は解した。

中曽根自身も、経済政策に専念しがちな福田に違和感を高めていた。福田が再選支持を期待しつつ中曽根を総務会長に据えたのは前述の通りだが、中曽根は派閥結成から一二年近く過ぎており、要職を歴任しているだけに、初の立候補にためらいはなかった。[23]

中曽根は一〇月二〇日に『新しい保守の論理』という本を講談社から刊行した。無役だった福田内閣の前半に全国を回り、福島の酪農家や北海道の漁民らと語り合ったことを記したものである。「人格主義の教育」、「人間主義の都市づくり」、「美しき日本」、「総合的安全保障」、「太平洋文化の夢」などを説いており、明らかに総裁選を意識した出版である。[24]

総裁選の初陣

さらに中曽根は、パンフレット「自民党員諸君 立党の精神・綱領で立ち上ろう」を発行した。総裁選が大平、福田の一騎打ちと見られていたとはいえ、中曽根にとっては初陣であり、少しでも善戦して次につなげねばならない。ほかにも、三木派からは河本敏夫通産相が出馬した。

候補者としての中曽根には、どのような特性があっただろうか。福田、大平、中曽根、河本の四者は一一月四日に共同記者会見を開いている。福田が「世界の中の日本」を強調すると、大平は「しなやかで強じんな政治」を掲げた。中曽根は「行動力のある政治」を力説し、

自民党総裁選での共同記者会見，1978年11月4日　中曽根は初めて総裁選に挑んだ．左から大平正芳，河本敏夫，中曽根，福田赳夫

河本は「経済問題の最優先解決」を訴えている。

中曽根を際立たせた発言は二点ある。第一に、「有事立法は当たり前」と述べたこと、第二に、憲法改正問題を「早く土俵にあげて五―八年かけて国民と相談したい」と語ったことである。

有事立法については福田が中曽根に近い見解であったものの、憲法改正に関して中曽根以外の三者は否定的だった。この頃の中曽根は、「憲法修正論」を持論としていた。

初めて導入された予備選挙では、一五〇万人もの党員、党友が投票し、一位と二位だけが国会議員による本選挙に進める。大方の予想では、一位が福田、二位が大平だった。

一一月二七日の予備選挙で、中曽根は大平、福田に次ぐ三位に入った。三位といっても、二位の福田とは大差がある。

大平　正芳　五五万〇八九一票
福田　赳夫　四七万二五〇三票
中曽根康弘　二九万〇九五七票
河本　敏夫　八万八〇九一票

大平が一位になれたのは、盟友の田中に支援されていたからである。この結果に最も驚いたのは福田であろう。予備選挙で首位になれると信じていた福田は、予備選挙で二位以下の候補者は本選挙を辞退すべきだと論じていたのである。

やむなく福田が本選挙を辞退すると、大平が総裁に選ばれた。福田とすれば自縄自縛であるが、今回の総裁選は「角福戦争」の代理選という性格が強かった[25]。

大平の中曽根評

大平内閣は一九七八年一二月七日に発足した。「三角大福中」のうち「三角大福」がすべて首相経験者となり、中曽根は総理の座がさらに近づいたと感じたはずである。

中曽根は「幹事長なら［引き受けても］いいよ、それがダメなら大蔵」と大平側に伝えていたが、再び無役になった。中曽根に立候補を促し、悲願の首相となった大平は、実のところ中曽根を評価していなかった。大平が石油危機で、中曽根と対応を異にしたことは既述の通りである。

大平は総裁選に際して『エコノミスト』誌の質問に応じていた。インタビュアーは、中曽根が「有事立法は必要だ」と発言していることに意見を求めた。

これに大平は、「中曽根（康弘）さんも政治家として『自分はこう思う』という一つの示唆的な提言をしておるんじゃないでしょうか。しかしそれはそれにとどまっているだけで、具体的な行動は政府なり党なりがやるわけです。だからその発言が政府の立法準備を促して、国会に出てきたら、そのことを問題にされればよいのではないでしょうか」と答えている。

大平らしく遠回しの表現だが、大平は中曽根の有事立法論を否定したのである。また、『週刊朝日』記者が中曽根の人物評を聞いたとき、大平は「あの方は、ちょっと詩人のような要素があって。アイディアマンですね」と述べるにとどめた。

大平正芳

かねて大平は「戦後の総決算」を掲げており、一見すると、中曽根がのちに唱える「戦後政治の総決算」と言葉は似ている。だが、大平首相の首席秘書官だった森田一によると、大平の「戦後の総決算」は「戦前に対する郷愁みたいなものが全然ないのですよね。そこが中曽根さんと違う」という。
さらに森田は、田中を除くと、「大平の中ではっきり序列がついているのは、福田が一番信頼できて、その次が三木で、中曽根が一番だめだと、それはもうはっきりしていた。それはもう本人は、何回も言っています」と回想している。

ホテルオークラでは、中曽根に向かって福田をけなして見せた大平だが、その福田から二段階も下に中曽根を位置づけていたのである。再び森田の言によると、大平は「中曽根さんが右顧左眄《うこさべん》すると批判的」で、「節操がないという感じが大平にはあった」という。それでも森田は、大平が中曽根内閣期に生きていれば、「中曽根君も思ったよりよくやった」と評価を改めたであろうと推測する。[26]

四〇日抗争へ

大平内閣が発足した頃、財政は累積する国債で危機的な状況にあった。かつて三木内閣の蔵相として初の赤字国債を発行したという責任感もあり、大平は一般消費税の導入を目指す。

しかし、国会では与野党が伯仲していたため、解散総選挙は避けられなかった。

一方、野党の社会党、公明党、民社党は一九七九年九月七日、内閣不信任案を衆議院で共同提出した。社会党書記長の多賀谷真稔《たがやしんねん》による不信任案の趣旨説明を待たずして、大平は解散総選挙に打って出ている。

だが、自民党は一〇月七日の総選挙に勝利できず、福田や三木が大平の責任を追及し始めた。大平のメモによると、中曽根も「国民ニ判リ易イ責任ヲトッテモライタイ」と主張し、党内の実力者で善後策を決めるべきだと提案している。中曽根からすれば、自分の出番だという思いが強かったであろう。

一一月六日の衆議院は、主流派の大平派と田中派が大平に投票し、反主流派の福田派、三木派、中曽根派が福田に投票するという異常事態になった。中曽根は福田に票を入れたものの、かろうじて大平の続投となった。この対立は四〇日抗争と呼ばれており、大平と福田の差は、わずか一七票だった。

ここでの中曽根は「角福戦争」で前総裁の福田側に立ったことになる。党首以外の幹部に国会で投票するのなら、本来は福田や中曽根は党を割って出るのが筋であろう。大平は、もともと低かった中曽根への評価をさらに下げたに違いない。

それでも大平は第二次内閣を一一月九日に成立させると、党内融和のため中曽根に蔵相就任を打診したようである。だが、大平派の栗原祐幸《ゆうこう》によると、中曽根は蔵相の就任要請を断ったという。この政権は明らかに弱体であり、短期に終わる可能性も高いため、中曽根はポスト大平を見据えていた[27]。

「ハプニング解散」

中曽根は一九八〇年四月二五日、サンケイ出版から『心のふれあう都市——二十一世紀への提言』を刊行している。『新しい保守の論理』の続篇となる同書では、個人主義の台頭によって、かつて農村や下町に根づいていた共同体が破壊される危惧を記した。東京や地方都市の再開発について考察し、「心のふれあう都市」、「人間主義の街づくり」を求めたのである。

さらに中曽根は四月二七日から五月九日にかけて、原健三郎、江藤隆美《たかみ》など中曽根派幹部らと中国各地を訪れた。鄧小平の後継者と目される中国共産党中央政治局常務委員の胡耀邦《こようほう》らと会ったことは、のちの首相期に役立つこととなる。

五月一六日には、社会党が内閣不信任案を提出した。中曽根は迷いに迷った末に最後の瞬間に入場し、大平派、田中派とともに反対票を投じている。中曽根は福田の側ではなく、今回は大平や田中の側に立ったのである。

しかし、福田派や三木派が欠席したため、不信任案は可決された。不信任案を提出した野党すら予期せぬ事態であり、大平が解散総選挙を決断すると、「ハプニング解散」と世上に呼ばれた。前回の総選挙から、七ヵ月しか経っていなかった。

中曽根は反対票を入れたことについて、「社会党が出した不信任案なんだから、みんなで内閣を守らなければならない。それが憲政の常道じゃないか」と主張したと振り返るが、それだけが理由ではないだろう。中曽根は迷った末に最後になって入場したのであり、四〇日抗争では前総裁の福田に国会で投票していた。

田中派幹部だった後藤田正晴は、中曽根が議場に入ったことによって、数年後に田中派の支持を得て首相になれたと分析する。

中曽根派が本会議場に入ってきたということが、後に中曽根康弘さんが内閣総理大臣になれた原因のひとつではないかと思います。あの時、外へ出ていたら、絶対になれない。経歴としておかしいということにならざるを得ませんね。〔中略〕あの時に入ってこなかったら、田中派は絶対応援しない。そうしたら総理になれませんでしたよ。

中曽根は「角福戦争」のなかで、再び田中寄りに舵を切ったのである。中曽根と逆の行動をとったのが安倍晋太郎であった。福田派の安倍は政調会長でありながら、中曽根と入れ替わるように議場を出たのである。

大平は選挙期間中に他界し、弔《とむら》い合戦となった初の衆参同日選挙で自民党は圧勝する。[28]

行政管理庁長官——鈴木内閣

仮に大平内閣が総辞職した場合、中曽根は自ら首相になるつもりでいた。「三角大福」の次を中曽根が担うのは自然な流れである。だが大平は解散を選択し、大平の没後ながら自民党は総選挙に勝利した。大平の急死に伴う同情票がなければ、自民党は選挙に大勝できなかったであろう。

大平の急逝は、予期せぬ政局を招いた。同じ大平派の鈴木善幸が田中派の支持を得て、総理総裁に就任したのである。早くから頂点を目指していた中曽根とは対照的に、鈴木は首相の座を狙っていなかった。いわば偶然が重なった結果として鈴木は選ばれたのであり、中曽根の心境は穏《おだ》やかでない。

とはいえ、中曽根ではなく鈴木が首相となった背景には、それ相応の力関係がある。中曽根の前に立ちはだかったのは、二階堂進、金丸信という田中派の実力者だった。特に二階堂が鈴木と緊密であり、鈴木内閣で自民党総務会長、さらには幹事長に就任する。

鈴木内閣は一九八〇年七月一七日に成立し、中曽根は不本意ながら行政管理庁長官として入閣した。中曽根は「大蔵大臣を一回やってみたい」と考えており、自派の渡辺美智雄が蔵相となったことに不満である。

中曽根によると、「私の派閥の一員の宇野宗佑《そうすけ》君（のちに首相）がそれまで行管庁長官だったので、派閥の子分の職務を親分が次に受けるという、ある意味で侮辱したような話だった。だが、行財政改革は一番大事な問題だ、ここで一か八か勝負してみようと思った」という。

このとき中曽根をたしなめたのが、元首相の岸信介である。岸は議員を引退したものの、自民党最高顧問の一人だった。「君は総理になるなんて思わずに、とにかくいまの問題になっている行政改革を断行することだ。それが日本の政治を立て直す基本だ」と岸は中曽根に説いたのである。

中曽根は岸の言葉を激励と解したが、岸の本心は異なっていた。岸は中曽根ではなく、福田の再登板に期待していたのである。

インタビューで岸は、「それ（財政再建）をやり得るのは、実は福田君以外にないと思うんですよ。いまいる中曽根君のような、いわゆる『中二階』の連中だって、その能力はないよ。ところが、福田君は一度総理をやったということから、（再び首相になることは）難しいのだがね」と語っている。[29]

第二臨調と「増税なき財政再建」

中曽根はすぐに頭を切り換え、行財政改革に取り組んだ。行財政改革のため、総理府に諮問機関として第二次臨時行政調査会を設置し、会長には元経団連会長の土光敏夫《どこうとしお》を抜擢したのである。スイッチの早さと「楽観主義」は、中曽根の持ち味といってよい。

第二次臨調は一九八一年三月に発足し、二年後の中曽根内閣期に最終答申をまとめる。かつての第一次臨調は池田内閣期に設置され、最終答申では内閣の総合調整機能強化などを提言していた。

第二臨調の委員は、土光会長以下、円城寺次郎《えんじょうじ》（日本経済新聞社顧問）、宮崎輝（旭化成工業社長）、瀬島龍三《せじまりゅうぞう》（伊藤忠商事相談役）、谷村裕《ひろし》（東京証券取引所理事長）、丸山康雄（総評副議長）、金杉秀信（同盟副会長）、辻清明（東大名誉教授）、林敬三（日本赤十字社社長）とい

う九人で構成された。人目を引いたのが瀬島であり、瀬島は陸軍大学校、関東軍参謀、シベリア抑留を経て伊藤忠入りした異色の経歴を持つ。

中曽根は土光と瀬島が第二臨調の軸になったと回想しており、中曽根内閣期に外交面でも瀬島を重用する。また、中曽根と宮崎は、支援団体の弘基会を通じて旧知の間柄だった。谷村は元大蔵省事務次官であり、労働界からは、総評、同盟の双方を加えることでバランスに配慮した。

左から中曽根，土光敏夫元経団連会長，鈴木善幸首相

中曽根は以前から関係業界や国民に対して政治参加を促す「新自由主義」を説いてきており、この時点でようやく第二臨調として具体的な形を伴った。委員の特徴は、財界から土光、宮崎、瀬島の三人を入れたことにあり、社会党や共産党は「財界主導の臨調」と批判した。

財界主導は中曽根が意識したものにほかならず、中曽根は、「党の力を借りるよりも、財界を動かして解決していくことを重視しました」と認めている。かねて中曽根は弘基会などを通じて財界と交流していたのであり、その人脈を第二臨調に活かそうとした。

第二臨調には委員のほか、専門委員、参与、顧問、調査員が加わり、二〇〇人近くの大所帯にふくれ上がった。臨調の参与が増やされるなかで、元官僚の割合は参与の四割を超えている。

中曽根と臨調は、「増税なき財政再建」をスローガンに民活を促した。公債残高は年々増え続けており、公共事業費や補助金を削減するとともに、規制緩和を進めたのである。中曽根は閣議で、「もし行革に反対する局長がいたら左遷する」とまで発言した。[30]

民活に向けて

臨調の先に中曽根は、いかなる社会を描いたであろうか。その一端は、八月二七日に岡山国際ホテルの山陽時事問題懇談会で行われた講演に示される。

中曽根によると、行政改革の目的は民間の活力回復によって「日本的福祉社会を建設していく」ことにある。社会貢献などの生きがいがあり、会社や地域に支えられているのが日本的福祉だという。さらに官庁の不効率性を指摘し、「駅員の数を較《くら》べると、平均して私鉄は国鉄の半分以下であります」と肥大化の危機を訴えた。

欧米が石油危機の財政不足を増税でまかなったのに対し、日本は国債発行で石油危機を乗り越えていた。景気は維持できたものの、国債は八二兆円にもなっており、財政再建には「増税によらず行政改革によって経費を浮かし、予算を縮小し、人員整理をする」ことが不可欠である。

そこで中曽根は、「第二次臨時行政調査会を設置し、土光さんをはじめ、財界、労働界、ジャーナリスト、学界、地方団体関係、官僚OBから計九人の名優にご登場願って、全国民の代表が議論する場とした」というのである。

日本的福祉は一九七〇年代から与野党ともに唱えてきたことだが、そこに行財政改革の装置として臨調が加わったのは今回が初めてである。臨調の成否は、中曽根の政治生命を左右するものとなった。

中曽根にとって幸いなことに、池田内閣期の第一臨調と異なり、第二臨調では国民の関心が高く、報道も好意的だった。めざしを食べる土光がテレビで放映されると、その庶民性から土光臨調には国民の支持が集まった。臨調は、首相期に「大統領的首相」として多用する審議会政治の先駆けでもある。

一九八二年度予算は原則ゼロ・シーリング、つまり前年度と同額と閣議決定したため、各省庁が新事業に着手するにはスクラップ・アンド・ビルドを要した。第二臨調は初期の中曽根内閣に引き継がれており、民活は国鉄、電電公社、専売公社の三公社民営化として中曽根内閣期に結実していく。総理の座は目前に迫っていた。[31]

第8章　首相の一八〇六日――「大統領的首相」を求めて

I　田中角栄の影、積極外交の成果――第一次首相期

鈴木内閣の迷走

行政管理庁長官の中曽根が行財政改革を進めていた頃、鈴木内閣は迷走していた。自民党総務会長を一〇期こなしたことが象徴するように、鈴木は内政での調整能力に長《た》けていた半面で、外交を不得手とする。鈴木は一九八一（昭和五六）年五月の日米首脳会談後、日米同盟に軍事的な意味合いはないと記者会見で発言し、伊東正義外相の引責辞任に発展した。

一九八二年夏には、文部省が歴史教科書で「侵略」を「進出」に書き換えるよう求めたと報道され、日中、日韓関係で火種となっている。韓国とは、経済協力でも不和が生じていた。韓国が安全保障とからめて援助を強く求めたのに対して、園田直外相は反発したのである。対外関係を悪化させたことなどから、福田赳夫のほか、自民党最高顧問の岸信介も鈴木を批

判していた。[1]

政権構想と理念

中曽根は、鈴木が一一月の総裁選に不出馬という情報を得ると、九月二五日夜に目白の田中角栄邸を訪ねた。田中が中曽根に不信感を抱いていると伝えられたからである。田中は「まったくの誤解である」と中曽根に語った。

一〇月五日の閣議前には、鈴木が「次は君がやってくれ。君以外に人はない」と打ち明けている。中曽根は、「それではその心構えで行きましょう」と応じた。一〇月八日には田中が、「今回の政変では、君を絶対に支持する」と電話してきた。

田中や鈴木の支持が得られても、まだ安心はできない。次に接近すべきは、田中派の幹部である。中曽根派は第四派閥にすぎず、前回、鈴木に首相の座を奪われたのも、田中派幹部の影響が大きかった。田中派は最大派閥であり、とりわけ金丸信は八ッ場ダム建設で対立してから、「中曽根ぎらい」を公言していた。

そこで中曽根は、田中派幹部であり、内務省の先輩でもある後藤田正晴を官房長官に起用するという構想を描く。元警察庁長官の後藤田は自民党選挙制度調査会長を務めており、中曽根は毎月一回ほど、二人で会食しながら行政改革を話し合う間柄にある。

中曽根は後藤田に会うと、「近く政界に地殻変動がある。その卦《け》が出ている。そのときには後藤田さん、官邸に入って私を助けてもらいたい」と水を向けた。「私が内閣を作るとなると、行政改革が最優先課題ということにならざるをえません。後藤田さんには、役人をぴしっと抑えてほしい」というのである。

中曽根が後藤田を引き入れようとしたのは、その能力もさることながら、派閥力学を考慮してのことである。旧来、官房長官は自派閥から当てるものであり、田中派を重用することに対するメディアからの批判は覚悟していた。

のちに後藤田は官房長官に就くが、この時点では即答を避けている。官房長官以外の閣僚であれば入閣したいと後藤田は考えていたものの、官房長官は「大番頭とも言われるわけですから、同じ派から出るべきである、というのが私の腹の中にはあった」という。

中曽根は一〇月一〇日、政治理念を反芻しながら「新政権政策メモ」を作成した。「政治の究極の目的は文化に奉仕するにあり、自由を尊び、宗教や学問に対して越権があってはならない。人格主義、人間主義は私の基本信条である。東洋では『大学』の道であり、西洋ではカントの『天なる星』の名言に尽きる」というものだった。

問題は、その理念をいかに実践するかである。中曽根は、書きためてきた三〇冊以上のノートを参照し、行財政改革の断行、日米、日韓関係の修復、教育や労働運動の改革を三大課題に挙げた。情勢判断、国民へのアピール、田中との連携については、臨調委員の瀬島龍三、劇団四季の浅利慶太、朝日新聞社の三浦甲子二、読売新聞社の渡邉恒雄、日本テレビの氏家齊一郎などの「中曽根マシーン」を活用した。[2]

田中派の不満

田中が中曽根を担《かつ》ぎかけたとき、田中派には不満があった。後藤田は官房長官には自派閥を用いるべきと考えていたし、金丸も「中曽根ぎらい」で知られていた。そこで後藤田と金丸は、田中の真意を確かめることにした。

後藤田、金丸が一〇月二一日夜に目白の田中邸を訪ねると、田中はスコッチ・ウイスキーのオールド・パーを傾けながら気炎を上げていた。焼いた松茸《まつたけ》を醬油《しょうゆ》に漬《つ》けて口に運ぶ田中に対して、後藤田は「なんであんなオンボロみこしをかつぐのか」と問いただした。

田中が「オンボロみこしだからかつぐんだ」と答えると、金丸はそのわけを聞いた。「オンボロみこしならいつでも捨てられるじゃないか」と田中が言い放つと、金丸は噴き出した。

かつて田中内閣の誕生に中曽根は協力しており、田中とすれば義理もある。それを田中の子分が潰《つぶ》すわけにはいかない。金丸らは、「親父に従うことも政治だ」と腹を決めた。

後日、官房長官となった後藤田に金丸が、「オンボロみこしをかついだ感想を聞きたいね」と冷やかすと、後藤田は「それは言ってくれるな」と頭をかいたという。これらは金丸の回想であり、後藤田は「オンボロみこし」を金丸の発言としている。

いずれにせよ、田中派をいかに手なずけるかは、中曽根にとって大きな課題であった。[3]

「密室の一二時間」

総裁選告示日の一〇月一六日になると、中曽根、河本敏夫、安倍晋太郎、中川一郎が立候補した。このまま推移すれば、全国の党員、党友が投票する予備選挙になる。だが鈴木は、予備選挙を避けようとした。予備選挙になれば、長期の政治的空白が生じてしまい、景気対策や行革が遅れるためである。

このため鈴木は一〇月二二日の午後五時から、自民党本部で二階堂進幹事長、福田赳夫と協議した。「密室の一二時間」と呼ばれるものである。

ここに福田がいたのは、最高顧問会議の代表という資格による。最高顧問会議は、総裁、副総裁、衆参両院議長を経験した現職議員で構成されていた。大平総裁期に党大会で定められた制度であり、大平は一度も招集しなかったが、「和の政治」を掲げる鈴木は最高顧問会議を頻繁に開いていた。

鈴木、二階堂、福田の会談は、深夜になっても結論を出せずにいた。鈴木は予備選挙を行わずに、臨時党大会で投票することを主張した。鈴木は中曽根による後継を念頭に置いていた。しかし福田は、党を分裂させかねないとの理由で鈴木の案に首肯《しゅこう》せず、二階堂も福田に近い姿勢を示した。三人の意見が一致しなければ、予備選挙に突入となる。

予備選挙へのタイムリミットが近づくなか、協議中の総裁室に予想外の人物が飛び込んできた。国会対策委員長の田村元である。田村は総裁室に入ると、テーブルを叩きながら、「予備選突入は避けるべきだ。例えば中曽根総理、福田総裁などでまとめられないのか」とまくし立てた。中曽根総理、福田総裁という総総分離案である。

田村国対委員長は、自民党総裁選挙管理委員会の委員長でもあったが、党三役の経験者ですらなく、この協議に参加する資格はまったくない。同じ田中派の二階堂ですら、田村の言動に疑問を覚えた。田中が糸を引いたわけでもなさそうである。

しかし不思議なことに、協議が難航していたため鈴木と二階堂はこの総総分離案を支持し、福田を説得した。福田は渋ったが、翌年一月の党大会までの暫定という条件で提案を受け入れる。日付は変わり、一〇月二三日の午前一時を過ぎていた。

そこで鈴木らが、総総分離案を中曽根に提示した。中曽根は一旦、席を外して戻ってくると、「絶対反対である。予備選を行なうべきだ」と退けた。中曽根は中座の間に田中と電話し、田中から「絶対受けてはいけない」と指示を受けていた。

二階堂によると、このとき田中は「総総分離など絶対受けちゃいかん。蹴飛《けと》ばせ。あとは予備選だ」と叱咤《しった》したという。田中にとって福田は宿敵であり、田中は総総分離とはいえ福田総裁を呑めない。

かつて田中総裁の後任を決める際、大平が議員の投票による選出を主張したのに対して、中曽根は三木、福田とともに話し合いを説いて「椎名裁定」に持ち込んだ。大平が公選を求めたのは、田中派の支援によって勝てると読んだからであり、中曽根は勝ち目のない公選を避けたかった。今回はその田中派が自分を推しており、話し合いで決着する必要はない。鈴木らは午前五時過ぎに調整を断念し、予備選挙の実施を決めた。

仮に中曽根が総総分離案を受け入れていたら、中曽根は田中と福田総裁の「角福戦争」で板挟みとなり、政権運営のアキレス腱となっていたであろう。その場合、五年続くような長期政権は難しかったはずである。

総総分離という火種を消し去ったのは、中曽根の判断もさることながら、田中の怨念《おんねん》だった。特に田中が激怒したのは、かつて福田が四〇日抗争で自ら国会で首班候補となり、盟友の大平を寿命が縮むような苦難に陥《おとしい》れたことである。田中からすれば、無分別もはなはだしい。それは大平の急死から二年以上が過ぎたいまも、田中の脳裏から離れずにいる。積年の恨みが、福田総裁案を葬《ほうむ》ったのである[4]。

「仕事師内閣」誕生へ

予備選挙は一一月二四日と決まった。この予備選挙に中曽根は、田中派の後押しを得て勝利した。それも過半数を制した圧勝である。

中曽根康弘　五五万九六七三票

河本　敏夫　　二六万五〇七八票
安倍晋太郎　　八万〇四四三票
中川　一郎　　六万六〇四一票

大勝の背景に田中派と鈴木派の支持があったことは多言を要しない。河本らが本選挙への立候補を辞退したため、中曽根は翌日の臨時党大会で総裁に就任する。六四歳にして待望の首相就任が確実になると、中曽根は夜に行管庁長官室で組閣案を練った。

一一月二六日に国会で指名を受け、首相官邸に入った中曽根は、田中派筆頭格の二階堂を呼び出して幹事長に留任させる。

中曽根が組閣案を見せると、二階堂は「本当にこれでやるんですか」と絶句した。後藤田官房長官や竹下登蔵相をはじめ、ロッキード事件の灰色高官と呼ばれた加藤六月《むつき》を国土庁長官に起用するなど、二〇人中六人が田中派だったからである。ロッキード裁判の判決を控えた法相は、無派閥ながら田中に近い秦野章《はたのあきら》とした。メディアの反発は必至だろう。

閣僚の顔ぶれが公になると、新聞記者たちは「まるで第三次田中内閣じゃないか」と驚いた。案の定、メディアは「田中曽根内閣」「直角内閣」と書き立てる。想定内の批判ではあるが、中曽根としては歯がゆかった。

中曽根は後年、当時の心境を「ピンチに臨むピッチャー」にたとえ、「仕事師内閣」を目

第１次中曽根内閣発足，1982年11月27日　内閣の３分の１を田中派色の強い人材が占め，メディアは当初「田中曽根内閣」「直角内閣」と批判した

中曽根内閣における各派閥と新自由クラブの閣僚数

	第１次内閣	第２次内閣	第２次改造内閣	第２次第２回改造内閣	第３次内閣
田中派	6（1）	6（1）	6（1）	6（1）	8（2）
鈴木派	4（1）	4（1）	4（1）	4（1）	3
安倍派	3	4（1）	4（1）	4（1）	3
中曽根派	2（1）	3	3	3	4（1）
河本派	2	2	2	2	1
旧中間派・無派閥	3（1）	0	0	0	1
新自由クラブ	—	1	1	1	0

註記：首相を除く．カッコ内は参議院起用分
出典：『朝日新聞』1986年７月23日から作成

論んだと記している。

私にすれば「仕事師内閣」を目論んだところ、結果としてこうなったというに過ぎなかったのです。中曽根政権の船出は最初から危機的状況の荒波への航海でした。「ノーダン」〔ノーアウト〕満塁のピンチに臨むピッチャー」が、私でした。仕事に適材と確信した人を当て、最強の内閣を作るしか打開の道はありません。〔中略〕

仕事ができる人間は、大派閥の田中派にたくさん集まっていました。結果的に組閣名簿のようになっただけです。その代わり、中曽根派は極力減らしました。本来、四人出てもおかしくないところを二人にしたのです。

中曽根が「仕事師内閣」を意図したことは事実としても、田中派が「結果的に」多くなったというのは方便であろう。田中はロッキード裁判を抱えており、田中の支援で頂点に立った中曽根が反田中を法相にするはずもない。

田中派を多く用いたことに加えて、要《かなめ》の蔵相と外相に竹下と安倍を据えたことも知恵である。二人は同期のライバルであり、政権の安定と活性化に貢献する。党三役では、二階堂幹事長のほか田中六助《ろくすけ》政調会長も留任とし、総務会長には細田吉蔵を当てた。

中曽根は一二月一九日、首相公邸に居を移した。公邸に住んだ総理は、佐藤栄作以来である。公邸入りしてからしばらくしたのち、次女の美恵子が、「パパは総理大臣になって何が一番したいの」と聞いた。中曽根は、「パパはね、自分の国は自分で守る国をつくりたいんだよ」と答えている。[5]

所信表明演説

中曽根内閣のキャッチフレーズといえば、「戦後政治の総決算」がよく知られている。しかし、当初に提示していたのはそれではない。一九八二年一二月三日、首相就任後初の国会所信表明演説で、中曽根が提唱したのは「たくましい文化と福祉の国日本」であった。具体的な政策としては国鉄と財政の改革を掲げ、「ゆとりと活力のある安定社会の実現」や「日米間の信頼関係」強化を説き、日本の「積極的役割」を主張した。

我が国に対して、更に積極的役割を求める世界の期待は、年を追って強くなっております。日本は、今や世界経済の一割を担う国力を持つに至り、日本の寄与なくして地上の平和と人類の共栄の前進はありません。[6]

中曽根は、日本の国際的地位が高まってきたと自負するのであった。

「大統領的首相」と「指令政治」

中曽根の自己規定として特徴的なのは、アメリカ大統領に近い「大統領的首相」を意識したことである。後年の談話から引用したい。

> 現在の憲法下においては、日本の首相というのは、アメリカの大統領とイギリスの首相の中間というか、むしろアメリカの大統領に近い存在なんですね。戦前の旧憲法下の首相と比べると、天皇が元首から象徴になった分、首相の権限が強化されました。

たしかに戦前と比べれば、日本の首相権限は強化されていた。もっとも、それはあくまで制度上のことであり、強いリーダーシップはメディアや国民に警戒されてきた。特に一九七〇年代以降は短期政権が多い。

歴代首相の数をみても、戦後日本の首相が中曽根まで一六人だったのに対して、イギリスはアトリーからサッチャーまで九人にすぎない。アメリカ大統領は、トルーマンからレーガンまで八人である。アメリカ大統領とイギリス首相の中間よりも大統領に近いという認識は、相当にユニークといえるだろう。

とするなら、中曽根の主張する「大統領的首相」は何を意味するのか。中曽根は「大統領的首相」が「指令政治《ディレクティブ・ポリティックス》」であると説く。

私の時代には、後藤田官房長官が中心になっていわゆる内閣五室〔内政審議室、外政審議室、安全保障室、情報調査室、内閣広報官室〕をつくった。だが私は、そんなものをつくっても意味がないだろうと思っていた。

総理大臣の周りに風鈴をたくさんつくっても邪魔になるばかりで、各省の官僚が跋扈《ばっこ》するだけである。それよりも、総理大臣が何をするかということが大事であり、関係省の事務次官を直接呼び出して指示する方が、はるかに有効だと考えていた。

私は自分が大統領的首相であるという意識があったから、ディレクティブ・ポリティックス、いわゆる指令政治というものを実行に移した。

事務次官らを呼び出す「指令政治」とともに、中曽根が「大統領的首相」の手法として多用したのは私的諮問委員会であった。諮問委員会によって、官邸主導による立案を推進しようとしたのである。

例えば、防衛費対GNP比一％枠を突破する場合には、平和問題研究会座長の高坂正堯《こうさかまさたか》京都大学教授に答申してもらい、中曽根—竹下のラインで福田や鈴木など党内の反対論を抑えている。

このような審議会政治はトップダウン型ゆえに、党や国会の審議を骨抜きにすると批判さ

私的諮問委員会一覧（1983～87年）

設　立	名　称	座　長
83年1月	基準認証制度検討委員会	
83年6月	文化と教育に関する懇談会	井深大
83年8月	平和問題研究会	高坂正堯
84年2月	高度情報社会に関する懇談会	山下勇
84年6月	婦人問題企画推進会議	高橋展子
84年8月	閣僚の靖国神社参拝問題に関する懇談会	林敬三
84年9月	経済政策研究会	牧野昇
84年9月	危機管理問題懇談会	矢沢一郎ほか
84年12月	対外経済問題諮問委員会	大来佐武郎　註①
85年5月	補助金問題検討会	石弘光
85年10月	物価安定政策会議	土屋清　註②
85年10月	国際協調のための経済構造調整研究会	前川春雄
86年9月	民間活力活用推進懇談会	斎藤英四郎
87年10月	スポーツの振興に関する懇談会	斎藤英四郎

註記：①は委員長，②は議長
出典：世界平和研究所編『中曽根内閣史資料篇』世界平和研究所，1995年，525-527頁

れた。その手法は、ブレーン政治と呼んでもよい。中曽根は、佐藤誠三郎《せいざぶろう》東大教授、香山健一《こうやまけんいち》学習院大学教授、公文俊平《くもんしゅんぺい》東大教授など旧大平内閣ブレーンを活用したのである。第二臨調で公文は専門委員、佐藤は参与となっていた。

香山が中心的役割を果たしたのは、中曽根が伝統的文化の発展を意図して設置した臨時教育審議会である。香山は、やはり中曽根が新設した日中友好二一世紀委員会の委員でもあり、胡耀邦中国共産党総書記とのパイプ役になる。

ブレーン政治には佐藤内閣、大平内閣の前例があるものの、それらは概して中長期的な課題や政策理念を検討していた。中曽根の場合には、目前の靖国神社参拝や選挙を含めて、生々しい政治の局面についてブレーンから助言を得ている。[7]

メディアへの「中曽根チェック」

中曽根が首相官邸の主《あるじ》になると、官邸の雰囲気は一変した。中曽根が遅くまで執務し、その緊張感が職員に伝わったからである。就寝時にはベッドの棚に紙を置き、気づいたことがあれば夜中でも起きてメモした。

党内基盤の弱い中曽根は、メディアとの接し方にも心を砕《くだ》いた。定例の総理記者会見は座って行うのが慣行だったところ、浅利慶太は立ったほうが見栄えがよいと進言した。そこで中曽根は就任直後、立ったままでの会見を提案している。中曽根によると、「欧米では、皆立って行なう。座って話すなんて見たことがない」というのである。

だが、官邸の記者クラブは慣例を破ることに反対し、いままで通りに座っての会見となった。再び中曽根の言によると、「先輩記者から中曽根の言う通りにやったのかという批判をされるのを、後輩の記者は恐れていたのだろう」という。首相が立って会見するのは、細川護熙《もりひろ》からである。

メディアの動向はブレーンのほか、「中曽根マシーン」によって分析された。特に浅利は深夜のテレビ番組まで見ていて、「中曽根さんは元、前総理からいじめられているときに、世論調査の国民の支持が上がっています。だから、いじめられなさい」、「あなたの場合は、こっち側から撮ったほうがいい」などと助言した。

中曽根はテレビを重視し、二ヵ月に一度の割合で定期的に島桂次《けいじ》ＮＨＫ理事を呼び出している。島が公邸を訪れると、中曽根は分厚い紙の束を取り出すのが常だった。おそらくは内閣調査室が作成したその文書には、NHKの全ニュースが書き起こされている。

中曽根は気に入らないところに下線を引いており、「島君、最近のニュース番組などには、いろいろ問題があるじゃないか。政府に不利なことをやり過ぎる傾向がある」と苦言を呈した。

新聞や民放は仕方ないが、NHKは公共放送であり、偏向は許されぬというのが中曽根の言い分である。島はこれを「中曽根チェック」と自著に記している。

しかも中曽根は、よく『読売新聞』の社説を手にしながら、「読売の論調は素晴らしいね。渡邉君（当時・副社長兼主筆）は、なかなかよくやってくれている。各新聞社の首脳にも、これを回覧して読ませたいくらいだ。NHKも、おおいにこれを参考にしたまえ」と語った。島によると、「一応拝聴はするが聞きっぱなしだったので、現場に影響を与えることはなかったと思うが、いずれにしても現役の首相がここまで言うのは後にも先にも中曽根首相だけだった」という。中曽根はメディアの動向を強く意識し、内閣支持率を概して高く保つことに成功している。

外国紙に関しては、矢部貞治の弟子で拓殖大学教授の奥村房夫に支えられた。奥村が中国の『人民日報』、フランスの『ル・モンド』、アメリカの『ニューヨーク・タイムズ』などを切り抜きして送り、中曽根は週末にまとめて目を通すのである。

海外事情については、外務省からも情報が上がってくる。だが中曽根は、「外務省の報告は間接的で、何人かの目を通してくるから垢《あか》がついてしまう」、「新聞の記事は非常に臨場感がある」と奥村の情報を重視した[8]。

「戦後政治の総決算」

中曽根内閣の代名詞とされる「戦後政治の総決算」が、政権発足当初のキャッチフレーズでないことは先に述べた通りである。とするなら、「戦後政治の総決算」とは何であったのか。中曽根は「戦後政治の総決算」について、「吉田政治の是正」、「行財政改革の遂行」、「国際貢献に邁進《まいしん》するということ」という三点を後年に挙げている。

このうち、説明を要するのは「吉田政治の是正」であろう。中曽根によると、吉田は「偽《マ》似《マ》一国平和主義者」であり、「防衛や憲法問題の基本線が吉田さんとの対立の一原点」だという。吉田は経済重視のあまり安全保障をおざなりにしており、「米国に頼っていればいいというので、自分で自分の国を守るという気迫がなくなってしまった」という。

中曽根が野党時代から反吉田を掲げていたのは事実である。しかし、これらは首相退任後の回想であり、後付けの感が否めない。政権発足時に中曽根は「戦後政治の総決算」を別の文脈で用いていた。

中曽根が「戦後政治の総決算」を用いたのは、一九八二年一二月、自民党選挙対策本部の事務所開きからである。翌年四月には統一地方選挙、六月には参議院選挙が確定しており、さらに解散総選挙も視野に入れていたことから、中曽根は「戦後三七年たって、来年はその総決算の年だ」と強調したのである。

「戦後政治の総決算」の内実をよく示しているのが、一九八三年一月一〇日の『日本経済新聞』である。同紙のコラムは、予定されているロッキード事件判決や選挙への筋道に「戦後政治の総決算」を位置づけた。

ロッキード裁判の田中角栄被告に対する論告求刑、判決、さらに統一地方選挙や参院選。しかも衆院解散、総選挙必至の政治情勢は波乱含みといっていい。政治の季節ともいうべき向こう一年を、日本の政治の分岐点とみているのは政府・自民党とて同じ。中曽根首相は「八三年は戦後政治の総決算の年」と繰り返す。

つまり、中曽根が当初、「戦後政治の総決算」で意識したのは、「吉田政治の是正」などの大目標ではなく、一九八三年の選挙をいかに乗り切るかであった。

メディアや国民は田中に象徴される金権政治を強く批判していたため、選挙での大敗、ひいては自民党政権の動揺もありえた。「戦後政治の総決算」は理念や構想というよりも、ロッキード判決前後の選挙を意識しており、表現としては過大と思われる。

もっとも、誇張された言い回しは、首相期に始まったことではない。それまでも中曽根は、防衛庁長官時代に第四次防衛力整備計画を新防衛力整備計画と呼び改め、運輸相としては現実的でないと知りながら非核三原則を主張した。中曽根は、実態よりも強い言葉を好む傾向にある。

憲法改正の棚上げ

『日本経済新聞』コラムから二週間後の一九八三年一月二四日、中曽根は首相として初の通常国会に臨んだ。このときの施政方針演説では、「戦後政治の総決算」を唱えていない。

それに近い文言を挙げるなら「戦後史の大きな転換点」になろうが、「私は、日本が、戦後史の大きな転換点に立っていることをひしひしと感じます。いまこそ、戦前戦後の歴史の中から、後の世代のために何を残し、何を改むべきか、そしてわれわれはどこに向かって進むべきかを真剣に学び取り、新しい前進のための指針とすべきであると思います」と述べるにとどまっている。

この演説で先の三点のうち明確に論及したのは行財政改革ぐらいであり、残りの二点、特に「吉田政治の是正」は判然としない。スローガンとして掲げられているのは、ここでも「たくましい文化と福祉の国日本」だった。福祉国家は三木内閣の頃から課題とされており、特に目新しいものではない。

公の場で「戦後政治の総決算」を表明したのは、八月二七日の自民党軽井沢セミナーである。中曽根が、「経済、外交、福祉、教育などについて問題点を出し、意識的に国民の判断を求めるのが大事だ」と強調したように、これも解散総選挙を勝ち抜くためのものだった。しかし、一二月の総選挙には大敗する。

その後、第二次中曽根内閣が発足し、政権の後期になるにつれて、「戦後政治の総決算」は国会の主要演説では必ず用いられるようになる。「戦後政治の総決算」は、政権が軌道に乗るにつれて定着していったとみるべきだろう。

留意すべきことはまだある。中曽根は「吉田政治の是正」として憲法改正を意識したというが、実際はむしろ逆であった。中曽根は一九八三年二月一九日の衆議院予算委員会で社会党の岩垂寿喜男《いわたれすきお》の質問に答え、「現内閣におきましては憲法改正を政治日程にのせるということはやりません」と明言している。

さらに中曽根は九月一九日、石橋政嗣《まさし》社会党委員長との党首討論でも憲法を「評価している」と述べ、改憲論を封印している。

議席占有率からしても、改憲を発議できる状況ではなかった。改憲には両議院で三分の二以上の賛成を要するが、自民党の衆議院議席率は五六・二%であり、非武装中立論の社会党が二〇・九%を占めていた。自民党は参議院でも五四・六%しかない。[10]

これらの点について中曽根は別の回想録で、「首相在任中、行政改革の大事業を控えて、

『憲法改正を政治日程に載せない』と言明した。〔中略〕政治的に敬遠したことは、まことに遺憾であった」と認めている。中曽根は一九七八年頃に掲げていた「憲法修正論」すら棚上げにしたのである。自民党内ですらコンセンサスを得にくい改憲を先送りすることは、当時の客観情勢からしてやむをえなかっただろう。[11]

三木の注文、大平の遺産

中曽根の「戦後政治の総決算」は、自民党の政治家にはどう映っただろうか。主要な政治家のなかで、「戦後政治の総決算」を自己流に解して注文を付けたのが三木である。

三木が「戦後政治の総決算」に論及したのは一九八三年一月二六日、検察が田中に論告求刑した際の記者会見であった。「中曽根首相は、首相就任に際し、現在は戦後保守政治の総決算の時期であると強調した。総決算とは政治倫理の確立こそがその基本である。多弁を要しない」と三木は述べている。

三木は共同通信社のインタビューでも、「田中君だって八年近くも法廷に立ってご苦労なことだが、日本の政治も大きな損を被った。この機会をとらえて、災いを転じて教訓を生かし、政界刷新の新しい出発点にしないといけない。台風一過では困る。中曽根君のいう『戦後政治の総決算』とはこうした道義的問題が基本ではないだろうか」と論じた。三木は「戦後政治の総決算」を政治倫理の確立に求め、脱田中を説いたのである。

ロッキード判決前後の政局や選挙では、田中のような金権政治が争点とならざるをえない。だが中曽根は、田中派を多く閣僚に起用している。少なくともロッキード事件の一審判決が出るまでは、中曽根が脱田中に応じることは難しかった。[12]

「戦後政治の総決算」の性質は、大平の「戦後の総決算」と比べることで浮き彫りになる。大平の場合、「戦後の総決算」を打ち出したのは首相就任の七年以上も前であり、首相期には九つの政策研究グループで田園都市構想や総合安全保障などについて議論を深めた。

一方、中曽根が「戦後政治の総決算」を初めて口にしたは、政権発足直後の選挙対策である。中曽根は、大平の遺産ともいうべき政策研究とブレーンの活用に努めたものの、大平に匹敵するような深慮が、中曽根の「戦後政治の総決算」に当初から含まれていたとは考えにくい。

外交理念ではどうか。大平は環太平洋連帯構想を政策研究グループで検討しており、大平の没後ながらAPECに結実していく。かつて太平洋経済文化圏を提唱していた中曽根も、後述のようにオーストラリアなどとの「太平洋協力」を唱えるものの、冷戦戦略の一環という意味合いが強い。大平の環太平洋連帯構想に比肩する創案は、首相期の中曽根に見当たらないように思える。

もっとも、それは理念を軸とした比較であり、理念は政治の一面にすぎない。重要なのは、理念よりも実績である。中曽根は内外政の実績で大平をはるかに上回っていく。そのことを以下にみていきたい。

電話会談

中曽根政治を大きく特徴づけるのは、冷戦に即した戦略的な外交である。外交の場は、「大統領的首相」としての姿を最も明示的に発揮できる。鈴木内閣では日米、日韓関係が悪化しており、その修復が先決と中曽根は判断した。

政権発足当日の一九八二年一一月二七日、中曽根は韓国の全斗煥《チョンドファン》大統領、アメリカのレーガン大統領、ＡＳＥＡＮ各国首脳と電話している。

中曽根が全斗煥に「日韓を新たに友好的な関係にしたい、自分は誠意を尽くして努力する」と告げたところ、全は、「私も協力してやりましょう。貴方とはよく話し合いをしましょう」と述べた。韓国側は日本の経済援助を切望しており、中曽根内閣の成立を関係改善の好機と見なしたのである。

レーガンからは就任祝いの電話があり、中曽根は、「できるだけ早い機会にお会いできることを楽しみにしている。日米友好関係の緊密化のため、お互いに協力していきたい」と伝えた。

かつて中曽根は通産相として迎えた石油危機に際して、アメリカよりもアラブ寄りの姿勢を鮮明にしていた。その中曽根が首相になると、本来の姿である対米基軸に戻ろうとする。

その回帰をもたらした要因は国際環境の変化であり、二度の石油危機が去った後、ソ連のアフガニスタン侵攻以降は米ソ新冷戦の時代となっていた。

しかもこの間、中曽根は無役になるたびにアメリカや中国、東南アジアを訪れ、日本の方向性を探っていた。その成果を発揮するときが訪れたのである。

中曽根は首相就任直後、「石油危機のときに、とくにキッシンジャーと大喧嘩した」ものの、「今とでは状況が違ってきていますからね。やはり日米安保体制を基軸にし、日米間の人間的信頼関係を一層強めていく。これがいちばん大事だと思います」とあるジャーナリストに語っている。[13]

電撃訪韓という発想

アメリカ訪問の日程は一九八三年一月中旬に組まれた。並の首相であれば、日米会談の準備で余念がなくなるだろう。ところが中曽根は、訪米の前に韓国訪問を入れようとする。政権発足から間もない時期にはリスクを避け、まずは内政に集中したくなるものである。まして日米会談前に訪韓を入れ込むことなど、鈴木前首相らには発想できないだろう。

しかし、中曽根は違っていた。中曽根外交を際立たせているのは、新冷戦下でアメリカだけでなく、韓国や中国とも関係を深めた重層性である。電撃的な韓国訪問が、その第一歩となる。

日米会談前の訪韓となれば日程が限られるし、韓国側の複雑な対日感情からしてもリスクが高い。一九六七年と一九七一年に佐藤栄作が朴正熙大統領就任式に出席したことはあったにせよ、表敬訪問にとどまっていた。[14]日本の首相が韓国を公式訪問したことはなく、韓国大統領も日本を訪れたことがない時代である。中曽根はリスクを取ることにした。

瀬島龍三の起用

中曽根が瀬島龍三を韓国との仲介者に用いたことはよく知られている。伊藤忠商事相談役であり、第二臨調委員でもある瀬島は、全斗煥大統領のほか、全の側近で韓国与党、民主正義党事務総長の権翊鉉《クオンイクヒョン》とも通じていた。全と権は韓国陸軍士官学校で同期であり、日本陸軍士官学校卒の瀬島とは馬が合った。瀬島は権のことを「親友」だったと回想録に記している。

瀬島は鈴木内閣時代にも二、三回訪韓していたが、六〇億ドルもの経済援助を要求する韓国と日本は感情的にこじれていた。韓国が、日本の安全保障に寄与していることを理由に援助を求めたのに対して、園田直外相は「貰《もら》う者がとやかく言うものではない」と外相会談で発言して韓国を怒らせたのである。

中曽根は園田と異なり、「韓国に対する戦後の後始末、賠償の代わりに、韓国の発展を経済協力という形で肩代わりしている」と認識していた。

組閣から三日後の一九八二年一一月三〇日、中曽根は「今晩どうしてもお会いしたい」と瀬島を呼び出した。第二臨調委員の瀬島とは以前から定期的に会っていたが、この日ばかりは夜遅く、それも世田谷区上北沢《かみきたざわ》の自宅に来てもらった。自宅といっても、長島茂雄から借りている家である。

中曽根は、ここが明暗の分岐点と考え、黒の紋付き羽織に袴姿で瀬島を迎えた。二階の和室で軽めの夕食を済ませると、

瀬島龍三

中曽根が改まった面持ちで切り出した。

「瀬島さん、私はかねて政権の座に就いたら何をどのような順序でなすべきか常々考えてきました。私の考えでは、まず我が国を取り巻く外交問題、特に緊急に解決を要すべき外交事項を手がけ、次いで内政の重要問題という順序にしたい。その観点で今、緊急解決を要する外交問題は、一つは韓国との関係正常化であり、一つはアメリカとの関係の改善です。既に年明け一月中旬の訪米は内定しているが、その前にできれば韓国との関係の正常化を達成したいと思うので、ぜひ御協力をお願いしたい」

中曽根は内政よりも外交を優先的に考えており、しかも内定している訪米の前に「韓国を訪問して全斗煥大統領と直接会い、両国関係の確立を図りたい」というのである。

瀬島は驚いたが、「我が国を囲む諸情勢から見て、首相の考えは正しく、また本当の外交

戦略だと感じた」という。

瀬島が、「両国関係の正常化には、この二年間こじれにこじれている経済協力問題を妥結しなければならない」と述べると、中曽根は、「譲り得るものについてはある程度弾力的に対処してよい」との考えを示した。

やがて中曽根は瀬島を韓国に遣《つか》わすが、外務省に秘匿したわけではない。中曽根は一二月一日に官邸で後藤田、安倍、竹下、須之部《すのべ》量三《りょうぞう》外務事務次官、木内昭胤《あきたね》アジア局長を集めて協議し、瀬島を介した対韓経済協力に合意を得ている。

瀬島は一二月八日、目立たないように釜山空港のＶＩＰルームで権と会った。権は、「経済協力問題については、発足早々の中曽根首相が困らない範囲で、できる限りの協力をお願いしたい」という全大統領の意向を伝えた。

瀬島は中曽根に報告し、大蔵省の大場智満《ともみつ》国際金融局長とも接触した。中曽根が大型協力を大蔵省に指示していたのである。瀬島は一二月二三日にも大阪プラザホテルで権と会い、三〇日にはソウルで全に中曽根の親書を渡した。

瀬島の起用が功を奏し、中曽根は四〇億ドルで経済協力を事前にまとめた。「瀬島龍三の調整力、交渉力を信用していました。韓国のような難しい交渉相手に臨むには、外国の人達との交渉にも長けた人物が適任だと思った」と中曽根は回想する。[15]

全斗煥との会談

一九八三年一月一一日は、記念すべき日本首相として初訪韓の日となった。それも最初の外遊先である。中曽根は、「金浦《キムポ》空港に三七年振りに戦後始《ママ》めて日章旗と君が代が韓国人によって吹奏され掲げられた。感銘一汐《ひとしお》である。韓国人の表情は一般は反日教育の影響で途惑《ママ》うている感である」と日記にしたためた。

中曽根は首脳会談で、「日本と韓国は最も近い関係にあり、従って両国の関係も最も親しい国でなければならない。今回、大統領閣下の御英断により経協〔経済協力〕問題が解決されたことを契機として、訪韓することになったが、この機会に両国間の友好関係をより一層深めて参りたい」と語っている。

全は、「韓国は独立して三七年になるが、首都ソウルで日章旗と大極《ママ》旗が仲良く並んで翻っているのを見るのは今回がはじめてである。これは中曽根総理閣下の英断なくしてはできなかったことであり、祝福すべきことである」と応えた。

晩餐《ばんさん》会では、全が中曽根の訪韓を「文字通り記念碑的なこと」と挨拶している。中曽根は「不幸な歴史があったことは事実であり、われわれはこれを厳粛に受け止めなければならない」と述べ、今後は「互いに頼りがいのある隣人となることを切に希望する」と表明した。

このスピーチで中曽根は、韓国語を多く交えた。中曽根が韓国語で話し始めると、韓国要人は驚いて耳を傾け、涙ぐむ者も多かった。

全斗煥大統領との首脳会談，ソウル青瓦台，1983年１月12日　首相就任後，訪米前の他国訪問は異例であり，日本の首相初の韓国公式訪問となった

中曽根は晩餐会後も深夜まで、全と青瓦台《せいがだい》、つまり大統領官邸の一室で懇談した。
首相秘書官だった長谷川和年《かずとし》によると、全は「ナカソネさん、オレ、アンタニホレタヨ」と日本語で述べたという。中曽根は一月一二日に帰国している。[16]

「ロン・ヤス」関係と「不沈空母」発言

訪韓を首尾よく終えた中曽根にとって、次の目標は日米関係の改善である。

中曽根は「政権の命はスタートダッシュ」と考え、訪米前から防衛費の増額や武器技術供与でアメリカの意向に添うよう後藤田らに指示し、元国連大使の加瀬俊一《としかず》をアメリカ訪問の下工作に用いていた。

中曽根は一月一七日、ワシントンに降り立った。初めて会うレーガンとは、米ソ中距離核戦力の削減をめぐって意気投合し、日米が「運命共同体」であることを確認した。

中曽根は、「今度のサミットでは、私がキャッチャーをやるから、あなたはピッチャーになりなさい。ただ、ピッチャーもたまにはキャッチャーの言うことを聞かないといけない」と述べた。

レーガンは、「ピッチャーはキャッチャーのサインどおりにボールを投げるものだ。たくさんサインを出して欲しい」と同意した。

さらにレーガンが、「これからは自分をロンと呼んでほしい。あなたのファーストネームはなにか」と尋ねると、中曽根は「ヤス」だと答えた。「ロン・ヤス」関係の始まりである。

中曽根の回想録によると、「外交は手づくりである。現代は特に、その手づくりによる首脳間の信頼とリーダーシップによって、世界は動いている」という。

もっとも、「ロン・ヤス」は中曽根の発案ではなく、事務当局によって事前に準備されていた。「ロン・ヤス」の発案者は國廣道彦《くにひろみちひこ》駐米公使であり、長谷川秘書官が中曽根の了解を得て、ガストン・シグール特別補佐官とともに根回ししていたのである。

この訪米では、いわゆる「不沈空母（unsinkable aircraft carrier）」発言が注目された。中曽根は『ワシントン・ポスト』紙の朝食会で日本を「不沈空母」にたとえたとされる。この表現は日本のメディアを騒然とさせたが、アメリカでは中曽根の覚悟を示したものと見なされ、鈴木内閣期に高まっていた対日不信を軽減させている。

しばしば誤解されているが、中曽根は「不沈空母」とは言っていない。「不沈空母」は民間通訳の村松増美《ますみ》による意訳である。

実際の表現は、ソ連機の侵入を許さないようにするため、日本を「大きな壁を持った巨大な船にしたい」だった。英訳の「不沈空母」がアメリカでの評判がよかったため、あえて中曽根は訂正させなかったのである。

同席した村田良平外務省経済局長は、「何の抵抗もなくこの訳を聞き、名訳だと思った」という。それでも騒ぎが大きくなると、外務省は村松を通訳から外している。

中曽根は同紙に「三海峡〔宗谷海峡、津軽海峡、対馬海峡〕を封鎖することによって、ソ連の太平洋艦隊の潜水艦や水上艦を日本海に閉じ込めることも中曽根政権の明確な目標である」とも述べていた。[17]

レーガン大統領と首脳会談後，ホワイトハウス南庭，1983年1月18日　韓国訪問の翌週の訪米だった．これ以降ファーストネームで呼び合う親密な関係を構築

中曽根外交への危惧

華々しい中曽根の言動には不評もあった。それもメディアだけではない。野党が「不沈空母」発言を非難したことは無論である。自民党内では最大の批判者が鈴木善幸であり、それが二階堂擁立工作につながることは後述としたい。

論壇ではどうか。代表的な中曽根外交論は、当時、東京工業大学教授であり、国際政治学者として著名な永井陽之助によるものだろう。永井は、二つの意味で中曽根外交を危ぶんでいる。

第一に、中曽根が軍事協力に道を開いており、「三海峡封鎖」の目的や手段を精査せねばならない。第二に、中曽根は「吉田ドクトリンの対米協調路線に反対する反逆児として政治家の第一歩を開始したことがしめすように、首相自身、いわば『隠れゴーリスト』である」。ゴーリストとはフランス大統領ド・ゴールに由来し、独自の路線を追求する立場を指す。

永井は中曽根を「軍事的リアリスト」と名付け、吉田路線や永井自身の立場を「政治的リアリスト」として対置し、「吉田ドクトリンは永遠なり」と説いた。中曽根は永井のような吉田路線の信奉者に危機感を抱かせ、脱吉田路線を掲げる中曽根の意図とは裏腹に、「吉田ドクトリン」論が社会に広まった。[18]

中曽根は各方面からの批判について、「行蔵《こうぞう》は我に存す。毀誉《きよ》は他人の主張に候《そうろう》」と意に介さなかった。その由来は、「自分は信念を持ってやっているのだから批判はご随意に」という勝海舟の言葉であり、中曽根は勝の熱烈なファンだった。[19]

東南アジア歴訪

韓国、アメリカに続く第三の国際舞台は東南アジアである。中曽根は一九八三年四月三〇日から五月一〇日にインドネシア、タイ、シンガポール、フィリピン、マレーシア、ブルネイを歴訪している。五月末のサミットを見据え、各国から意見を聴取するための外遊でもあった。中曽根は外務省アジア局を通じて、田中首相が一九七四年一月に訪問したときのような反日デモを誘発しないように調整させていた。

中曽根の日記によると各会談では、「個人的な友情」と防衛政策への理解に力点を置いたという。

一、各国首脳と個人的な友情を確立。
二、各国とも、日本の防衛政策を正式に理解し、支持される。
三、日本・ASEAN科学技術閣僚会議開催を提議し、同意された。
四、ブルネイ独立後、はじめて総理として訪問。来年、日本訪問の約束を得る。
五、マレーシア、科学技術博覧会に参加の約束。マレーシアにて、北朝鮮に関する重要な情報あり。

六、マルコス比大統領、日本の防衛政策を理解。日本の新しい型の指導者を歓迎し、手を組んでやりたいと。

中曽根は各国に説明した防衛政策について、「自主防衛だが、核兵器は持たず、日本列島防衛を中核に、その周囲は一〇〇〇海里の範囲内、フィリピンの海峡以北まで、台湾から南側については関心を持たない」という内容だったと回想する。[20]

ウィリアムズバーグ・サミット

中曽根は五月二六日、再びアメリカへ向かった。二七日には、レーガンとホワイトハウスで米ソ関係などについて会談し、六五歳の誕生日を祝福されている。

続く二八日から三〇日、ウィリアムズバーグ・サミットが開催された。そこでの論点は、ソ連が中距離核ミサイルSS20を展開したことに対して、アメリカがパーシングⅡを配備すべきかである。

サミット冒頭、レーガンが中曽根に総括的な基調発言を求めると、中曽根は五原則を述べた。

1、このサミットでは軍縮と景気回復をテーマにする。

2、安全保障に関する抑止と均衡に基づいて米ソ中距離核戦力（ＩＮＦ）は、グローバルでゼロ・オプション〔全廃〕が基本であること。
3、ソ連がＳＳ20の撤去に応じなければ、西側陣営の既定の諸計画は実行すべきこと。
4、しかし、忍耐強く、ソ連を追い詰めることなく、交渉を進めること。
5、経済については、政策協調を強化して為替を安定させ持続的成長を図ること。

この提言後、各国首脳から多くの意見が出された。議論となったのは、共同声明案にあった「世界の安全保障は一体不可分」というくだりである。首脳が一堂に会せる時間は限られているため、声明案は各国事務当局間で事前に練られている。

「一体不可分」に強く反対したのが、フランスのミッテラン大統領であった。フランスは独自に核を持ち、ＮＡＴＯにも入っていないし、そもそもサミットは主に経済を扱うべきというのがミッテランの持論である。西ドイツのコール首相も、国内事情を理由としてミッテランに同調しかけた。

これにイギリスのサッチャー首相が、「ソ連には力で対抗するしかない」と迫ったものの、カナダのトルドー首相は、中距離核戦力に関する声明を出すことに慎重な姿勢を示した。

冷たい時間が会議場を支配し、議論は決裂しかけた。いままでの日本の首相であれば、発言を控えたであろう。しかし、中曽根は声を上げた。

ウィリアムズバーグ・サミットの記念撮影，1983年５月28日　レーガンの横に中曽根が立ったことが当時話題になった

「決裂して利益を得るのはソ連だけだ。大切なのは、われわれの団結の強さを示すことであり、ソ連がＳＳ20を撤去しなければ、予定通り一二月までにパーシングⅡを展開して一歩も引かないという姿勢を示すことだ。

私が日本に帰れば、日本は何時《いつ》からＮＡＴＯに加入したのか、集団的自衛権を認めることに豹変したのかと厳しく攻撃されるだろう。しかし、私は断言したい。いまや、安全保障は世界的規模かつ東西不可分である。日本は、従来、この種の討議には沈黙してきた。しかし、私はあえて平和のために政治的危機を賭して、日本を従来の枠から前進させたい」

つまり中曽根は、あらためて安全保障の不可分性を説き、日本も従来の枠から踏み込むと強調したのである。

レーガンが間髪を入れず、「とにかく声明の案文を作ってみる」と提案し、シュルツ国務長官に討議を踏まえて作案するよう命じた。中曽根とレーガンは阿吽《あうん》の呼吸である。

かくして政治声明には、ソ連との中距離核戦力削減交渉が合意に達しなければ、パーシングⅡを配備すると盛り込まれた。ソ連崩壊への序曲となる歴史的声明であった。

もっとも当時、サミット内での中曽根発言が詳しく知られることはなかった。日本のメディアで話題になったのは、中曽根が記念撮影でレーガンと並んで中央に写ったことである。コーヒーブレイクでは、中曽根がミッテランと聖書について話し込む一幕もあった。[21]

参議院選挙

「不沈空母」に象徴される積極的発言が国内で批判されることはあったにせよ、内政、外交ともに政権運営は順調にみえた。自民党が一九八三年六月二六日の参議院選挙で安定多数を維持したのに対して、社会党委員長の飛鳥田一雄《あすかたいちお》は敗北の責任を負って辞任している。

このとき田中角栄は、参議院選挙に合わせて衆議院を解散することで「ダブル選挙をやれ」と働き掛けたものの、中曽根は大義なき解散を断っていた。

田中が秋のロッキード判決前に衆参同日選挙を行いたかったのに対して、中曽根は「内閣というものはもう少し実績を残さなければ解散はやれない。なにしろ仕事師内閣と言ったんだから仕事をみてくれ」と考えたからである。[22]

田中派の二階堂幹事長もダブル選挙を主張しており、この一件で中曽根は二階堂との溝を作った。

二階堂によると、二階堂は四月二六日に官邸で中曽根と会い、ダブル選挙を要望したものの、中曽根はかなり以前からダブル選挙回避を固めていた。「解散権は確かに首相にあるが、実際に選挙の陣頭指揮をするのは幹事長。その私に一片の腹の内も漏らそうとしないとは…。中曽根さんの私に対する信頼感は、そんなに低いのかと複雑な思いにとらわれたものだった」という。[23]

大韓航空機撃墜事件

一九八三年九月一日早朝には、衝撃的な情報が首相官邸に届いた。ニューヨーク発ソウル行きの大韓航空機が、ソ連の戦闘機スホイ15によって撃墜されたのである。乗客乗員二六九名が全員死亡し、日本人も二八名が犠牲となった。このとき自衛隊は、ソ連機と地上基地の交信記録を傍受していた。

近年、公開された外務省記録によると、中曽根は早くも事件から数時間後、韓国政府とアメリカ政府に情報を伝達するよう安倍外相に指示している。

その内容は、「我方のレーダー情報を分析した結果によればニューヨーク発アンカレッジ経由ソウル行きKE－007とおぼしき航空機は一日午前三時二九分モネロン島の西方海上

（北緯四六度三〇分、東経一四一度三〇分の地点）で機影が消滅したので撃墜された可能性が大であると思われる」というものであった。

さらに中曽根は九月二日夕方、韓国の全大統領に電話し、「事件の真相糾明と解決のため連絡を密にしつつ協力して行きたい。韓国側の意見なり要望があれば全面的に誠意をもって協力したい」と語った。

全は、「総理を始め日本政府の韓国政府に対する積極的な協力につき電話で失礼ながらお礼を申し上げたい」と感謝した。

中曽根が、「国連を始めあらゆる場所を通じて世界の国々と提携し対処して行くつもりである」と告げると、全は日本語で「有難うございました」と述べた。

中曽根は、傍受したソ連の交信記録を公表することに決めた。九月六日、アメリカとともに国連安保理に記録を提出したのである。ソ連は事実関係を認め、アメリカ上院は対日感謝決議を採択している。

記録を公表すれば、ソ連が交信方式を変えてくるのは明らかであり、自衛隊の傍受システムにとっては大きな痛手となる。それでも中曽根は、「ソ連を全世界の面前でやっつける絶好のチャンスだと思い、交信記録を提供して日本の傍受能力が多少知られたとして、この場合には損はないと考えた」という。

記録の公表には、ソ連に対する立場を鮮明にするだけでなく、アメリカや韓国との協力関係を強化する意味もあった。中曽根は九月一〇日、第一〇〇回国会の所信表明で「国際国家」として「積極的に世界的役割りを果たす」ことを説いている。[24]

田中角栄へのロッキード判決

政権の前途に暗い影を落としたのは、ロッキード事件の一審判決であった。東京地裁が一九八三年一〇月一二日、田中角栄に対して懲役四年、追徴金五億円の実刑判決を下したのである。

田中は即日控訴し、三億円を払って保釈されると、議員辞職しないと表明した。中曽根は実刑判決を予期しており、「かわいそうだが仕方ない。これからは完全に自由な発想と責任で政権を運営しなければいけない」と感じたという。

問題は政局、特に選挙への影響である。先の衆議院選挙からは三年三ヵ月が経っており、早晩、総選挙は避けられない。判決は選挙にマイナスだが、田中の影響力を後退させる好機にもなりうる。

中曽根は一〇月二八日、ホテルオークラで田中と会っている。中曽根は、「世論の動向、党内の空気から見ると、ここで田中君が大悟《だいご》一番して、自分で進退を決めることが一番いい結果を生む。きみの将来のいろんな問題については、私も責任を持って守っていく」と田中に述べた。婉曲《えんきょく》に議員辞職を求めたのである。

田中は、「きみがそういうのなら、まあ、しかたがない」とは口にしたが、進退についての明言は避けた。

福田派や三木派の批判が田中の頭をよぎり、その目を潤《うる》ませると、中曽根も一緒に涙した。中曽根と田中は、同期として一四回連続当選を重ねており、三六年間の議員生活を続けてきた。ともに派閥の領袖であり、首相の苦難を知る二人には、派閥を越えて通じ合うところがある。

中曽根が「心境を国民の前に表した方がいい」と背中を押すと、田中は「自重自戒」するという談話を同日に発表した。それでも田中は辞意を示さない。内閣成立から一一ヵ月を迎え、中曽根と田中の力関係が逆転したかにみえた。[25]

突き返された書簡

それでも田中派は依然として最大派閥であり、田中は身を引かないどころか、勢力拡大に執念を燃やした。中曽根は内心で焦っただろう。辞職せずという田中の決意は固く、このままでは総選挙の苦戦は必至である。選挙結果によっては、短命政権に終わりかねない。

ここで田中がけじめをつけるなら、選挙は多少なりとも有利になり、中曽根内閣の第二期がみえてくる。悩んだ末の一一月三日、中曽根は便箋《びんせん》に万年筆を走らせた。田中に辞任を迫る密書である。

大兄と小生の信と義は国会など党の危局に臨めば臨む程益々固く深く終生血盟を以て之《これ》を貫く決意であります。〔中略〕国を救い、党を救い、内閣を救うために、ここ一ヶ月バッヂ《ママ》を外していただき、この危局を救い、選挙に圧勝するため、御無理を承知でお願い申上るわけにいきますまいか。〔中略〕

この一挙によって、政情は一変し、党外に於ても、党内においても、攻守は主客を転じ、三福〔三木武夫と福田赳夫〕は顛《ママ》転し、選挙は確実に圧勝し得ると確信します。

田中には議員を辞職してもらい、選挙で禊《みそぎ》を行えばよい。田中は一ヵ月ほどで議員に復帰できるだろう。中曽根は田中宛て書簡でそう訴えたのである。便箋は一四枚にもなった。

その手紙を中曽根は、最も信頼する上和田義彦首席秘書官に託した。上和田は密《ひそ》かに田中事務所の佐藤昭子《あきこ》秘書を訪れ、書簡を手渡している。

しばらくすると、田中事務所から返信が届いた。一〇枚の便箋である。差出人は田中本人ではなく、秘書の佐藤からであり、しかも否定的な文章であった。

この御手紙は田中に渡しても無駄ですし、亦《また》血圧が上って総理との信頼関係も水泡に

期《ママ》する恐れがあると思います。〔中略〕
　総理大臣職にあったものは一分、一秒たりとも議員を辞職する事は出来ず、一ヶ月程度、バッヂ《ママ》をはずして亦すぐ立候補当選して来るなどと云ぅ小手先は国民を欺瞞《ぎまん》するものだと申して居ります。

　田中が議員辞職するはずはなく、中曽根との信頼関係を傷つけないよう、手紙は田中に見せないでおくというのである。佐藤の字は美しいが、総理の書簡を「無駄」とするなど、その内容は反論にほかならない。

　返信した佐藤は「越山会《えつざんかい》の女王」と呼ばれており、田中の秘書であるとともに愛人である。そのことを政界で知らない者はいない。その佐藤が、現職総理による辞職勧告を「欺瞞」だというのである。中曽根渾身《こんしん》の書簡は、田中の子どもまで授かった佐藤によって葬られた。

　もっとも、田中は辞職しないし、手紙を見せもしないという佐藤の返信は、中曽根にとって想定内だったと思われる。中曽根は上和田秘書官を介して佐藤に書簡を届けるとき、「この手紙を〔田中〕大先生に見せようが見せまいが、それはママ〔佐藤〕さんの意思に任せます」と伝えていた。しかも中曽根は、封筒をのり付けせず、開封しなくても佐藤が読めるようにしていたのである。[26]

大敗のロッキード選挙

田中が辞職しないのであれば、自らの業績で国民の信頼を取り戻す以外にあるまい。解散総選挙を見据えて、中曽根は得意の外交で支持を広げようとした。

中曽根は一九八三年一一月一日に来日したコール西ドイツ首相と会談し、一一日にはレーガンを日の出山荘でもてなすと、二四日には中国の胡耀邦総書記を迎え入れている。コールとは中距離核ミサイル問題や中東情勢、レーガンとは自由貿易や米軍飛行場について協議し、胡耀邦とは「平和友好、平等互恵、長期安定、相互信頼」の四原則を約した。[27]

外交ラッシュとも呼ぶべき一連の首脳会談を済ませると、中曽根は一一月二八日に衆議院を解散した。もっとも、ロッキード判決後だけに、中曽根は解散に後ろ向きだった。有罪判決を受けた田中自身は、新潟では同情論が強いと信じていた。

一方、後藤田、二階堂、金丸は、消極的な理由ながら解散を主張していた。消極的理由とは、ロッキード判決後に国会は空転しており、解散しなければ国会が収まらないことである。

後藤田らは、翌年一月になっても予算委員会が開けないようでは、六月の衆議院任期満了まで何もできずに野垂れ死にすると考えていた。解散総選挙で負けは確実であるが、任期満了よりは負けを減らせると後藤田は読んだ。

中曽根が、「後藤田さん、あなた解散をやれと言うけれど、どれぐらい負けると思いますか」と聞くと、後藤田は、「だいたい二十名は減るだろう」と答えた。後藤田の予想が正しければ、自民党は過半数を維持できることになり、第二次中曽根内閣を展望しうる。

中曽根が解散に同意したのは、二階堂と金丸が野党と交渉し、解散と引き替えに行革関連の重要法案を通過させたからである。法案は、総務庁設置法案、総理府設置法改正などであり、早期解散を有利とする野党との取り引きで成立させた。

選挙中の発言で注目されるのは、中曽根が青森の記者会見で「下北半島は日本有数の原子力基地にしたらいい」と訴えたことである。この頃、電気事業連合会が、核燃料サイクル施設の立地を水面下で青森県に求めており、それを受けた発言だった。

三〇年前に原子力関連予算を提出した中曽根は、この時点でも推進派であり、下北半島はエネルギー政策に大きな役割を果たすことになる。

一二月一八日の総選挙は、予想を上回る大敗だった。自民党は三六議席減の二五〇で、過半数に届かなかった。敗因はロッキード判決にあったが、田中自身は二二万票以上の過去最多得票で圧勝し、田中派も二議席減の六三にとどまっている。[28]

新自由クラブとの連立へ

中曽根は首相でありながら、群馬三区で福田に次ぐ二位当選だった。追加公認九人を入れてかろうじて過半数を得ると、中曽根は一二月二四日に「田中氏の政治的影響を一切排除する」と総裁声明を発した。自民党最高顧問会議で福田や三木が「辞職に値する重大責任だ」

と追及した末に、総裁声明を出すことになったのである。

田中は三木内閣期に離党しており、総裁が党外の政治家の影響力について声明することは異例中の異例であった。この総裁声明は、中曽根が原案を作成し、二階堂幹事長が加筆したものだった。

二階堂によると、中曽根の原案には田中のことが「党外の人の影響力を排除」と抽象的にしか書かれていなかった。これに不満な福田が、「その表現は生ぬるい。田中氏とはっきり書いたらどうか」と迫った。すると中曽根ではなく二階堂が、「いいですよ。田中氏と固有名詞で書きましょう」と応じ、「田中氏の政治的影響を一切排除する」と改めたという。

「趣味は田中角栄」とまで公言していた二階堂は、これが尾を引いて田中からの信任を薄れさせていく。総選挙の結果は、田中派に亀裂をもたらしたのである。二階堂は総選挙に敗北した責任をとり、中曽根続投の決定後に幹事長を辞任している。

中曽根は周到にも大敗の場合を想定し、新自由クラブとの連立を準備していた。元秘書の依田実《みのる》が新自由クラブの衆議院議員となっていたため、依田を介して同党幹事長の山口敏夫に言い含めておいたのである。

新自由クラブの田川誠一を自治相に招き入れると、中曽根は一二月二七日に第二次内閣を発足させた。田川は元中曽根派でもある。自民党初の連立政権であり、もう失敗は許されない。中曽根は正念場を迎えようとしていた。[29]

II　「太平洋協力」と三公社民営化──第二次首相期

第二次内閣の人事

新自由クラブとの連立で総選挙の大敗を乗り越えると、中曽根は田中角栄の影響力排除を官房長官の交代で実践してみせた。第二次内閣の官房長官に自派の藤波孝生を起用したのである。

とはいえ、後藤田正晴を行政管理庁長官に横滑りさせたため、後藤田は閣内に残っている。直言を辞さない後藤田とは対照的に、藤波は中曽根の腹心であり、忠実かつ控え目だった。[30] 党三役は、田中六助幹事長、金丸信総務会長、藤尾正行政調会長という布陣にした。副総裁は空席であったが、一九八四年四月一一日に田中派大番頭の二階堂進を当てている。

その二階堂によると、鈴木善幸が党三役の人事に最も不満だったという。鈴木は、後継者で宏池会会長代行の宮澤喜一を党三役に起用するよう求めていた。中曽根はそれを拒否しただけでなく、同じ鈴木派で宮澤と対立する田中六助を幹事長に据えた。それも鈴木に相談なくである。鈴木からすれば、派内の結束を崩そうとする策動に映ったであろう。

そもそも鈴木には、首相期に再選確実といわれながら身を引いて、中曽根に道を譲ったとの思いが強い。にもかかわらず、中曽根は記者懇談や外遊先で「私が首相に就任した時は、日本は国際的孤立の寸前だった」と繰り返していた。「鈴木外交はなっていなかった」と世界中に触れ回っていることになり、温厚な鈴木からしても不愉快そのものである。

その恨みから鈴木は、秋の総裁任期切れに向けて「何とかして中曽根再選を阻止したい」と考えるようになった。しかも鈴木は、中曽根がよりどころとする田中派から総裁候補を擁立しようとする。そのターゲットが二階堂である。

二階堂も幹事長時代に選挙で齟齬を生じるなどしたため、中曽根を快く思っていなかった。二階堂は派閥を越えて鈴木と親しく、「中曽根さんの思い上がりと不誠実さが気になった」という。二人は秋に二階堂擁立工作へと向かうのだが、その前に中曽根の政権運営とアジア外交を追ってみたい。[31]

内外政の課題

第二次内閣の陣容を固めた中曽根は、政権運営をどのように見通しただろうか。その心境は一九八四年一月二六日、日比谷公会堂で行われた第四三回自民党大会演説によく表れている。中曽根は冒頭で「いわゆる政治倫理問題」について「誠心誠意対処してまいらなければならない」と述べた。「政治倫理問題」とは、田中が象徴する金権政治である。

そのうえで中曽根は、内政の課題として行政改革、財政改革、教育改革を挙げ、「強大なる経済力をバックにいたしまして、政治と文化の国に前進すべきときがきた」と訴え、あらための「戦後政治の総決算」を唱えた。

中曽根は、「日本のあり得べき正しい国際的役割――責任も応分に負担しながら、国際社会において名誉ある地位を占めたい」とも論じている。[32]

第二次内閣で最大の課題は国鉄の分割民営化であるが、ここでもまず目に付くのは華々しい外交である。

アジア外交――胡耀邦との蜜月

第二次内閣で中曽根は、最初の訪問先に中国を選んだ。胡耀邦総書記が一九八三年一一月に来日したとき、中曽根は訪中を要請されていたのである。

中曽根は一九八四年三月二三日から二五日にかけて、胡、趙紫陽総理、鄧小平中央顧問委員会主任と会談し、円借款の増額や中ソ関係の展望を協議している。

円借款については、注目すべき発言があった。中曽根は二四日、「対中経済協力につき謝意表明があったが、かえって恐縮しており、対中協力は戦争により大きなめいわくをかけた反省の表れであり、当然のことである」と胡に述べたのである。円借款は中国の賠償請求放棄と公的には無関係なだけに、「反省の表れ」という発言は大胆といえる。

胡は中曽根夫妻、長男の弘文夫妻らを中南海の自宅に招いて会食した。テーブルには、中曽根の好物である卵焼きと栗きんとんが並べられていた。李昭夫人、二男の劉湖や孫なども

胡耀邦総書記の家族と中南海で昼食をともにする中曽根の家族，1984年３月24日　奥左から中曽根（２人目），胡耀邦（３人目）．胡耀邦と親しい関係を築き日中関係最良の年といわれた

加わり、中曽根と胡は家族ぐるみで親交を深めていく。

中南海の自宅で外国の賓客やその家族と会食することは、当時もいまも異例である。前年に中曽根が、家族とともに胡を首相公邸で歓待したことの答礼でもあり、緊密な関係を内外に印象づけるに十分だった。

このとき中曽根は、「訪中の結論。日中不再戦の確認。日中提携はアジア、世界の平和と安定力になる」と日記に書き入れている。

秋には胡が日本の若者三〇〇〇人を招待するなど、一九八四年は数千年に及ぶ日中関係史で最良の年といわれた。中国の存在がまだ巨大でなかったにせよ、日中提携と対米協調を両立できた指導者は、日本外交史をたどっても多くない。

アジア外交は続く。ゴールデン・ウィークに中曽根は南アジアを訪れ、パキスタン大統領ハク、インド首相ガンジーと経済協力や核軍縮について会談したのである。パキスタンではアフガニスタン難民キャンプを訪れ、インド議会では古代からの「精神的な交流」について演説している。

中曽根は五月三一日、内戦状態の続くカンボジア情勢について、シハヌーク民主カンボジア大統領と東京で会談した。六月七日から九日のロンドン・サミットでは、「我々はいずれも、紛争を解決する手段としての武力の行使を拒否する」と「民主主義の諸価値に関する宣言」第六項に盛り込んだ。この表現は憲法九条を念頭に、日本が主張していたものである。[33]

韓国との関係も良好であり、全斗煥が九月六日に韓国大統領として初来日したことは象徴的である。全は同日に中曽根と会談し、「日韓両国の千年先き《ママ》をみて、新しい章を開くための種をまくことが必要であるという決意で来日を決断した」と述べている。

これに対して中曽根は、「大統領の訪日は、韓国内部の多少の反対勢力を押し切って行われたものであると聞いているが、その勇断に心から感謝し敬意を表するとともに、我が方としてもそれにお応えしたい。日韓両国の千年の基礎をつくりたい」と歓迎した。

中曽根と全は「千年の基礎」を築くべく、北朝鮮との軍事バランス、アメリカや中国との関係を率直に論じた。中曽根は九月七日にも全と会談し、「私の外交は、手づくりで、人間と人間の心を大事にするものであり、国家間とはいっても、互いの政治指導者の友情が重要である」と強調している。外交は順調だった。[34]

二階堂擁立劇と総裁再選

中曽根は一九八四年一〇月三一日の自民党両院議員総会で総裁の再選を決めた。候補者は中曽根だけであり、総裁選は行われなかった。再選された自民党総裁は、岸信介、池田勇人、佐藤栄作に次いで四人目である。池田、佐藤は他界していたが、岸は議員辞職後も健在であり、憲法改正を中曽根に期待した。[35]

その直前に党内は、二階堂副総裁を総裁にしようとする擁立劇で動揺していた。鈴木が田中角栄に二階堂総裁案を持ち掛け、これに福田や三木が同調したのである。だが田中は、自派から総裁候補を出さない方針であり、中曽根との協力関係を選ぶ。

 先にも触れたように、鈴木は中曽根に批判的となっていた。

 鈴木は、「私の総理時代に、韓国経済を支えるため総額四〇億ドルの経済支援をすることで話を詰めた。調印直前に鈴木内閣退陣〔昭和五七年一一月〕となった。〔中略〕韓国への経済協力問題は私の内閣の時に調印を残すだけになっていた。鈴木内閣で種をまき、収穫祭の段階になって中曽根君が華々しく刈り取ったということだ」と後年に語っている。

鈴木の口調は中曽根への嫉妬ともいえるものだが、中曽根は一枚上手であった。中曽根は二つの策を講じている。

第一に、中曽根は二階堂擁立工作について事前に情報を得ると、藤波官房長官から鈴木に連絡させ、宮澤を総務会長に起用すると伝えた。宮澤の党三役入りは鈴木の念願であり、二階堂擁立工作に向けた鈴木の決意を鈍らせている。

第二に、中曽根は金丸総務会長を味方につけ、中曽根再選に向けて候補者を自身に一本化させた。金丸が二階堂を訪れると、二階堂は中曽根体制での党運営など問題点を切々と語った。金丸は厳しい口調で、「あんたの気持ちは分かった。しかし、時計の針を逆には回せませんよ」と言い放っている。

金丸は竹下、安倍、宮澤というニューリーダーの時代が来るとみていた。一九〇九（明治四二）年生まれの二階堂は中曽根より九歳も年長であり、金丸は同じ田中派ながら二階堂擁立に否定的だったのである。中曽根からすれば、田中派に楔《くさび》を打ち込んだことになる。

金丸が中曽根一本化を根回ししていると、党内の実力者たちからは、「中曽根が国家、国民のためにならぬ時、キミはどうする」と声が上がった。金丸は、「行き過ぎがあれば、中曽根と刺し違える覚悟だ」と見得を切っている。中曽根は金丸を公邸に招くと、「あなたは恐ろしい人だと思っていたが、おかげで命拾いをした」と礼を述べた。

総裁再選を決めた一〇月三一日、中曽根は療養中の田中六助幹事長に代えて、金丸を幹事長に抜擢している。総務会長には予定通り宮澤を当て、政調会長には藤尾正行を留任させた。擁立劇の主役となった二階堂については、まだ就任して半年だったこともあり、当面その職にとどめた。もっとも、副総裁は空席でもよいポストであったため、衆参同日選挙後の一九八六（昭和六一）年七月に二階堂を無役としている。[36]

田中角栄の失脚

一九八三年一二月の総選挙で二二万票以上を得た田中角栄は、二階堂擁立劇をめぐる派内の不協和音が示すように、求心力を欠きつつあった。竹下蔵相というニューリーダーがいるにもかかわらず、総裁候補たることを認めない田中に派内の不満は募っていく。出世競争で田中に後れた中曽根とすれば、ここにきて各派が世代交代期に入ったため、結果として党内を掌握しやすくなっていた。田中にとっての福田のように、強烈なライバルは中曽根にはもういない。

一九八五年になると、田中派の亀裂が表面化していく。まずは二月七日に竹下が創政会《そうせいかい》の初会合を開いた。創政会の名目は政策研究だが、竹下、金丸、橋本龍太郎、小沢一郎、梶山《かじやま》静六《せいろく》らが田中派の世代交代を進めようとしたのである。中曽根は二月九日、「竹下創政会発足。田中派混乱。しかし、歴史は着実に進んでいる」と日記に書き入れた。

しかも田中が二月二七日、脳梗塞《こうそく》で倒れて入院した。翌日、中曽根は各紙政治部長との懇談会で、「ご承知のように、きのう角さんが脳梗塞で倒れて入院しました。〔中略〕大事に至らず、早く良くなってもらいたい」と語っている。

その言葉とは裏腹に、中曽根は極めて上機嫌である。表情も実に明るい。日本経済新聞社の政治部長は、「あの日ほど機嫌のよい中曽根さんをそれからも見たことがない」と回顧している。

田中は四月二八日に退院したが、長期の自宅療養となり、平河町の事務所は娘の眞紀子《まきこ》によって閉鎖される。田中が政治生命を失うと、中曽根は「これでフリーハンドでやれる」と感じた。田中に配慮し続けた中曽根としては、かつてない高揚感である。

田中失脚から一九八七年一一月の中曽根内閣退陣までは、いわば「三角大福中」時代の最終局面といえよう。「闇将軍」と呼ばれた田中の支配が終わり、ニューリーダーの竹下、安倍、宮澤は、中曽根と肩を並べるほどに育っていない。中曽根にとって、最も有利な政局である。「三角大福中」のしんがりであり、首相就任を期していなかった鈴木にすら後塵を拝した中曽根が、いまや名実ともに日本政治の中枢を占めている。

国鉄の分割民営化に批判的な田中が倒れたことで、中曽根は国鉄改革を一気に加速させる。弱小派閥の長にすぎなかった中曽根が、「三角大福」を実績で凌駕《りょうが》しようとしていた。[37]

プラザ合意へ

中曽根は人生の最高潮を迎えつつあった。国鉄分割民営化については後述するとして、得意の対外政策を先にみておきたい。

一九八五年も上半期は外遊が目立っていた。中曽根は元日に皇居で新年祝賀の儀を済ませると、深夜に羽田空港から特別機でロサンゼルスに飛び立った。ロサンゼルスでは、日米首脳会談が予定されている。外遊の多い中曽根だが、三箇日《さんがにち》の外国訪問は異例であった。

この時期に訪米したのは、アメリカの対日貿易赤字が三〇〇億ドルを超えており、議会を中心に批判が高まっていたからである。中曽根は一月二日、首脳会談に臨んだ。レーガンが電気通信、エレクトロニクス、木材、医療機器・医薬品の四分野で日本市場の開放を求めると、中曽根は対策を約している。

もう一つの懸案は安全保障であり、レーガンはSDI（Strategic Defense Initiative）、つまり戦略防衛構想に着手していた。SDIは上昇、軌道、宇宙空間、終末の四段階で核弾道ミサイルを迎撃することから、映画になぞらえてスター・ウォーズ計画とも呼ばれる。

レーガンがSDIについて、「究極的には核兵器の廃絶を目指すものである」と述べたのに対して、中曽根は「米国によるSDI研究を完全に理解している。もっともその内容については、必ずしも詳細を承知していないので、今後、節目ごとに情報策供《ママ》や協議をいただくとともに、特に配備前には、十分注意してもらいたい」と念を押した。

さらに中曽根は予算編成について、防衛費六・九％増、ODA一〇・〇％増を確保しており、防衛費のGNP比一％枠については撤廃を考えていると伝えた。

中曽根は帰国後に貿易摩擦の解消策を練った。四月九日に輸入拡大や関税引き下げの対外経済対策を発表すると、テレビを通じて「国民のみな様、どうぞ外国製品を買ってください」と求めた。テレビでの呼び掛けは、中曽根の発案である。中曽根としてはレーガンとの約束を果たしたが、それでも収まらないアメリカ半導体工業会が六月、日本を不公正貿易として米通商代表部、略称USTRに訴えている。

経済摩擦には抜本的な対応が必要となり、竹下など先進五ヵ国蔵相らは九月二二日、ニューヨークのプラザホテルでドル高の是正で合意した。プラザ合意の要点は、アメリカの貿易赤字縮小を目的として、各国が為替に協調介入するというものである。

中曽根は七月末の段階で、竹下に「〔日米貿易摩擦の是正は〕いろいろ臨床的に一つ一つ手当をしても、もうだめじゃないのかな。もっと根本的に、基礎的に構造を直す必要が出てくるのではないか」と告げている。中曽根は二人の経済ブレーンから、経済摩擦解消には円高が望ましいと進言されていた。その二人とは、元大蔵省財務官で海外経済協力基金総裁の細見卓《たかし》、元日銀理事で野村総合研究所社長の中川幸次である。

プラザ合意後、一ドルが二四〇円台から一四〇円台にまで上昇すると、日本では円高による不況が深刻になった。中曽根によると、「プラザ合意については、その後いろいろ批判があって、バブル経済の生成とその後の長期不況の出発点があそこにあったという議論もある。しかし、あの当時の情勢からすれば、プラザ合意はやらざるを得なかった。ただ、その後の不況対策がぬかっていた。特に九〇年代になってからがぬかっていた」という。

つまり中曽根は後年、プラザ合意はバブル経済の出発点という見方に反論したのである。

とするなら、中曽根内閣の経済政策とバブル経済は無関係なのであろうか。もう少し経緯を追うと、実際にはプラザ合意とバブル経済の間に、ルーブル合意と呼ばれるものがあった。中曽根内閣末期の一九八七年二月二二日、パリのルーブル宮殿で七ヵ国が、これ以上、ドルを下落させないと声明して、再び協調介入を行ったのである。日本からは、宮澤蔵相が出席していた。

このルーブル合意にもかかわらず、ドル安が進行したため、中曽根は五月二九日に六兆円もの内需拡大策を組んだ。ブレーンの中川ですら、「一兆円余分だった」と認める過大な景気対策である。それは企業が円高不況を克服しつつあった矢先であり、財政再建に逆行するとともに、バブル経済への流れを強めたといわねばなるまい。[38]

「太平洋協力」とオーストラリア

一九八五年一月に時間を戻したい。レーガンとのロサンゼルス会談後、ハワイでの静養を終えて一月五日に帰国した中曽根は、一月一三日から二〇日にフィジー、パプアニューギニア、オーストラリア、ニュージーランドを訪れている。

日本の首相としてフィジー訪問は、中曽根が初めてであった。マラ首相が、「我々は天然資源を持っているが日本は人、技術、ノウハウ、経験等を持っている。その様な意味において互いの協力関係を深めていきたい」と歓迎した。

これに中曽根は、「太平洋の平和と安定なくして我が国の平和と安定はない。その観点から太平洋関係諸国の一層の協力推進を強く願っている」と語った。

パプアニューギニア首相ソマレとの会談にも示されるように、中曽根の「太平洋協力」とはASEANを含めて、経済、文化、技術交流による「環太平洋諸国」との関係強化を意味した。中曽根は、オーストラリア首相ホークやニュージーランド首相ロンギとSDIや核軍縮について協議している。

中曽根は、「太平洋協力」の要になるオーストラリアとの会談で、「世界の安全保障はグローバルな観点から考えていくべきものであり、一つの地域が犠牲になるようなことがあってはならない。自由世界の安全保障は不可分である」と述べ、安全保障について多く発言した。ホークも、「日豪両国は、超大国間の核保有水準を引下げるべき点につき認識を一にしているが、その他の諸国における核保有の増大もあってはなら」ないと応じた。

総じて中曽根の「太平洋協力」は、米ソが核軍縮に向かうなかでアジアを度外視させることなく、自由世界の結束を図ろうとするものである。その意味で、冷戦戦略の一環としての性格が強いといえよう。[39]

ゴルバチョフとの会談

冷戦の変容をソ連側から象徴したのが、ゴルバチョフの登場である。ソ連のチェルネンコ共産党書記長は一九八五年三月一〇日に死去し、ゴルバチョフが後継者となった。中曽根は三月一二日から一五日に訪ソしてチェルネンコの葬儀に参列し、三月一四日にはゴルバチョフと会談する。一九七三年の田中・ブレジネフ会談以来、一一年半ぶりの日ソ首脳会談だった。

中曽根は、「われわれの基本的な立場は、北方領土問題を解決して平和条約を早期に締結し、両国関係を長期的、安定的な基礎の上に置きたいという点にある」と主張した。

しかしゴルバチョフは、「貴総理は、いわゆる領土問題について触れた。貴総理はこの問題に対するわれわれの立場をご存じであろう。これに加えて新たに述べることは何もない」と否定的だった。

それでもゴルバチョフは会談を終えて握手すると、「あなたとはもう一度話をしたい」と中曽根を持ち上げた。

中曽根によると、「政治家で、こういうふうに気分よく帰すのが三人いました。一人は鳩山一郎、もう一人はレーガン、そしてゴルバチョフ。これは国際的な政治家になるための大事なファクターだと思います」という。[40]

ボン・サミット

訪ソから一ヵ月半後、中曽根はゴールデン・ウィークにボン・サミットへ出席した。中曽根はサミット直前にコール西ドイツ首相と個別会談を行い、日本経済、朝鮮半島情勢、日中関係、「太平洋協力」などを論じた。

中曽根が、「〔米ソ間の〕ジュネーブ交渉を成功せしめるために、西側はSDI問題で分裂してはならない」と説くと、コールはこれに同意している。

さらに中曽根はレーガンとの個別会談で、アメリカ議会の保護主義に反対することで一致し、SDIに関連して「自由世界の安全は不可分である」と確認した。

ボン・サミットはインフレなき成長と雇用拡大の維持について経済宣言を発し、政治宣言では、戦後四〇周年に際して自由と民主主義という共通の価値を認識している。

中曽根はサミットで、日本のSDI研究四条件を示した。四条件とは、SDIによる一方的優位の否定と全体的抑止の維持、攻撃的核兵器の削減、弾道弾迎撃ミサイル条約の枠内とすること、SDIの生産と配備は同盟国およびソ連と協議すること、であった。四条件のもとで、SDI研究にあらためて理解を示したのである。

このサミットでは、イギリスのサッチャーが気掛かりだった。中曽根は、首相就任から六年を経たサッチャーについて、「サッチャー元気ない。二者の時、ボスフォ《ママ》ラス川の橋の落札で文句云う。大英帝国も落ちぶれた」と日記に書いている。「橋の落札」とは、トルコの橋を日本企業が受注したものである。[41]

これまで中曽根は首相として世界各国を訪問していたが、意外にもロンドン・サミット、ボン・サミットを除けば、ヨーロッパを訪れていなかった。そこで中曽根は七月一二日から二一日にかけて、フランス、イタリア、ヴァチカン、ベルギーを歴訪し、SDIやゴルバチョフの外交、経済摩擦について会談している。

フランスのミッテラン大統領がSDIに否定的なのに対して、中曽根は「SDIがソ連をしてジュ《ジュネーブ》府の交渉のテーブルにつかせた原因の一つと言う面は否定し得ない」と主張した。中曽根はSDIを「POLITICAL BARGAINING CHIP〔政治的な取り引き材料〕」と位置づけたのである。三月の訪ソを含めると、一九八五年だけで三度目の訪欧となるものだった。[42]

靖国神社公式参拝

中曽根は「戦後政治の総決算」の一つとして、靖国神社への公式参拝に強い意欲を示していた。すでに一九七五年、つまり戦後三〇年の終戦記念日には、「終戦忌《き》列島の蟬《せみ》鳴きやまず」という句を作っている。

中曽根は後年、公式参拝を進めようとした理由について、「弟も戦死している。戦友、あるいは部下がずいぶん戦死している。それで内閣総理大臣として一回は公式参拝で英霊にお礼をいわなくてはいけないと考えていました。それまでの総理大臣は公式参拝ということをいわなかった。そういう意識が足りなかった」と論じている。

歴代首相が公式参拝を表明しなかったのは、政教分離を定めた憲法に違反しかねないためである。内閣法制局は、閣僚としての参拝には違憲の疑いがあるとの見解だった。

中曽根は一九八三年四月から一九八五年四月まで、春季例大祭、終戦記念日、秋季例大祭など九回にわたって参拝していた。中曽根は玉串料《たまぐしりょう》を私費で支払い、公人か私人かについては明言を避けた。それでも、「内閣総理大臣　中曽根康弘」と記帳しており、公人たることを意識していたのは明らかだった。玉串料とは、神前に捧げる供物や金銭のことである。

防衛費GNP比一％の見直しなどと同様に、ここでも中曽根は私的諮問機関を活用した。中曽根は一九八四年八月、藤波官房長官の私的諮問機関として「閣僚の靖国神社参拝問題に関する懇談会」を設置したのである。座長は日本赤十字社社長の林敬三であり、委員には憲法学者らが加わった。

靖国懇は一九八五年八月九日、宗教色を薄めれば合憲との報告書を提出した。私的諮問機関は審議会など正式な諮問機関と異なり、委員の人選などに国会のチェックを受けない。

他方で自民党内からは、桜内義雄会長の「遺家族議員協議会」、田村元会長の「英霊にこたえる議員協議会」、奥野誠亮会長の「みんなで靖国神社に参拝する国会議員の会」という三団体が、中曽根への圧力を高めていた。

中曽根は終戦四〇周年の一九八五年八月一五日、靖国神社に足を運んだ。本来の参拝は二拝二拍手一拝だが、宗教色を薄めるため一礼にとどめた。玉串料は出さず、代わりに公費から供花料《きょうかりょう》として三万円を支払った。記者団に対して中曽根は、「内閣総理大臣としての資格

初の靖国神社公式参拝，1985年８月15日
私的懇談会をつくるなど準備を重ね踏み切ったが，内外から反発を浴び，結果は苦いものとなった．翌年からは自粛する

による公式参拝をした」と胸を張った。中国などの批判については、「真意を理解してもらうよう努力する」と述べている。[43]

公式参拝したからといって、中曽根が中国との関係を軽視したわけではない。中曽根は参拝直前に自派で日中協会理事長の野田毅《たけし》議員を訪中させ、批判を抑制するように求めていた。

さらに中曽根は、参拝前から桜内らを通じてA級戦犯の分祀《ぶんし》を働き掛けたものの、靖国神社の理解は得られなかった。

参拝後に中国で反日デモが高まると、中曽根は日本に好意的な胡耀邦の地位を危ぶんだ。中曽根は一九八六年七月、訪中する前経団連会長の稲山嘉寛を介して、年一回だけは参拝を認めるように胡らに打診したが、中国側は肯定しなかった。韓国でも、参拝は強く非難されている。

やむなく中曽根は、参拝を自粛することに決めた。その心境を中曽根は後年、「連続して参拝を強行するつもりははじめからなかった。〔中略〕もちろん、中国をはじめとする国際的反対がなければ継続したでしょうが、強行することでアジアの国々との関係が悪化すれば英霊もよろこばないだろうと思ったのです」と述べている。[44]

中曽根が以後、参拝を断念したことについては、二つの評価がありえるだろう。第一に、中曽根は参拝を取り止めたことにより、胡や全との関係をつなぎとめた。第二に、対外関係を重視して参拝を中止したことで、いわゆる靖国問題は憲法問題の域を超えて国際政治とリンクした。

第一の観点に即していうなら、胡は一九八七年一月に失脚し、全も一九八八年二月に任期を終えている。その後、中曽根と胡、全に匹敵する信頼関係が築かれることはなかった。第二の点に関しては、靖国問題が今日まで残されている。中曽根の意図はともかく、公式参拝にこだわった結果として、負の遺産をもたらしたことは否めない。

どちらも真実だが、現在に重くのしかかるのは第二の点である。

国連演説

中曽根は一九八五年一〇月、中韓との関係修復の舞台にアメリカを選んだ。国連創設四〇周年記念のため、各国首脳がニューヨークに集まっていたのである。中曽根は一〇月二二日に韓国の盧信永《ノシンヨン》総理と会談した。中曽根は韓国からの輸入拡大について配慮を示し、盧は日本からの技術移転を要請している。

翌二三日、中曽根は中国の趙紫陽総理と会談し、「不動の精神をもって日中協力を促進していくというのが私の確固たる立場である」と述べた。

趙は「日中関係は政治、経済、文化等の各分野において一段と発展しつつあるが、これは貴総理の御努力と切り離すことはできない」と応じている。

中曽根はレーガンやインド首相ガンジーとも会談するが、各国首脳との間で靖国問題は出ていない。

中曽根は同日の国連総会で演説し、「戦争と原爆の悲惨さを身をもって体験した国民として、軍国主義の復活は永遠にあり得ないことであります。この我が国の国是は、国連憲章がかかげる目的や原則と、完全に一致しております」と冒頭で説いた。

次いで中曽根は日本の「国連中心主義」として三点を挙げた。第一に、「世界の平和維持と軍縮の推進、特に核兵器の地球上からの追放への努力」、第二に、「自由貿易の推進と、開発途上国への協力」、第三に、「世界諸国民の文化、あるいは文明の発展に協力すること」である。

すると中曽根は、日本人としての哲学を語り始めた。

ある夜、一つの俳句を頭に浮かべたことがあります。

天の川　我がふるさとに　流れたり

すなわち、我々日本人にとって、宇宙大自然はふるさとであり、これとの調和の中で、生きとし生けるものと共存しつつ生きる——人間も、動物も、草木も、本来は皆兄弟である——という考え方は、極めて一般的であります。

私は、このような基本的哲学を共有する民族は決して少ないわけではなく、こうした哲学への理解の増進は、今後の国際社会における普遍的価値の創造に大きく役立つのではないかと思います。

中曽根は、「地球は一つであり、全人類は、緑の地球の上で、全生物の至福のため働き、かつ共存している」と結んだ。

国連演説としては佐藤栄作、鈴木善幸の前例もあるが、日本の首相が哲学を語ることは珍しく、反響はそれらを大きく上回った。演説の原案は外務省が作ったものの、後半で俳句を交えながら哲学を論じた部分では、中曽根が全面的に手を入れていた。国際舞台での代表的な演説といえるだろう。

靖国問題でつまずいた中曽根だが、長期政権に不可欠なリカバーの力を外交で示したのは中曽根らしかった。[45]

東京サミットへの地ならし

一九八五年一二月二八日、中曽根は内閣を改造し、後藤田を再び官房長官に据えた。中曽根は再任の理由を後藤田に伝えなかったが、国鉄分割民営化が大きな懸案となっており、後藤田は行政改革や官僚の抑えを期待されたように感じたという。[46]

中曽根は一九八六年を特別な思いで迎えた。五月には、東京サミットが開催される。国鉄の民営化に目処が立てば、解散と総選挙が視野に入るだろう。自民党総裁の任期は一〇月末までとなっており、三選は原則禁止とはいえ、選挙に大勝すれば続投もありえた。「本年は大波瀾《だいはらん》の年である。静かなおとなしい年と人々は伝えるが、世界も日本も動乱気味の時代である」と中曽根は元日の日記に書き入れた。[47]

年初の外遊はカナダである。中曽根は一月一二日からトロント、オタワ、バンクーバーを訪れ、マルルーニー首相と会談した。マルルーニーは、カナダの失業、自由貿易の強化などを論じ、国際テロをサミットの課題にしたいと述べている。

当時、世界各地で多発していたテロの背景には、リビアの支援があると考えられていた。これに対して中曽根は、軍縮、南北問題、「太平洋協力」、日加経済関係の拡大などを説き、アメリカを含めて「北太平洋の三角形（NORTHAN《ママ》 PACIFIC TRIANGLE）を緊密にしていきたく思う」と語った。

さらに中曽根は議会で、カナダが「ミドル・パワー」として「積極的に平和創造の実を上げていることに注目しております」と演説している。日本の首相がカナダだけを訪れることは珍しく、それは東京サミットへの地ならしでもあった。[48]

レーガンの親書

中曽根は一月一六日に帰国すると、一八日にはソ連外相シェワルナゼを官邸に迎えた。中曽根は以前、ゴルバチョフ宛て親書で日ソ対話の活性化を説いており、シェワルナゼはゴルバチョフの返書を中曽根に渡した。ゴルバチョフの親書は、日ソ交流の多様化を歓迎するとともに、レーガンとの核軍縮交渉を伝えている。

これに中曽根は、「核兵器及び通常兵器がアジアの犠牲において削減されてはならず、アジアでの削減が欧州での削減に比例して行われることを強く希望する」と釘を刺した。[49]

米ソ軍縮交渉については、レーガンの中曽根宛て親書が二月六日に届いている。そこには、INF交渉での対ソ案が記されていた。ソ連がウラル山脈西側のSS20をすべて撤去し、アジア配備のSS20を半減させるのに対して、アメリカは西ドイツ配備の核ミサイルを撤去するという案だった。

レーガンの案だと、アジア配備のSS20は残ることになる。中曽根は珍しくレーガンに反発し、「日本は犠牲になってもいいと、軽視された」と感じた。

このため中曽根は、「ヨーロッパから［SS20を］外して、アジアに残すという不公平なやり方は絶対呑めない」として、外務省を介してレーガンに代替案を伝えている。その案は、ソ連のほぼ中心に位置するバルナウル基地にSS20を集めるという内容であり、これを知らされたアメリカは日本の立場を尊重した。[50]

キャンプ・デービッド会談

さらに中曽根は四月一二日にワシントンを訪れた。ヘリコプターでキャンプ・デービッドに向かうと、四月一三、一四日にレーガン大統領と八回目の会談に臨んでいる。

中曽根は、「〔ソ連の〕INF提案については、アジアにINFが残されればその撤廃運動においてFBS〔Forward-based System〕を取引材料とすべきであるとの議論が誘発され、結果的に日米安保体制の信頼性を大きくさまたげることにもなりかねないとの観点から受入れられない」と主張し、レーガンの理解を得た。

FBSとはアメリカの前進基地システムのことである。日本の首相がアメリカ大統領に核戦略を説くことは滅多になく、「ロン・ヤス」の緊密さがよく表れている。

一方、貿易摩擦についてはレーガンが、「前川レポートによると、国民的目標を設定することとなっているが、これは要するに輸入大国になるということと理解しており、これが重要である」と強調した。

前川レポートとは、日銀前総裁の前川春雄を座長とする私的懇談会「国際協調のための経済構造調整研究会」の報告書である。前川レポートは、経常収支の黒字を減らすべく、構造調整を急務と位置づけていた。

中曽根内閣としても、前川レポートの指摘は実践しつつあった。そこで中曽根は、「貿易バランスの回復を国民的目標として認めている」とレーガンに述べている。[51]

なお、前川レポートは、土地規制や大規模小売店舗規制の撤廃、低金利政策などによる内需拡大を提唱していた。中曽根内閣の民活と規制緩和による内需拡大は、のちにバブル景気につながったといわれる。[52]

東京サミット

東京サミットは一九八六年五月四日から六日、赤坂の迎賓館で開催された。大きな課題は国際的なテロリズムである。四月にはアメリカが、テロ組織に支援していることを理由にリビアを爆撃していた。

中曽根は各国を調整のうえ、「国際テロリズムに関する声明」を発した。テロ組織への支援について、リビアを名指しする文書である。経済宣言には構造調整や経済政策の協調が盛り込まれ、四月のチェルノブイリ原発事故に関する声明も採択されている。[53]

当時、外務事務次官だった柳谷謙介《やなぎやけんすけ》は、「ほぼ連日、時には四時間以上も『総理ブリーフ』、あるいは勉強会を行い、五月二日を以て、その勉強会はほぼ完了しました。総理は物凄《ものすご》い熱

東京サミットでの記念撮影後，赤坂迎賓館，1986年5月5日　4回目のサミット出席であり，各国首脳と打ち解けた関係を築きあげていた

意を持って勉強され、書類もよく読まれ、質問もされ、理解も早かったという印象を持ちました。実際、サミットの議長をやったときの、中曽根総理の采配ぶりは見事でした」と振り返っている。

チェルノブイリに関連して中曽根は、日本の原発は構造が異なっていて心配ないと当時の国会で説明している。なお、レーガンとゴルバチョフは一九八七年一二月、アジアを含めて、地上配備の中距離核ミサイルをすべて撤去するという歴史的合意に達した。[54]

電電公社の民営化

中曽根が内政最大の課題としたのは、日本電信電話公社、日本専売公社、国鉄の民営化である。中曽根は第二臨調の答申を受けて、三公社の民営化を進めていた。一九八三、四年にさかのぼり、民営化までの経緯を追ってみたい。

電電公社は黒字経営だったこともあり、公社の労組である全国電気通信労働組合、つまり全電通の山岸章《あきら》委員長らが民営化に反対していた。電電公社の総裁は真藤恒《しんとうひさし》である。中曽根は財界人の会合で真藤を知り、その創造性と積極性を評価していた。

　その真藤が山岸に「分割は将来の問題として、当面とにかく民営化だけは認めろ」と言い聞かせると、山岸は承諾した。中曽根は真藤のほか、渡辺秀央《ひでお》官房副長官を介して山岸の説得に当たっている。

　自民党内で民営化に抵抗したのは、金丸、山下徳夫《とくお》、加藤常太郎《つねたろう》らの郵政族であった。郵政族とは、郵政省に対応する自民党通信部会に属し、郵政事業に影響力を行使する議員である。山下、加藤については中曽根が直接に言い含め、郵政族で筆頭格の金丸に対しては瀬島龍三からも口説かせた。

　総務会長から幹事長に就任する金丸は理解を示し、中曽根を引き立てるようになっていた。かつて「中曽根ぎらい」で知られていた金丸は、「戦国の弱小大名は、自分を守るために右へ行ったり左へ行ったりしなければならなかったが、ようやく江戸城に入って座ってみると、腰も安定し、地力を出してきたというところではないか。これが総理になってから中曽根さんが国民世論の支持を上げていったことにつながったのだと思う」とのちに記している。

　中曽根は閣議決定を経て、一九八四年五月一〇日に電電改革法案を国会へ上程した。法案は一部修正のうえ、一二月一四日に参議院本会議、二〇日に衆議院本会議で可決されている。電電公社の民営化が確定的になると、倒れる前の田中角栄と郵政族はＮＴＴの初代トップに北原安定《やすさだ》副総裁を強く推した。北原は優秀な技術者であり、経営にそつがなかった。

　中曽根は日本興業銀行相談役の中山素平《そへい》らを介して田中を説得し、真藤をＮＴＴ初代社長に任用した。NTTは一九八五年四月一日に発足する。同時に日本専売公社が日本たばこ産業株式会社、つまりJTに民営化され、外国たばこの輸入は自由化されている。[55]

国鉄の分割民営化

最難関は国鉄の分割民営化である。当時の国鉄は、二二兆円もの借金を抱え、一日当たり三八億円の利子が増えていた。行政合理化担当の第二臨調第四部会から答申を受けて、中曽根は一九八三年六月一〇日に国鉄再建監理委員会という審議会を発足させる。

委員長には、住友電工会長の亀井正夫を起用した。亀井は、地方行政の合理化を担当する第三部会の部会長であり、中曽根はその手腕を買っていた。

その一方で中曽根は、民営化に向けた改革を仁杉巌《にすぎいわお》国鉄総裁に命じた。仁杉の総裁起用は、田中角栄の意向が強く作用した人事である。一方、国鉄労組や縄田国武副総裁は、急進的な改革に反対だった。

国鉄が一九八五年一月一〇日に提出した再建案は、民営化への移行を図るとしながらも、当面は全国一社制を維持するという内容だった。この非分割民営化案は中曽根には面従腹背と映り、分割民営化を進めようとする国鉄再建監理委員会にも不評だった。

国鉄は巨大な規模となっていたため、分割してそれぞれが経営責任を負うようにしなければ、民営化の効果は半減してしまうのである。

中曽根は「約束通りやらないとだめじゃないか」と仁杉に迫って六月下旬に更迭し、縄田や《や》理事にも辞表を出させた。後任の総裁には、分割民営化の推進論者で元運輸次官の杉浦喬《たか》也を当てた。のちに中曽根は、この更迭人事が「天王山」だったと振り返る。

分割民営化への抵抗は、自民党の運輸族からも寄せられた。運輸族として知られる福田派の加藤六月らにとって、国鉄の利権と組織票は重要である。加藤は縄田と関係が深く、民営化は認めるが、分割には反対という立場だった。

しかし、運輸族も一枚岩ではない。自民党国鉄再建小委員会委員長の三塚博《みつづかひろし》は、加藤と同じ福田派の運輸族でありながら、分割民営化を唱えた。親方日の丸という意識を払拭するには、分割民営化以外にないと考えたのである。

中曽根は自派の小此木彦三郎《おこのぎひこさぶろう》前通産相を通じて、加藤らを分割民営化に同調させた。中曽根は民社党系の鉄道労働組合とも接触している。

田中に近い仁杉前総裁を更迭し、運輸族を懐柔することで、中曽根は国鉄改革に独自の人脈を築いていく。さらに中曽根は一二月二八日の内閣改造で、分割民営化の司令塔となる運輸相に三塚を任命した。

中曽根内閣は一九八六年三月一四日に鉄道事業法案と国鉄改革等施行法案を閣議決定し、国会に提出した。その骨子は、国鉄を六分割して民営化することにある。もともと本州の国鉄については東西二分論が強かったところ、中曽根は三分割案を支持していた。東西の間に東海を入れて談合を排し、活性化させようという意図である。

次節で述べるように、中曽根は七月六日の衆参同日選挙で分割民営化の是非を問い、衆議院三〇四議席で圧勝する。第三次内閣では、橋本龍太郎を運輸相に起用した。三塚を橋本に代えた理由は、橋本が自民党の行財政調査会会長として行政改革に通じており、分割民営化の総仕上げに適任だからである。

分割民営化の法案が一一月二八日に成立すると、中曽根は「二百三高地がついに落ちた。〔中略〕三〇四議席の賜《たまもの》である」と日記に喜びを綴《つづ》った。政権は大きな山を越えたのである。現在のJRが誕生したのは、一九八七年四月一日のことである。その意義について中曽根は後年、「国鉄の分割民営化は、国労の崩壊、総評の衰退、社会党の退潮に拍車をかけて、五五年体制を終末に導く大きな役割を果たした」と記している。[56]

三公社民営化は、族議員たることを嫌って国家的見地から日本の将来像を描き、しかも長期政権となった中曽根ならではの一大改革といえるだろう。

Ⅲ　三〇四議席の重み——第三次首相期

「死んだふり解散」

一九八六年七月六日の衆参同日選挙をもたらしたのは、六月二日に開かれた臨時国会での解散だった。この解散は、「死んだふり解散」と呼ばれる。

というのも、五月二二日には衆議院選挙区定数について、八増七減で三倍未満に是正する法案が可決されていた。その周知期間は三〇日間とされたため、七月に予定されていた参院選との同日選挙は日程的に難しいと思われたのである。

当初は中曽根も、解散のための臨時国会を召集しないと述べていた。番記者との間では、こんなやり取りがあった。

「解散は考えていない、との考えに変わりはないか」

「ああ」

「解散については嘘《うそ》をついてもいいと言ったことがあるが」

「いや、あれは誰か他の人が言ったんだ。官房長官が言ったんだ」

「考えていないというのに嘘はないか」

「ああ」

「嘘はないというのに嘘はないのか」

「『それ疑いは人間にあり』と羽衣《はごろも》にも言っているよ」

羽衣とは能の演目であり、天女が「疑いは人間にあり、天に偽りなきものを」と漁師に述べたものである。天女は羽衣を漁師に返してもらうと、約束通り舞を舞ってから、天に帰ったとされる。つまり、偽りはないという意味である。[57]

その言葉とは裏腹に、中曽根は法案成立から一〇日後の六月二日に臨時国会で衆議院を解散した。名目は、一票の格差是正による違憲状態の解消だが、野党の意表を突く抜き打ち解散にほかならない。

三〇四議席

中曽根は五月一一日の日記に「寝たふり、死んだふり」と書いていた。

浅利慶太、佐藤誠三郎の両氏来たり。法案成立後、解散して違憲状態を速やかに脱却すべしと具申される。元より同感で、金丸、藤波君とは、七月六日衆参同時選挙で打ち合わせてある。しかし、当分、三〇日の周知期間のため、早期解散は無理となり、打ちひしがれているように見せなければならない。寝たふり、死んだふりである。

中曽根は自治省の選挙部長に研究させ、通常国会を閉じた後に臨時国会で解散すれば、法的には同日選挙を行えると知っていた。この秘策を共有していたのは、中曽根、後藤田官房長官、金丸幹事長、藤波国対委員長の四人だけである。

自民党は衆議院で五四議席増の三〇四議席と大勝し、参議院でも一一議席を上乗せした。社会党は衆議院で二五議席減の八六人にとどまり、石橋政嗣委員長など執行部が辞職する。

衆参同日選挙の開票最中，自民党本部，1986年7月7日　参院選の群馬選挙区で当選した長男弘文と福田宏一の名前にバラを付ける．自民党は衆院で304議席を獲得し圧勝

民社党は一一議席減の二六議席、新自由クラブは二議席減の六議席に落ち込んだ。

中曽根は勝因について、国鉄の分割民営化と東京サミットの成功を挙げている。ただし一九八三年の総選挙と同じく、中曽根自身は群馬三区で福田に次ぐ二位だった。[58]

参議院では、長男の中曽根弘文が当選した。四〇歳となった弘文は、すでに党総裁秘書を三年務めるなど経験を積んでおり、立候補には好機と判断したのであろう。

参議院二人区の群馬では弘文のほか、福田赳夫の実弟である福田宏一《ひろいち》農林水産政務次官も立候補し、弘文が一位、宏一が二位で当選した。宏一は二度目の当選である。

七月七日の『毎日新聞』夕刊によると、金丸が地滑り的圧勝を受けて、「〔総裁〕任期延長などでコンセンサスが出来ればうるわしいことだ」と述べたという。それを皮切りに、党内では中曽根続投の公算が高まった。二年の総裁任期が正式に一年延長されるのは、九月一一日の自民党両院議員総会である。

「一九八六年体制」の行方

第三次中曽根内閣は一九八六年七月二二日に成立した。注目すべきは、宮澤を蔵相に起用したことである。宮澤としては、鈴木内閣で官房長官を務めて以来の入閣であった。

幹事長となった竹下、総務会長の安倍とともに、宮澤は次期総裁候補のニューリーダーと目されていた。中曽根とすれば、この三者を競わせる意図であろう。すでに宏池会会長代行になっていた宮澤は、蔵相就任後に正式な会長となる。

党三役では竹下幹事長、安倍総務会長のほか、宮澤派の伊東正義を政調会長とした。衆議院解散に「大義名分がない」と反対していた二階堂副総裁は無役とされ、第三次内閣では副総裁を置かないことにした。

二階堂によると、中曽根が衆議院議長ないし外相への就任を要請したのに対して、二階堂は「田中さんが病気の間は田中派を守っていく決意です。副総裁以外のポストに就くつもりはありません」と伝えた。これに中曽根が、「今回の人事では副総裁のポストは置きませんよ」と述べ、二階堂は「寝耳に水の話に正直ビックリした」という。[59]

八月一二日には、新自由クラブ代表の河野洋平が中曽根を首相官邸に訪れた。新自由クラブは衆議院で六議席、参議院は一議席にまで減っており、中曽根は稲葉修、桜内義雄、浅利慶太を介して、元中曽根派の河野らに復党を促していたのである。

河野が、「新自クの党組織を解散し、保守勢力に合流して国政の一翼を支えたい」と復党を申し入れると、中曽根は、「議員であるとないとに限らず新自ク全員を受け入れたい」と歓迎した。[60]

第３次中曽根内閣発足，1986年７月22日

田川誠一を除く六人が自民党に合流し、新自由クラブは一〇年で解党した。六人のうち、山口敏夫など四人が中曽根派に入ったものの、河野は宮澤派を選んでいる。

中曽根の時局観をよく表すのが、八月三〇日の自民党軽井沢セミナー演説である。このセミナーで中曽根は衆参同日選挙の圧勝を「一九八六年体制のスタート」と位置づけ、「戦後政治の総決算」が国民に評価されたと論じている。取材していた記者たちには、自信たっぷりな様子が印象的だった。

「一九八六年体制」について中曽根は、国民が国鉄分割民営化や東京サミットなどの政策を是認したのであり、自民党が「ウイングを左に伸ばして、社会党の生存基盤を奪った」と後日に振り返っている。[61]

藤尾発言と知識水準発言

第三次内閣の政権運営には、微妙な変化がみられた。いままで中曽根政権は内政で苦しんできたものの、外交は概して順調だった。第三次内閣では、三〇〇議席以上で内政は安定するが、対外関係は藤尾正行文相発言や自らの知識水準発言で波乱含みとなる。

藤尾発言とは九月一〇日発売の『文藝春秋』一〇月号で、韓国併合については韓国側にも責任はあったと述べたものである。中曽根は校正刷りの段階で原稿を入手し、発売日前の九月八日に藤尾を罷免した。

中曽根は九月二〇日にソウルでアジア競技大会開会式に出席した際、「一部の閣僚に妥当を欠く発言があったことは遺憾と考える。自分（総理）としては、この発言を深刻かつ重大に受け止め、罷免措置をとった次第である」と全斗煥に伝えた。[62]

一方の知識水準発言とは、中曽根が九月二二日の自民党全国研修会で、「アメリカは黒人とかプエルトリコとかメキシカンとか、そういうのが相当いて、平均的に見たらまだ非常に低い」と講演したものである。

中曽根は、「発言の一部だけが取り上げられている。演説全体を読んでもらえばわかり、他国をひぼうしたり、人種差別をしたわけではない」と釈明したものの、アメリカでは日本大使館員たちがホワイトハウスや議会で弁解に回らねばならなかった。[63]

日中関係は良好だった。中曽根は一一月八日に訪中し、失脚前の胡耀邦らと会談している。胡が「両国関係に満足している」と迎えると、中曽根は、「両国は歴史、体制を異にしているが、この両国が協力していけば、アジアひいては世界の平和・安定に大きく貢献する」と応じた。中国との間で、藤尾発言や靖国参拝は議題に上っていない。

中曽根は歴史問題を乗り越え、韓国や中国との関係を修復したのである。同時に中曽根は、近隣諸国との交流を維持するには、靖国参拝を封印せねばならないと意識した。そのことは意図せざる結果として、のちの内閣に対する先例になっていく。[64]

防衛費一％枠突破

かつて三木内閣は防衛費をGNPの一％以内と定め、歴代内閣はそれを踏襲してきた。

しかし中曽根は、「防衛費対GNP比一％という枠は固定観念であり不合理であるから、できるだけ撤廃すべきである」と考えた。「割合で防衛費の限度を示すやり方が国防に馴染《なじ》まない」というのである。

中曽根は一九八六年一二月三〇日、宮澤蔵相、栗原祐幸防衛庁長官らとの安全保障会議で一％枠突破を了承させた。

他方、アメリカの対日要求は防衛力増強よりも経済面に移っており、日米間では市場志向型分野別協議、つまりMOSS（Market Oriented Sector Selective）協議が事務レベルで始まっていた。中曽根は、「外国の思惑よりも、国防という本義からの発想で、防衛費の対GNP比一％枠の撤廃を実行しました」と振り返る。[65]

東欧訪問

一九八七年の外交日程は、ゴルバチョフの来日で始まるはずだった。しかし、ゴルバチョフは訪日を延期する。

ロシア研究者の木村汎《ひろし》は延期の理由として、領土問題をめぐる対立やソ連側の事情などに加えて、中曽根のレームダック化を挙げている。レームダックとは、任期満了が近い人を指す言葉である。藤尾発言や知識水準発言で中曽根の任期再延長はありえなくなっており、ゴルバチョフが次期首相の誕生を待とうと判断したと木村は推測するのである。[66]

そこで中曽根はゴルバチョフ来日のために空けておいた日程を利用し、対ソ外交の環境作りという意味合いを込めて、一月一〇日から一七日にフィンランド、東ドイツ、ユーゴスラビア、ポーランドを訪れることにした。

東欧よりも先に、フィンランドを訪れたことには伏線がある。中曽根は一九八三年六月に参議院選挙の第一声で、「何もしないでいると、フィンランドのようにソ連にお情けを請うような国になってしまう」と演説し、フィンランド大使館の抗議を受けていた。このため中曽根は、発言撤回の親書をソルサ首相に送っていたのである。

中曽根をヘルシンキに迎えたソルサは舌禍《ぜっか》事件を不問とし、「日本国民の科学技術分野における輝かしい成果は、フィンランドの中立政策を評価し、フィンランド人のせん望と尊敬の的」と持ち上げた。中曽根はフィンランドの中立政策を評価し、「不撓《ふとう》不屈のフィンランド人魂を表すもの」と称賛している。

さらに中曽根は、防衛費がGNP比一・〇〇四%になったものの、「一%を確定した精神を尊重し、できるだけ節度ある防衛力の整備に努力したい」とソルサに伝えた。

ソルサは「大変興味深いお話をうかがった」と述べ、文化交流、技術交流を論じて、円満に会談を終えている。

そこから中曽根は、東ドイツ、ユーゴスラビア、ポーランドに向かう。日本の首相が東欧を訪問したことはなく、東欧諸国は日本の投資を求めて中曽根を招待していた。

中曽根にとって東欧訪問の目的は「日本外交の幅を広げ」ることであり、「東欧諸国はソ連圏に属しているものの、実際は経済的自立を望んでおり、日本がこれらの国への経済支援を行うことでソ連を牽制《けんせい》」しようと考えていた。

東ドイツで中曽根は、ホーネッカー国家評議会議長、シュトフ首相と国際情勢や二国間関係を広範に協議した。東ドイツ側が科学技術、経済面での交流に期待を示したのに対して、中曽根はアンモニア・プラントや半導体などについて、「政府としても民間を側面から支援して交流を促進したい」と述べている。

中曽根はユーゴスラビアに赴くと、経済使節団を派遣する用意があり、科学技術協力についても検討したいとミクリッチ首相に伝えた。ミクリッチは、経済協力を歓迎すると応じている。

ユーゴスラビアはソ連と異なり、労働者による企業管理を理念とする「自主管理社会主義」であり、外交面も非同盟主義という独自の立場だった。このためユーゴスラビアは、戦略的に重要な位置を占めている。

そこで中曽根はベオグラード大学で「平和と軍縮への献言」について演説する。その趣旨は、「科学技術の発達と情報が、国境を越えて伝播《でんぱ》することにより必ず世の中が動く」ということにあった。首相秘書官だった福田博によると、中曽根が原稿に書き加えた内容であり、「その後の東欧の脱ソ連変動は総理が演説で述べられたとおりになった」という。

ポーランドで会談したヤルゼルスキ国家評議会議長は、ゴルバチョフと近い関係にあった。このため中曽根は、ゴルバチョフのウラジオストック演説に注目しており、「ソ連がアジア・太平洋地域に関心を有し、隣人と共存していきたいとの理念を有することには賛成である」とヤルゼルスキに説いた。

ウラジオストック演説とは一九八六年七月二八日にゴルバチョフが行ったアジアに関する包括的演説であり、アフガニスタンからの撤退や中ソ外交の改善に加えて、対日関係の打開を含んでいた。中曽根は、ヤルゼルスキとの会談がゴルバチョフに伝わることを意識していた。中曽根は、ヤルゼルスキを通じてゴルバチョフに訪日を促したのであり、「ゴルバチョフとの裏ルート」を作ろうとしたという。[67]

アメリカの対日制裁

中曽根は帰国後の一九八七年三月九日に総理官邸でフランス外相レモンの表敬を受け、ソ連の世界戦略やフランス製品の輸入について意見を交わした。

他方、日米間では経済摩擦がさらに高まっており、レーガン政権は四月一七日、半導体をめぐって戦後初となる対日制裁措置を発動している。制裁の内容は、日本製のパソコン、カラーテレビ、電動工具の対米輸出に一〇〇%の報復関税を課すものである。「ロン・ヤス」関係をもってしても、日米摩擦を抑制できなくなっていた。

中曽根は四月一四日、衆議院予算委員会で日米安保改定時の「核密約」を否定すると、ゴールデン・ウィークにレーガンを訪れている。中曽根は、内需拡大について新関西国際空港に対するアメリカ建設業界の参入などを伝えたが、制裁解除には時間を要した。

他方で中曽根はSDIについて、「基本的理念が平和国家の立場に合致し、参加が日米安保体制、西側結束強化をもたらすとの考えから、研究計画参加の枠組交渉が進展して」いると述べた。

中曽根は六月八日から一〇日にベネチア・サミットで核政策における団結を説き、イラン・イラク戦争の早期終結やペルシャ湾安全航行について各国首脳と声明を発した。一一日から一三日には、日本の首相として初めてスペインを公式訪問している。[68]

税制改革への執念

一九八七年秋の総裁任期切れが迫るなかで、中曽根が最後の執念を燃やしたのは税制改革である。少し時期をさかのぼりたい。

中曽根は一九八五、六年から税制改革として、直接税と間接税の比率見直しとマル優など優遇税制の是正を検討していた。マル優とは、少額貯蓄への非課税制度である。日本の税制は占領期のシャウプ勧告以来、直接税を中心にしていた。

税制の抜本的改革は、「戦後政治の総決算」として進めてきた行財政改革の集大成となるはずだった。その障壁となったのが、選挙中に行った自らの公約である。中曽根は一九八六年七月六日の衆参同日選挙で、大型間接税を導入しないと公約していた。「私の顔はうそを言う顔に見えるか」とまで中曽根は選挙中に述べた。[69]

中曽根は選挙後、自派の山中貞則を自民党税制調査会会長に起用した。国鉄分割民営化の法案が一一月二八日に可決されると、中曽根は間接税の導入を明確に打ち出すようになる。政府税制調査会からは、所得税、住民税の最高税率を引き下げ、間接税やマル優廃止を財源とする答申が出されていた。

山中は中曽根の意向を受け、間接税の導入とマル優廃止を一二月五日に案としてまとめた。このとき山中は、党税調の小委員会で公約違反を追及され、「(総理が) 嘘をついたと思う。公約違反は私も認めざるをえない」と頭を下げている。

この点を記者に問われると、中曽根は、「公約に違反するようなことは絶対にやっていない。住宅ローンや教育費用がかかるような人達に恩恵がいくようにつくってもらったもので、そういう意味で金持ち優遇ではない。嘘はついていない。それは山中君の個人的見解だ」と答えている。だが、多くの国民は公約違反と感じており、内閣支持率は低下した。

中曽根―山中ラインで作成した改革案は、所得税率を最高七〇%から五〇%に引き下げ、法人税も現行四三・三%の基本税率を三七・五%に下げる一方、五%の売上税を導入しようというものである。食料、医薬品、教育、住宅など四十数項目を非課税とすることで、公約違反との批判をかわそうとした。

野党がこれを公約違反と非難したのは当然である。批判は自民党議員にも強く、中曽根派の深谷隆司《ふかやたかし》らも反対した[70]。

売上税の廃案

それでも中曽根は一九八七年二月四日、売上税法案と所得税等改正法案を衆議院に提出する。売上税法案では、中小企業や低所得者に特例を設けた。所得税等改正法案は、所得税と法人税を減税し、マル優を廃止する内容だった。

中曽根は二月一〇日、自民党税制改革推進全国会議で四〇分にわたり演説している。

新税創設は体に別の血液を入れるようなもので、全身にアレルギーも出ます。今回の税制改革は、税体系の歪《ゆが》み、ひずみを直し、日本企業が外国に負けない基礎づくりのためなのです。〔中略〕

政治家には、時代の流れのなかで、挑戦しなければならないという歴史的宿命を負っています。たとえば、日露戦争後に和平のための日露講和条約（ポーツマス条約）締結に踏みきった小村寿太郎全権〔中略〕、第二次大戦後アメリカとの単独講和を行った吉田茂首相、日米安保条約を改定した岸信介首相――といった方々です。

私個人なんかはどうなってもいいが、国家、国民の方が大事なのです。そういう信念に立って取り組んでいますので、ぜひこれをやらせてほしい。身命《しんめい》を賭してやり、政治家としての責任をまっとうしていきたい。

中曽根は「歴史的宿命」を熱弁したが、内閣支持率は二四％にまで急落し、不支持率は五六％にも達した。このとき中曽根は、「人気が下がってもやむを得ないでしょう」と自派閥の稲葉に語っている。

人気の低下を象徴するように、三月八日の参議院岩手補欠選挙では、自民党候補が社会党にダブルスコアで敗れた。中曽根は売上税法案をやり遂げる覚悟であったものの、野党議員が牛歩戦術で抵抗し、売上税法案は五月二七日に廃案となる。すると政権末期にもかかわらず、支持率は再び浮上していった。

所得税等改正法案だけは九月一九日に可決し、マル優が廃止となり、所得税は減税された。売上税の導入には失敗したものの、消費税法が翌年に成立する基礎となったことは評価されるべきであろう。中曽根は後継総裁の選定で税制改革を重視し、「与野党をうまくまとめ、のらりくらりと導入に導けるのは〔長く蔵相を務めた〕竹下君だろうと考え」たという。[71]

最後の外遊へ

中曽根は一九八七年九月一九日に所得税等改正法案を成立させると、国連総会出席のため、すぐに羽田空港から日航特別機でニューヨークに向かった。中曽根は二一日、国連総会で平和維持や格差是正について演説している。

同日、中曽根はデクエヤル国連事務総長に対して、イラン・イラク戦争の停戦後、監視団に「適当な財政的協力を行なうことを検討したい」と論じた。レバノンの国連平和維持軍などに関しても、「財政当局に対し二〇〇〇万ドル程度の拠出について検討を命じている」と伝えている。デクエヤルが、「何と感謝して良いのか分らない」と口にすると、「国連中心主義は、わが外交の柱である」と中曽根は語った。

中曽根はレーガンともニューヨークで会談し、内需拡大、新関西国際空港への米企業参加、FSXと呼ばれる次期支援戦闘機などについて協議した。中曽根は半導体の制裁解除を求め、ペルシャ湾の安全航行に関しては貢献策を検討中と述べている。

レーガンは、「日米協力及び西側団結の促進に果たした貴総理の決定的役割を多としたい。貴総理は、世界において日本がどのように見られているかを、歴史的な意味において変えた」と讃《たた》えた。

中曽根も、「五年間の友情と協力に心から感謝したい。貴大統領の友情とガイダンスを得て、わが国は徐々に世界的役割を果たすようになってきた」と礼を伝えている。

レーガンとの会談は一二回に上り、「ロン・ヤス」関係は一時代を築いた。外務省北米局長として中曽根訪米に同行した藤井宏昭によると、最後となる中曽根・レーガン会談は感動的であり、中曽根は国際政治に発言権を持てた数少ない政治家の一人だったという。[72]

首相として最後の外遊はタイであり、中曽根は九月二五日から二八日にタイを公式訪問した。修好一〇〇周年式典に出席し、プミポン国王やプレム首相と会見するためである。中曽根とプレムは、カンボジア和平について多くの時間を割いた。

中曽根は国立チュラロンコーン大学で、「新世紀のアジア――活力と調和の時代へ」と題して日・タイ関係について講演し、名誉政治学博士号を授与されている。[73]

外交の要諦

中曽根の外国訪問は二二回となり、小泉純一郎首相の五一回に抜かれるまで歴代一位だった。とりわけ、レーガンとの関係は緊密であった。中曽根は共同声明を「よそよそしい」として行わず、アメリカ国民に向けてホワイトハウスのローズ・ガーデン演説を重視した。中曽根の対外政策は日米同盟を軸としつつ、ヨーロッパ、東アジア、東南アジア、南アジア、オセアニアと広範囲に及んでいる。[74]

貿易摩擦や靖国参拝をめぐる不協和音のほか、数々の問題発言もあったものの、中曽根はアメリカだけでなく、中国や韓国の指導者とも良好な関係を築いた稀有《けう》な政治家である。軍事、経済の両面でアメリカの圧力に適応しながら日米同盟を強化し、中韓とも連携を深めることで、中曽根は新冷戦下での対ソ戦略を有利に進めた。

その背景として、日本経済が全盛期を迎えていたことはあるにせよ、ここまで体系的に世界政策を構築した日本の政治家は中曽根以外におらず、戦後外交の頂点といっても過言ではない。

ならば中曽根は、外交の要諦をいかに考えていたのか。内閣外政審議室長の國廣道彦が外交の秘訣について聞くと、中曽根は「総理になった瞬間から、戦略的展開を考えて行動したということだ」と答えた。

さらに中曽根は、「右に米国、左に中国、足元に韓国との体制を整えて、世界平和と対ソ外交を展開した。足場づくりに関しては、サミットの度ごとにASEAN諸国および韓国とよく連絡をした。首脳外交に関しては、何よりも個人的信頼関係を重視した」と説いている。

外政での心残りは、ゴルバチョフとの首脳会談が延期されたことと、ペルシャ湾に掃海艇を派遣できなかったことである。中曽根は掃海艇の派遣に前向きだったが、後藤田官房長官の慎重論を受け入れた。

FSXを日米共同開発としたことに関しては、「戦闘機の開発向上という面から見たら、アメリカの技術を取り入れたことはプラスだった」と中曽根は回想する。[75]

中曽根には党務として、次期総裁の指名という最後の大仕事が残されていた。しかもそれは後継指名の域を超え、「三角大福中」の派閥抗争から総主流派体制への転換点となる。そのことを終章でたどりたい。

終章　「命の限り蝉しぐれ」——首相退任後の三〇年

竹下総裁指名

ポスト中曽根の総裁候補は、安倍総務会長、竹下幹事長、宮澤蔵相に絞られた。安竹宮《あんちくぐう／みや》と呼ばれるニューリーダーたちは、「三角大福中」とメンタリティを異にし、派閥対立に嫌気が差していた。特に安倍と竹下は「角福戦争」で知られる派閥を継承しながら、「タケちゃん」「アベちゃん」と呼び合うほど近しい関係にある。

一九八七（昭和六二）年一〇月八日に自民党総裁選が告示されると、安竹宮は話し合いを繰り返したものの、決着はつかなかった。そこで三者は、後継総裁を中曽根に一任した。

中曽根によると、「総理一任が一番いい」と最初に言い出したのは宮澤であり、「竹下君と安倍君に組まれたらたいへんだと考えていたんだと思いますよ」という。

中曽根が選んだのは竹下だった。中曽根は一〇月二〇日に竹下を指名するとともに、「〔竹下に〕全面的に協力されんことを強く希望する」と安倍、宮澤に伝えている。竹下内閣で安倍は幹事長、宮澤は副総理兼蔵相となる。中曽根派の渡辺美智雄は政調会長に就いた。

ニューリーダー3人との歓談，日の出山荘，1987年10月24日　竹下指名から4日後．左から宮澤喜一，竹下登．右端が安倍晋太郎

中曽根が竹下指名で重視したのは、党の安定と間接税の導入だった。最大派閥は竹下派であり、竹下であれば安倍との関係も良好に保てる。

間接税について中曽根は、「宮澤君は法案を成立させるのはあまりうまくなかったし、安倍君もそれほど厳密ではなかったし、税制に通じてもいなかった。その点、竹下君は野党との詰めもうまかったし、大蔵大臣が長かったので、間接税を成立させるには一番の人物でした」と振り返る。[1]

キングメーカーの田中角栄が失脚し、長かった「田中支配」が崩れていたことは、後継総裁の選び方を劇的に変えた。中曽根政治は「三角大福中」派閥対立と長老支配の終局であり、竹下指名は安竹宮による総主流派体制の萌芽《ほうが》となる。

与野党間でも福祉国家についてコンセンサスができており、安全保障や憲法、教育、税制などの先鋭的な領域を除いて、保革の対立は薄れていた。[2]

未練と自負

首相退任は一一月六日のことだった。退任前に内閣支持率は下がるものだが、売上税法案が廃案となってから、中曽根内閣の支持率は上昇している。三公社民営化や外交面で大きな成果を上げたとはいえ、いくつかやり残したことに未練はあった。

とりわけ、中曽根内閣では教育改革が中途半端に終わっていた。教育基本法は憲法とともに、占領下で制定されたものである。

中曽根は、「歴史や伝統、あるいは共同体という概念がなく、個人という概念が全面的に表に出てきています。だから民族がもってきている歴史的な伝統的な文化的な背景というものはまったくない、書かれていません」、「教育全般が普遍的平等性に覆われてしまった」と考えていた。

そこで中曽根は、前京都大学総長の岡本道雄を会長として、臨時教育審議会で議論させていた。しかし文部省は、これと別に中央教育審議会を抱えており、文教族とともに教育改革に抵抗した。中曽根は、教育基本法の改正に着手すれば野党を敵に回し、国鉄改革を停滞させると危惧した。手を付けられなかった憲法改正とともに、教育改革は最も心残りとなる。教育基本法の改正には、二〇〇六（平成一八）年を待たねばならない。[3]

中曽根政治の特質は、審議会を多用した「大統領的首相」という手法にあった。

自称していた「大統領的首相」について中曽根は、「政治の独善を排し、民意を汲《く》み取り、批判を受けつつ修正していくという意味で、当然とるべき手法だと私は考えています。〔中略〕私が試みた手法は、おそらく戦後初めての実験だったでしょう。しかし、こういう手法をとらなければ、これからの政権政党は立ち行かなくなるだろうと、私は考えています」と首相退任時に論じている。

その文章からは、自負心と高揚感が伝わってくる。「戦後の日本というのは、日本史の中の偉大な金字塔、偉大なピラミッドをつくった時代ではないでしょうか。これほど充実した時代は、おそらく世界史でも稀でしょう」というのである。

「大統領的首相」は、官邸主導を特徴とする現代政治の起点にもなった。[4]

「命の限り蟬しぐれ」

中曽根は退任の直後、新聞記者有志との慰労会に呼ばれると喜んで出席し、「暮れてなお命の限り蟬しぐれ」と心境を詠んで色紙を配っている。中曽根は後年、この句を評論家の竹村健一と対談した書名にも用いており、政治活動への意欲を端的に示すものとして気に入っていた。[5]

首相官邸を離れた中曽根は柔和《にゅうわ》になった。首相になる前も事務所の執務室では、いつも政策を練ったり、考え事をしたりして、うかつに話しかけられない雰囲気だった。まして首相期は繁忙を極めていた。周囲には要件を端的に伝えるよう求めており、秘書が「実のところ……」などと言おうものなら、すぐに「短く述べてくれ。『実は』は要らない」と遮《さえぎ》った。その中曽根に心の余裕と笑顔が戻ったという。[6]

中曽根政権の遺産としては、京都に創設した国際日本文化研究センターも挙げられる。日文研は日本研究の国際的拠点となるものであり、トップダウンで政権末期に誕生した。

一九八八（昭和六三）年六月には、竹下首相の協力を得て財団法人世界平和研究所を立ち上げると、中曽根は自ら会長に就任した。世界平和研究所は都心にあり、冷戦後の戦略を共同研究するなどしている。[7]

リクルート事件

中曽根が世界平和研究所を設立した頃、政界とメディアはリクルート事件で持ち切りになっていた。この事件は、リクルート社が値上がり確実なリクルートコスモス社の未公開株を譲渡した贈収賄事件である。しかも株の売買が行われたのは、中曽根内閣期であった。

事件が竹下内閣期に表面化すると、野党は「中曽根政権時代の民活・規制緩和路線と結びついた構造疑惑」と追及した。中曽根は秘書名義の二万六〇〇〇株によって、一億三六〇〇万円を得たとみられる。竹下の二〇〇〇株、安倍の一万七〇〇〇株、宮澤の一万株を上回り、最大の額である。リクルート社では、前会長の江副浩正《えぞえひろまさ》が株の譲渡を進めた。

リクルート事件関与をめぐる国会証人喚問，1989年５月25日　関与を全面否定し議員辞職の意思がないことを強調．議院証言法による尋問中の撮影禁止のため，静止画像と音声だけの放映となり視聴者は苛立った

竹下内閣が消費税を導入しようとしていただけに、「濡れ手で粟《あわ》」と世上に強く批判され、内閣支持率は低迷した。リクルート事件は中曽根や竹下を窮地に陥らせたものの、竹下内閣は一九八八年一二月二四日に税制改革法案を可決させ、翌年四月から施行する。

中曽根は一九八九（平成元）年五月二〇日に議員辞職とも報道されたが、五月二五日の国会証人喚問では、喚問をもって「けじめ、みそぎと考える」と述べている。

社会党の稲葉誠一議員が、「江副さんは〔中曽根の〕ブレーンだと見られている」と追及すると、中曽根は、「ブレーンではないと思います。私の友人の中では親しくなかった一人だ」と答えた。

中曽根は江副との疎遠さを強調し、証人喚問を切り抜けた。自民党がカメラ撮影禁止を条件としたため、証人喚問のテレビ中継は静止画となった。視聴者には、中曽根の姿がもどかしく映ったはずである。

一方、江副の回想はニュアンスを異にする。江副は中曽根後援会の山王経済研究会に参加しており、首相公邸でも一対一で会ったという。もっとも、その内容は教育改革に関するものであった。江副によると、検察は中曽根の起訴をあきらめ、中曽根内閣で官房長官だった藤波孝生に矛先を向けたとされる。のちに江副は懲役三年、執行猶予五年、藤波は懲役三年、執行猶予四年で、それぞれ有罪判決が確定する。

議員辞職を回避した中曽根だが、五月三一日には自民党を離党している。腹心の藤波が起訴されたことに加えて、宇野宗佑の首相就任を妨げないようにするためであった。竹下内閣の外相で中曽根派の宇野は、有力政治家のなかで珍しくリクルート株を得ておらず、総理候補に急浮上していた。

宇野内閣は六月三日に成立したものの、女性問題と参議院選挙の敗北によって短命に終わった。「山が動いた」と土井たか子社会党委員長が述べたのは、この選挙時である。八月一〇日には海部内閣が誕生した。

中曽根は桜内義雄を自派の会長とし、さらに桜内が衆議院議長になると、渡辺美智雄を指名している。中曽根派が渡辺派に衣替えしたことで、「三角大福中」の派閥はすべて世代交代を終えた。渡辺の次について、中曽根は有望な中堅の山崎拓《やまさきたく》を派閥の長に想定していたようである。[8]

ゴルバチョフとフセイン

首相退任後の中曽根が存在感を発揮したのは、得意の外遊である。中曽根は一九八八（昭和六三）年七月二二日にモスクワでゴルバチョフと会談し、「スターリンは誤ってわが国の北海道に所属する島々に兵を送った。あれはスターリンの誤りだった」と論じている。ゴルバチョフは「三島」と言いかけて、通訳の指摘を受けて「四島」と言い直すなど、領土問題に対する認識が浅かった。

中曽根は一九八九（平成元年）年一月一八日にも、ジスカールデスタン前フランス大統領、キッシンジャー元アメリカ国務長官とともにソ連を訪れて、ゴルバチョフと会談した。中曽根は、「外蒙《がいもう》〔モンゴル〕からの兵力の撤退を歓迎する。しかし、沿海州を含む極東部からの兵力削減を希望する」と述べた。中ソ国境線が画定していなかったため、ゴルバチョフは、「東部国境の問題については事態は簡単なものではない」と難色を示している。

最大の山場は湾岸危機だった。一九九〇年八月二日にイラクがクウェートに侵攻すると、中曽根は一一月四日から六日の計三回にわたってフセイン大統領と会談したのである。

アメリカは中曽根のイラク訪問に冷ややかだったが、中曽根は自派だった佐藤孝行議員を自民党団長として同行させてイラクに向かった。先に触れたように、中曽根は通産相時代にフセインに石油買い付けで借款を約しており、その経験を活かそうとしたのである。

中曽根が一六年ぶりに姿を見せると、フセインはピストルを外して遠くに置いた。中曽根

フセイン大統領との会談，バグダッド市内の大統領府，1990年11月4日　16年前の通産相時代の関係を活かし交渉．人質となっていた日本人74名を救出した

は、「国連諸決議は尊重され、実施されなければならない」、「全ての外国人人質はできる限り速やかに解放されるべきである」と主張した。

フセインは、「一九七四年に総理が御覧になったイラクと今のイラクは違っているはずだ。現在の政権が出来て二二年になるが、それ以前のイラクは極めて後進的な国であった。この国の建設を進めてきたのは我々である。したがって我々が達成したことを破壊するような戦争を望んではいない」と述べた。

中曽根は、「日本の立場について若干の誤解があるので訂正しておきたい。憲法改正等行っていない、その可能性もない。国連平和協力隊法では自衛隊を戦闘に参加させるものでもない。現下の国会の勢力分布、国内世論から見て同法案は国会を通過しないのではなかろうか」と語っている。

フセインとの会談を経て、人質七四人が救出された。中曽根は会談の内容をまとめると、アメリカのブッシュ大統領に手紙を書き、フセインとの直接折衝を説いている。[10]

人質解放を一つの契機として、中曽根は一九九一年四月二六日、自民党に復党した。ゴールデン・ウィークには訪中し、自ら手掛けた日中青年交流センターの落成式に出席した。宮澤内閣が一一月五日に成立すると、中曽根は一九九二年三月二日にモスクワでエリツィン大統領と会談し、「平和条約の問題は今世紀中に解決したいと思う」と論じている。[11]

連立政権の時代へ

自民党は一九九三年七月の総選挙で過半数に届かず、宮澤内閣に代わって、非自民の細川護熙内閣が生まれた。

エリツィンを迎えて宮中晩餐会が一〇月一二日に開かれると、中曽根は細川に向かって、「君は私心がないように見受けられるのがよい。強運とふてぶてしさは、天性のものだ。総理の座というのは、その気になれば大抵のことはやれる。腹を据えてやるべし」と鼓舞した。中曽根はエリツィンに対して、北方領土問題の解決を促している。[12]

次の羽田孜《はたつとむ》内閣は六四日の短命に終わり、自社さきがけ連立の村山富市内閣が一九九四年六月三〇日に成立した。新生党の小沢一郎代表幹事が海部元首相を擁立したものの、村山に決選投票で敗れている。

このとき中曽根は小沢の海部担ぎ出しに理解を示し、一回目の投票には欠席して、決選投票では自民党も推す村山ではなく、海部に投票した。中曽根は記者会見で、「保守中道を唱えてきた者として海部氏を支持する。社会党に投票することは国益に反する」と表明していた。

中曽根の発言を受けて社会党は、村山首班による自民、さきがけとの連立で固まった。小沢に流れかけていた社会党の一部が、「中曽根さんと一緒に〔海部を〕担ぐわけにいかない」と戻ってきたのである。

これについて中曽根は、「村山は社会党だったから、私のやり方に近いのはやはり海部でした。三木内閣で彼は官房副長官をやったし、首相公選運動の仲間だったしね」と述べており、後悔していなかった。[13]

ポスト五五年体制の混迷

「三角大福中」のうち、大平、三木がそれぞれ一九八〇（昭和五五）年と一九八八年に他界し、田中は一九九三（平成五）年、福田も一九九五年に故人となる。ニューリーダーのうち竹下と宮澤は首相を退任し、安倍は一九九一年に病没した。自民党のライバルだった社会党は村山を首相としたものの、党の衰退は誰の目にも明らかだった。

中曽根は五五年体制後の混沌《こんとん》を憂えた。そのことを端的に示すのが、一九九七年刊行の自著『リーダーの条件』である。

この三年間に四人総理大臣が替わりました。最初は反自民で細川内閣ができました。それはある程度意味があった。その次は反小沢〔一郎〕で武村〔正義〕君や村山君が飛び出して新しい連立内閣ができました。その次は反村山・反武村で民主党ができた。そういう人間的恩讐《おんしゅう》で国が動いてはいけないのです。やはり政策を中心にして動かなければいけません。〔中略〕みな中身のない自称改革派になって守旧派と呼ばれることを恐れていました。〔中略〕いまや本当に日本が生きるか死ぬかの境にあるということを国民にも話して、政治家自体が必死になってやらなければこの国は沈没してしまう、そう心配しているのです。

中曽根によると、かつて明治維新がそうであったように、時代の大転換には有為な人材が不可欠である。

「今は転換の入口ですから頭角を現わす者はいまだ顕著ではありません。〔中略〕各界でその者を見つけて、国に役立つように地位や権限を与え、働かせてみることが大切です。それがわれわれ卒業生の大仕事で、かつ、大責任であると痛感、自戒しています」という。

鳩山由紀夫らが民主党を結成したのは、一九九六年九月二八日のことである。同年五月、中曽根は自らの誕生パーティの挨拶で、民主党創設に向けた鳩山などの動きを「ソフトクリーム」と評して話題になった。のちに中曽根は「ソフトクリーム」発言について、「真意は激励にありました」と記している。[14]

橋本内閣への期待と「情」

自民党では橋本龍太郎が、一九九五年九月二二日の総裁選で小泉純一郎を大差で破った。梶山静六らとともに中曽根は、橋本に立候補を促していた。やがて村山首相が辞意を表明し、橋本内閣が一九九六年一月に発足すると、自民党は二年五ヵ月ぶりに首相の座を取り戻す。

中曽根は内閣の頻繁な交代を危惧していただけに、「日本には今、国難の大津波が四つ押し寄せつつある。行政改革、財政改革、安全保障、教育改革である。橋本首相は火だるまになってこれに立ち向かおうとされている。私はその決意を高く評価している」と橋本に期待した。[15]

中曽根は先に挙げた『リーダーの条件』で、橋本内閣を安定政権の軌道に乗せたいと述べている。

日本の今の状況を見ますと、これまで五〇年間何をやってきたのかという自責の念があります。ですから、このままでは死ねない。何とかこの日本の政局、政治状況を正常な姿にして相当強い安定政権をつくり、四年くらいは解散しないで思い切った改革をこの際やらないと、この国は沈没してしまう。間違いなくローマ帝国の末期みたいな情勢にきている、という風な気がしまして、渾身の勇を奮って最後のご奉公をして、日本の政治を安定軌道に乗せたいと願っております。私自体は、政治以外に職を求める気持ちもありませんし、政治が天職、天命だと思っております。[16]

しかし、中曽根が一九九七年九月の内閣改造で自派の佐藤孝行を橋本に推薦し、総務庁長官として入閣させたことは、橋本内閣を揺るがした。佐藤はロッキード事件の受託収賄で、執行猶予付きながら有罪が確定しており、世論の反発は必至である。

自民党参議院幹事長で自派の村上正邦《まさくに》が、「私は反対です。そんなことをしたら晩節を汚しますよ」と不安を口にした。

中曽根は、「お前の判断は道理だと思う。しかし、これは情だ。そしてこれは俺と橋本（首相）が話をすることだ」と退けた。

村上が、「その情で晩節を汚しますよ」と自重を求めても、中曽根は「俺にも赤い血は流れてるんだよ」と受け入れなかった。

案の定、佐藤は世論に指弾され、一〇日ほどで総務庁長官を辞任した。中曽根は佐藤に行革を望んだが、「首相が世論に折れてしまってからは、内閣自体が危うくなると考えて、佐藤氏にこの際は引くように伝えた」という。村上は、「中曽根さんは計算高いとか冷たいとか世間ではよく言われるけれど、実際には情にもろい」と述べている。

橋本内閣の支持率は五三%から三五%にまで下がり、発足以来の最低を記録した。橋本は一九九八年七月一二日の参議院選挙に敗れ、小渕恵三内閣が誕生する。[17]

大勲位菊花大綬章

中曽根に残されたライフワークは憲法改正と教育改革である。中曽根は一九九七年四月九日、憲法施行五〇年を翌月に控えて宮澤と対談した。

中曽根は、「あと一〇年ぐらいかけて今の憲法を総点検して、次の時代のうねり、歴史の展開に対応する構えをつくったらいい」と論じている。教育では「公」の観念を浸透させ、「教師が使命感を持つこと」を説いた。宮澤は改憲に慎重だった。

五月七日には、天皇から大勲位菊花大綬章《だいくんいきっかだいじゅしょう》を手渡された。大勲位は日本最高の勲位であり、授与される勲章が菊花大綬章である。生前にこれを受けた戦後の首相は、吉田茂、佐藤栄作、中曽根に限られる。同郷の福田が受賞したのは、没後のことである。

総理府によると受章理由は、「在任期間が五年で、七年以上在任した吉田、佐藤両首相に次いで長いなどの点」だという。中曽根はコメントで、国鉄改革、衆参同日選挙の勝利、イラク人質解放をうれしかったことに挙げ、「つらかったことは売上税問題で四面楚歌の中で苦労したこと等が鮮烈に思い出されます」と述べた。[18]

旧中曽根派の分裂

中曽根から派閥を引き継いだ渡辺美智雄は一九九五年九月一五日に他界していた。中尾栄一が旧渡辺派の運営委員会議長となり、中曽根は名誉会長に就いた。中尾が運営委員会議長とされたのは、議長を中心とする集団指導体制のためである。

これに不満な山崎拓ら中堅、若手議員は旧渡辺派を離脱し、世代交代を求めて一九九八年七月一六日に近未来研究会を結成する。中曽根は元衆議院議長の桜内とともに旧渡辺派の会長人事を一任され、村上を会長に指名した。中曽根や村上は亀井静香のグループと合流し、一九九九年三月一八日に村上・亀井派となる。[19]

旧中曽根派は分裂したうえに、山崎も女性スキャンダルで二〇〇三年の総選挙に落選する。リクルート事件で緊急避難的に首相となった宇野を除いて、旧中曽根派から総裁は生まれなかった。今世紀に入って総裁を最も多く輩出したのは、森喜朗《よしろう》、小泉純一郎、安倍晋三の属する清和会、つまり旧福田派である。

小泉からの引退勧告

一年八ヵ月首相の座にあった小渕恵三が脳梗塞で急逝すると、二〇〇〇年四月五日に成立した森喜朗内閣も安定には遠かった。中曽根は七月刊行の『二十一世紀日本の国家戦略』で、国家戦略の欠如をいかに打開するかを論じ、内閣機能の強化、首相公選、政策系大学院の創設などを説いている。[20]

二〇〇一年四月二六日からの小泉内閣期には、国際環境がイラク戦争や北朝鮮情勢で大きく変化した。中曽根はイラク戦争でアメリカを支持して小泉を激励し、イラク戦争後を「一強多元世界」、「散乱の時代」、「漂流する日本」と位置づけた。他方、小泉が「自民党をぶっ壊す」と公言したことについて、中曽根は「ポピュリズムの手法」と評している。[21]

その小泉から引退勧告を受けたことは屈辱であった。比例代表候補は七三歳の定年制とされ、八五歳の中曽根も適用を免れない。八四歳の宮澤は引退をすぐに受け入れたが、中曽根は猛反発する。

中曽根は二〇〇三年一〇月二三日、砂防会館にある事務所の執務室に小泉を迎えた。

「どういうお話の趣旨か知りませんが、まず、あなたのお考えをお聞きしましょう」

そこにはテレビカメラも入っていた。小泉は、目を合わさずに話し始

中曽根と小泉純一郎首相（右）　自民党の比例代表候補の73歳定年制を受けて，引退勧告に出向いた小泉に中曽根は拒否した．写真は引退勧告の1ヵ月前，総裁再選の挨拶に小泉が訪れたとき

めた。

「中曽根先生は、国内的にも国際的にも、どういう地位になっても、その発言や行動には皆さんが注目し、影響力があります。今後もそういう形でご活躍願いたい」

短く切れる口調で、早口に、それだけだった。中曽根はすぐに反論する。

「その考えは断じて了承できません。政治家としての使命感があります。憲法改正や教育基本法改正が、ようやく日程に上がり、日の目を見ようとしている重要な段階だ。政治家としての最後の仕事です。ぜったい、政治家を辞めることはできない。私は日本独立直後の一九五二年から憲法改正と自衛軍創設を訴えてきた。政治家としての一念、一生の仕事だ。今これが出来ようとしている寸前に政治家の一生の一念を全うさせないとは、総理総裁のやることではない。政治家の信念を守るのが総理総裁の仕事ではありませんか」

沈黙する小泉に、中曽根が続けた。

「一九九六年の候補者調整の時に、私を『終身比例代表一位』とした約束を守って欲しい。あれは、党の公約だ。これでは、自民党は老人はいらないとの印象を持たれる。君は、インドネシアでもタイでも、記者との懇談会の席では、本人の判断に従うと言ったはずだ」

中曽根が「考え直してくれ」と迫ると、小泉は、「どこでも、働けるのだから……」と下を向いた。

「そんな問題ではない。政治家の使命感と執念の問題だ。考え直して欲しい」

中曽根が一喝し、小泉は頭を下げて立ち去った。[22]

議員最後の演説

一〇月二七日、翌月の総選挙に向けて自民党公認が発表されると、中曽根の名前はどこにもなかった。安倍晋三幹事長が小泉の使いとして現れ、「リストに載せることができなくてまことに残念ですが、ご了承願いたい」と伝えた。

これに中曽根は、「政党には道徳性や倫理性、情理が非常に重要だと小泉総裁は知っているのか。自民党史上の汚点になる」と反論した。橋本総裁以来、北関東比例終身一位という約束があり、総務会も通っていただけに、承服できるはずもない。

中曽根は無所属で小選挙区から立候補することも検討したが、群馬四区では福田康夫官房長官、五区でも小渕優子衆議院議員が党に公認されている。四区で出馬すれば「上州戦争」の再現となるが、当選はまず不可能であり、晩節を汚すこととなる。

地元後援会の幹部は、「総裁が公認しないという以上、従うしかない。無所属で立候補するのはやめて欲しい」と中曽根に要請した。

中曽根は行き場を失い、一〇月二八日に高崎で後援会の緊急総会を開いた。支持者たちは、議員引退の報告と察している。息子の弘文参議院議員もいるなかで、半世紀前から雄弁家として知られる中曽根が、身を削る思いで挨拶に立った。

「みなさんにはまことに申し訳ない結果になりまして、ほんとうに心からお詫び申し上げる次第でございます。〔中略〕憲法問題、それから教育問題というものは自分の畢生《ひっせい》の、国家に対するご奉仕であると思ってやり続けてきたものであります。〔中略〕私の志もここで遂げさせることができないで、ほんとうにこんな残念なことはありません」

中曽根は、「生涯現役」の信念を口にした。

「私は議員は辞めるけれども、政界は引退しない。私は引き続いて国際的、国内的な政治行動を続けていく。〔中略〕私は、前からみなさんに申し上げておりますように、生涯現役だと。政治家として現役で死んでいくんだということをいってきましたが、まさにそれを実行するときが来た」

中曽根は語気を強めた。

「私は戦争に行って戦死すべき人間だった。それを生き残っておるわけでありますから、最後まで国家のために命を捧げる。〔中略〕戦争に負けて以来の日本の歴史を背負い込んで知っている証人として、この国が間違えないように、そしてわれわれの子供たち、子孫が安心して楽しく過ごせるような日本の基礎を作っていかなくてはならない」

議員最後の演説は、「国家のために命を捧げる」と結ばれた。在職五六年七ヵ月、八五歳の晩秋である。[23]

『自省録』の小泉批判

小泉の引退勧告に「政治的テロ」と怒りを露《あらわ》にした中曽根だが、頭の切り替えはいつものように早かった。議員バッジを外す日には、「さあ、いよいよ人生劇場、第二幕の始まりだ」と秘書たちに語りかけている。[24]

中曽根はバッジを置いても、平河町の事務所を維持した。以前にもまして政界最長老の御意見番と目され、中曽根事務所には来客や取材が絶えなかった。テレビでも宮澤、森喜朗、塩川正十郎、土井たか子らと多く対談している。[25]

中曽根は自民党籍を維持しており、二〇〇四年の著作『自省録』では、小泉を痛烈に批判した。「物事を瞬間的にとらえて結論だけ言うことにかけては天才的です。しかし、それはしょせん『瞬間タッチ断言型』の瞬間芸にすぎません。そこには思想、哲学、歴史観が見られない」というのである。[26]

小泉の外交、特にアジア外交は憂慮すべきものに映った。中曽根はある講演で、「残念ながら小泉内閣のアジア外交は0点。あるいはマイナス」と酷評した。[27]

中曽根は雑誌のインタビューで、「小泉内閣になってから、東アジア政策と戦略についてては、中国に非常に後れをとっている」と述べ、「仮に私が戦略を立てるとすれば、今のFTA（自由貿易協定）を東アジアの国々の間に展開していき、さらにテンプラススリー（ASEAN一〇ヵ国＋日本、中国、韓国）、アメリカ、オーストラリア、ニュージーランド、インドまで入れた経済協力機構を目標にしていく」と論じた。[28]

憲法改正への執着

憲法改正に執念を燃やす中曽根は二〇〇五年一月、自民党の新憲法起草委員会に加わり、前文の小委員長として原案を練り上げた。中曽根原案は「独自の伝統と文化」から説き起こしている。

日本国民はアジアの東、太平洋と日本海の波洗う美しい島々に、天皇を国民統合の象徴として戴《いただ》き、和を尊び、多様な思想や生活信条をおおらかに認め合いつつ、独自の伝統と文化を作り伝え多くの試練を乗り越えて発展してきた。

ところが自民党の執行部は、公明党との連立であることへの配慮からか、「日本色が強すぎる」と中曽根案を差し替えた。中曽根は自民党案に「日本というものへの認識不足、愛情不足を感じた」ものの、憲法改正の機運が高まっていることは歓迎した。

そこで中曽根は、世界平和研究所から自身の改正案を公表した。議院内閣制は維持しつつ、総選挙では各党が首相候補を明示することで、首相公選制に近づけるという内容である。天皇は元首とされ、「防衛軍」保持も明記した。憲法裁判所を創設するほか、家族の重要性を再確認する家族条項も特徴的だった。[29]

小泉外交が対米関係に傾斜しがちであったため、中曽根は次の安倍首相に中韓を含めた多国間外交を期待する。中曽根は二〇〇七年一月、超党派の自主憲法期成議員同盟会長に就任し、憲法改正の手続きを定める国民投票法案の成立を支援した。憲法改正に向けて民主党との大連立を説いたほか、日中関係の悪化を憂慮して訪中し、「日中関係の新章　歴史を越えた共存的発展をめざして」を提言したこともある。[30]

だが、安倍内閣のみならず、福田康夫内閣、麻生太郎内閣も短命に終わった。福田首相の退陣に際して中曽根は、「二世、三世は図太さがなく、根性が弱い」と『読売新聞』で苦言を呈した。支持率の低い麻生首相についても、「軽率な発言、思慮不足と思われる言動があり、世論から軽い政治家と見られている」と中曽根は手厳しい。[31]

他方で中曽根は、民主党が憲法などの基本問題でまとまっておらず、「未熟」だとある対談で論じた。

民主党が、そういう憲法問題、基本問題を嫌う。やると議論がまとまらない。そういう要素もあるから、二大政党とは言っても、国家の一番大事な基本問題について、論争をする場がまだできていない。それが日本の政治の一大欠陥ですね。その基本には政党の未熟という問題がやはりあると思う。

中曽根にとって、ポスト五五年体制の混迷は続いていたのであり、民主党政権の誕生と迷走はそれに輪をかけることになる。[32]

民主党政権と自民党の復活

自民党は二〇〇九年八月三〇日の総選挙で一一九議席の歴史的大敗を喫し、民主党を中心とする鳩山由紀夫内閣が九月一六日に成立した。選挙を通じて、民意が政権交代に直結したのである。

中曽根は対談で「『関ヶ原の戦い』の現代版のように、〝天下〟が交代しました。普通の政変とは性格が違う。自民党が約五〇年握ってきた政治の主導権がひっくり返った。半世紀に一度の歴史的転換期と考えなければいけない。民主、自民両党の当分の命運だけでなく日本の命運がかかっている」と危機感を募らせた。

かつて鳩山一郎に共鳴していた中曽根は、孫の鳩山由紀夫について、「祖父の鳩山一郎元首相の性格をよく受け継いでいる。万人に開いていてソフト、静かな政治を志向する。情感を込めて叱咤激励する要素はほとんどない。理系出身で物事を合理的に進めるから、どちらかといえば理性主義の学者風政治家だ。小沢〔一郎〕君とは対照的だね」と評している。[33]

二大政党制時代の到来を思わせた民主党だが、国民の期待が幻滅へと変わるのに時間はかからなかった。

中曽根は特に日米関係の悪化を懸念し、「あのように〔普天間《ふてんま》基地移転〕問題をこじらせてしまうのは、一国のリーダーとして稚拙だし、対応のまずさを言わざるを得ない」、「アメリカ側の反応がこんなにも重く強いものであるとは想像もしていなかった。そこに〔鳩山の標榜する〕『友愛』の甘さがある。私に言わせれば、シュークリームみたいなものだ」と雑誌などで批判を口にした。

自民党は復活できるのかとの問いに対して、中曽根は「十分挽回《ばんかい》できる」と答え続けた。谷垣禎一《たにがきさだかず》総裁には、「昔の人間から見るとおとなしすぎるところがある。〔中略〕素質は十分にある方だから、バーバリズム〔野蛮〕のある人材を〝五人囃子《ばやし》〟のように周りに置いて、笑いさざめくような党にすることです」と直言している。[34]

中曽根は一二月二四日、四三年間拠点としてきた砂防会館を離れ、世界平和研究所と同じ虎ノ門のビルに事務所を移した。菅直人首相については「市民的保守の政治家」であり、「生真面目すぎて余裕という点では容量が大きいとは見えない」と感じていた。

菅は二〇一〇年六月二二日にホテル・ニューオータニで中曽根に会い、二五日からカナダで開催されるサミットに助言を求めた。中曽根は、「サミットに行った場合にね、独善的なものでは通らんよ。まず、味方を一人つくりなさい。そして、お互いが胸襟を開いて話し合って、サミットの間も助け合う」と激励している。[35]

東日本大震災

中曽根は二〇一一年三月一一日、虎ノ門の事務所で東日本大震災に遭《あ》った。しかも震災は、中曽根が長きにわたって推進した原発の大事故を併発する。

中曽根は大きな衝撃を受け、「文明に対する大自然の挑戦と日本人はいかに戦い、克服していったかを世界に見せる時だ。〔中略〕日本の新時代の先駆をなす『次の時代の新しい東北地方』を形成するという歴史的な意識を持って復興計画を作るべきだ」と紙上で主張している。[36]

菅内閣の震災対応が遅れると、中曽根は「過去も未来もない政権」と酷評した。「菅首相の唱える『市民主義』とは、私たちの周辺にある市民生活を中心にした政権思想で、歴史や文化の伝統を背負った過去や、目標や理想を持った未来への挑戦に欠けた政治思想である」という。[37]

中曽根は自ら進めてきた原子力政策をどう総括するのだろうか。インタビューでは、原発について聞かれることが多くなった。中曽根は、「周辺の住民には非常に大きな迷惑をかけた。自分の生活や職業、子どもの将来などまでに影響が出るような事態になったことは、本当に遺憾千万だと思います」と反省の弁を述べている。[38]

さらに中曽根は「新日本建設のための基本原則」を共同でまとめ、国土計画の再検討、エネルギー政策と科学技術立国の再建などを提言し、「原発の安全基準の徹底的な見直しと代替エネルギー促進に取り組まなければならない」と説いている。エネルギーでは太陽光に期待し、日本は「太陽エネルギー国家」になれると論じた。[39]

国家の再建

次の野田佳彦《よしひこ》内閣期に中曽根は、「政治家のスケールが小さくなった」と語り、日本の再建を思案した。

野田首相も、私から見れば歴史や伝統への関心は薄い。民主党政権の首相は歴史観が浅い。〔中略〕

政治家のスケールが小さくなったのは、衆院選挙制度が小選挙区になり、政治家が選挙区に閉じこめられて余裕がなくなったという面もある。昔の自民党の派閥は政治家の教育訓練所で、見込みのある後輩をモノにしてやろうという気持ちで先輩が教え込んだ。今の派閥、民主党の議員グループにはそういう性格が少ない。

小選挙区制が政治を劣化させたという議論は、中曽根だけに特有ではない。選挙制度を変える政治改革法案に署名した細川護熙元首相と河野洋平元自民党総裁ですら、小選挙区に偏りすぎており、政治劣化を招いたと二〇一一年一〇月の対談で語っている。

中曽根に特徴的なのは、小選挙区制や派閥の衰退が政治家のスケールを小さくしただけでなく、国家の再建に不可欠な歴史や伝統に対する関心を低下させたとの主張である。

かつての中選挙区制であれば、中曽根が憲法や教育、外交、安全保障など国家的課題に取り組み、同じ選挙区の福田赳夫が経済政策で本領を発揮することは十分に可能だった。有権者にとっても、選択の幅が広かったといえよう。

小選挙区制では、あらゆる政策への対応が議員に求められ、しかも連続当選が難しくなる。したがって、議員は専門領域を深めにくい。族議員が影響力を発揮しにくくなったともいえるが、中曽根には政治の劣化、ひいては国家観の欠如と映ったのであろう。[40]

長寿と「終着駅」

中曽根は二〇〇八年に九〇歳の卒寿を迎えており、インタビューでは長寿について聞かれることが増えた。

長寿の心得について中曽根は、「気は長く、酒は微醺《びくん》で無理をせず、睡眠十分、腹立てぬこと」と答えている。長生きの秘訣を問われると、「それは使命感だよ」、「未来は考えないね。今を充実させていくことで精いっぱいだ。未来は神様が与えてくれるものだ」、「楽観主義でいけば『必ず道は開ける』」とも語った。

朝の日課は納豆とヨーグルトを食べながら、一時間から一時間半をかけて新聞三紙に目を通すことである。関係者に聞いたところ、『朝日新聞』『読売新聞』『産経新聞』を自宅で購読し、『日本経済新聞』『毎日新聞』を事務所で読んでいたという。事務所移転後は世界平和研究所の会長室に毎日通い、毎週月曜に行われる研究者や所員との勉強会に備えた。座禅、散歩、ゴルフも定期的に行っている。

吉田茂の八九歳、岸信介の九〇歳を大きく超えたものの、中曽根は長生き自体に意味を見出しておらず、人生を「無限への一過程」と見なした。

悠久《ゆうきゅう》の時の流れから見れば、人生は一瞬に過ぎず、長く生きることなどほとんど意味を持ちません。人生の意味は、いつまで生きるかにあるのではなく、今をいかに充実させて、命をまっとうするかにあります。もし長生きの秘訣があるとするなら、そのように生きることだと思っております。

人生が「無限への一過程」と考えれば、一瞬の人生の中で出会い、人との縁《えにし》の不思議さと有り難さを感じずにはいられません。

ある対談で中曽根は「終着駅」について語った。「私の年齢になると人生も終列車です。乗客も一人減り、二人減り、でどんどんいなくなってしまって、最後に私一人が残されたこの列車は、一体どこに向かっていつ終着駅に辿《たど》りつくのか——なんて、頭の中で終始考えるようになりましたね」というのである。[41]

歴代首相で中曽根以上の長寿は、東久邇宮稔彦の一〇二歳だけとなった。

九回目の年男

二〇一三年一二月二六日には、第二次安倍内閣が自公連立で成立した。中曽根は『産経新聞』に寄稿し、特定秘密保護法の採決について「強行突破の感」があるものの、「国家機密を法律で保持することは日本にとって長年の懸案事項であった」と擁護している。

安倍が進めた集団的自衛権の行使容認については、現憲法下で可能ながらも「細心の注意を払うべき」であり、「国内外ともに行使容認に理解を示してくれているか、行使の内容として妥当なものであるか」という二つの条件を満たさねばならないと中曽根は論じた。[42]

二〇一四年五月二七日、中曽根は九六歳を迎えた。翌日には伊吹文明《いぶきぶんめい》衆議院議長、麻生太郎副総理ら約一四〇人が、都内ホテルの「九回目の年男を祝う会」に集まった。安倍も駆け付け、「私も今年が六回目の年男だ」と会場を沸《わ》かせた。

中曽根は、「政治家の本質は理想と現実のはざまで、決断して実行に進むことだ。国家の平和と繁栄を願い、国政を勇敢に進めてほしい」と後輩たちにエールを送り、ケーキに立てられたろうそくの火を吹き消した。[43]

註記

序章

1 中曽根や中曽根内閣に関する先行研究として、村松岐夫「中曽根政権の政策と政治」(『レヴァイアサン』第一号、一九八七年)一一—三〇頁、五十嵐仁「中曽根元首相におけるリーダーシップの研究」(『レヴァイアサン』第五号、一九八九年)一六七—一八二頁、飯尾潤『民営化の政治過程——臨調型改革の成果と限界』(東京大学出版会、一九九三年)四一—一七八頁、大嶽秀夫『自由主義的改革の時代——一九八〇年代前半の日本政治』(中央公論社、一九九四年)六七—二九五頁、草野厚「中曽根康弘——大統領的首相の面目」(渡邉昭夫編『戦後日本の宰相たち』中公文庫、二〇〇一年)四〇五—四四八頁、佐道明広『戦後日本の防衛と政治』(吉川弘文館、二〇〇三年)二二三—二五九頁、竹中治堅「中曽根康弘」(御厨貴編『歴代首相物語』新書館、二〇〇三年)二二八—二三五頁、添谷芳秀『日本の「ミドルパワー」外交——戦後日本の選択と構想』(ちくま新書、二〇〇五年)一三三—一六五頁、中島琢磨「戦後日本の『自主防衛』論——中曽根康弘の防衛論を中心として」(『法政研究』第七一巻第四号、二〇〇五年)五〇五—五三五頁、同「中曽根康弘——冷戦期の日本外交の帰結点」(佐道明広・小宮一夫・服部龍二編『人物で読む現代日本外交史——近衛文麿から小泉純一郎まで』吉川弘文館、二〇〇八年)二六九—二八二頁、佐竹知彦「『中曽根構想』の再検討——防衛庁長官時代における中曽根康弘の防衛構想について」(『法学政治学論究』第六八号、二〇〇六年)三三—六四頁、瀬川高央「中曽根政権の核軍縮外交——極東の中距離核戦力(SS-20)問題をめぐる秘密交渉」(『経済学研究』第五八巻第三号、二〇〇八年)一六七—一八一頁、同「『ロン・ヤス』時代の平和と軍縮——新冷戦の転換期における日本の課題設定と多角的交渉」(『年報公共政策学』第四号、二〇一〇年)九一—一〇九頁、同「冷戦末期の日米同盟協力と核軍縮——INF削減交渉に見る『ロン・ヤス』関係の帰結点」(『国際政治』第一六三号、二〇一一年)八一—九五頁、田中明彦・田所昌幸「新自由主義の時代——一九八〇年代」(五百旗頭真編『日米関係史』有斐閣、二〇〇八年)二六六—二七九頁、豊永郁子『新保守主義の作用——中曽根・ブレア・ブッシュと政治の変容』(勁草書房、二〇〇八年)三—三六頁、若月秀和『大国日本の政治指導 一九七二—一九八九』(吉川弘文館、二〇一二年)一七〇—二四四頁、神田豊隆「一九八〇年代の冷戦と日本外交における二つの秩序観——中曽根政権の対中外交を軸として」(『アジア太平洋討究』第一九号、二〇一三年)五三—六九頁、戸部良一ほか『国家経営の本質』(日本経済新聞出版社、二〇一四年)九九—一三四頁、佐藤晋「『経済大国』日本とアジア——一九八〇年代」(宮城大蔵編著『戦後日本のアジア外交』ミネルヴァ書房、二〇一五年)一九四—二〇四頁などがある。

2 中曽根康弘/中島琢磨・服部龍二・昇亜美子・若月秀和・道下徳成・楠綾子・瀬川高央編『中曽根康弘が語る戦後日本外交』(新潮社、二〇一二年)二九頁。中曽根康弘『政治と人生——中曽根康弘回顧録』(講談社、一九九二年)一二—一五頁、岸信介・河野一郎・福田赳夫・後藤田正晴・田中角栄・中曽根康弘『私の履歴書——保守政権の担い手』(日経ビジネス文庫、二〇〇七年)四六六—四七三頁も参照。

3 中曽根『政治と人生』一二—一八頁、同『中曽根康弘が語る戦後日本外交』三〇—三一頁。

4 中曽根康弘「落合先生のこと」一九七〇年三月五日(同「父を語る 母の面影 落合先生のこと」一九七二年六月一日、筆者所蔵)二七—二八頁。

5 中曽根康弘『リーダーの条件』(扶桑社、一九九七年)四七—四八、五九頁。

6 中曽根康弘「風花に想う母の温情」(『婦人生活』一九六八年二月号)一六四—一六五頁。

7 中曽根『中曽根康弘が語る戦後日本外交』三三頁。奈良井茂雄『宰相 中曽根康弘』(大衆日本社、一九八六年)一六頁によると、小学校三年時に作文が「地方の新聞に」掲載されたという。当時の『上毛新聞』を閲覧したが、見つけられなかった。

8 中曽根康弘・金泳三「私の『日韓』」(『朝日新聞』二〇一〇年一月二七日)。

9 中曽根『政治と人生』一八—二四頁、同『中曽根康弘が語る戦後日本外交』三六—三七頁。

10 『サンケイスポーツ』一九六三年八月九日、中曽根康弘「暴言多謝(恩師群像)」(旧制静岡高等学校同窓会編『青春奏つへし——官立静岡高等学校六十周年記念編纂』旧制静岡高等学校同窓会、一九八二年)六三四頁、同『政治と人生』二四—三四頁、同『中曽根康弘句集 二〇〇八』(北溟社、二〇〇八年)一〇、一五—一九頁、同「最後の日本寮

歌祭に思ふ」（『文藝春秋』二〇一一年一月号）七七―七八頁、同『中曽根康弘が語る戦後日本外交』三二、三八―四四頁、早野透『政治家の本棚』（朝日新聞社、二〇〇二年）二九―三二頁、岩川隆『日本の地下人脈――戦後をつくった陰の男たち』（祥伝社文庫、二〇〇七年）二七―三三頁。

11 中曽根『リーダーの条件』四八―四九、一六四頁、同『未来のおとなへ語る わたしがリーダーシップについて語るなら』（ポプラ社、二〇一〇年）八九―九三頁、岩川『日本の地下人脈』二八、三三―四〇頁。

12 小林幸輔ほか「平塚錦平先生」（旧制静岡高等学校同窓会編『青春奏つへし』）六一九―六二〇頁、中曽根『政治と人生』三〇―三二頁、同『自省録――歴史法廷の被告として』（新潮社、二〇〇四年）二一頁、同『未来のおとなへ語る わたしがリーダーシップについて語るなら』九五頁。

13 引用文献については、次の註でまとめて示す。

14 「東京帝国大学法学部 卒業記念」一九四一年三月、中曽根康弘『日本のフロンティア』（恒文社、一九六六年）二三六―二四二頁、同「風花に想う母の温情」一六四―一六五頁、同『政治と人生』三五―三九頁、同『リーダーの条件』二八―二九頁、同『中曽根康弘が語る戦後日本外交』三二、四五―四七頁、岩見隆夫『政治家』（毎日新聞社、二〇一〇年）一〇〇頁。

第1章

1 中曽根康弘ほか『我ら大正っ子』（徳間書店、一九六一年）一四頁、中曽根『中曽根康弘が語る戦後日本外交』四八頁。

2 中曽根『日本のフロンティア』二二三頁、同『「続」海軍主計大尉』（東洋公論社、一九七八年）八―一五頁、同「私の海軍グラフィティ」（上杉公仁編著『中曽根康弘 海軍グラフィティ』知道出版、一九八三年）一五―三四頁、同『中曽根康弘句集』（角川書店、一九八五年）一九一―一九五頁、同『政治と人生』四三―五四頁、同『中曽根康弘が語る戦後日本外交』四九―五〇頁。

3 中曽根『「続」海軍主計大尉』一六―二七頁、同『政治と人生』五七―五九頁、同『中曽根康弘が語る戦後日本外交』五〇―五二頁、後藤田正晴『支える 動かす 私の履歴書』（日本経済新聞社、一九九一年）四七、一五〇―一五二頁、岸ほか『私の履歴書』四九一頁。

4 中曽根康弘「浜田学校の記」（『エコノミスト』一九六七年三月一四日号）五八―五九頁、同「浜田学校の記 戦場で聞いた冬の旅」（井畑憲次・野間弘編『海軍主計科士官物語――二年現役補修学生総覧』（浴恩出版会、一九六八年）一五七―一六四頁、同『政治と人生』七〇―八八頁、同『中曽根康弘が語る戦後日本外交』五三―五七頁、大田勝巧・大田千恵子編「中曽根康弘代議士資料集 自昭和二年八月至昭和五十八年二月」一九八三年海軍中尉関係資料集〈その十六〉中曽根良介（国会図書館所蔵）、中曽根蔦子・鈴木さち・上坂冬子「妻たちの『運命共同体』論」（『文藝春秋』一九八三年五月号）一三二頁。

中曽根『自省録』四二頁では、「広島は高松から百五十キロメートル以上も離れています。関係あるかないか知りませんが、確かに大きな白雲が見えました」としている。他方、『朝日新聞』二〇一一年七月一七日によると、高松から広島のキノコ雲が見えたという体験談や記録はほかに残っていないという。

小林儀一郎については、『読売新聞』一九二八年八月六日夕刊、一九二九年一月一五日、『朝日新聞』一九三三年一月二一日、一九四一年三月一日夕刊、『日本経済新聞』一九八二年一一月二五日。

5 中曽根ほか『我ら大正っ子』二七―二八頁。

6 引用文献については、次の註でまとめて示す。

7 高橋幹夫『警察歳時記』（中央宣興、一九七六年）四、二三、一八〇、一八二、三〇一頁、『日本経済新聞』一九八三年一月五日、橋昌平編著『早川崇――その生涯と業績』（第一法規、一九八八年）二四、二七―二八、三〇―三三、三七―三九、四五―四九、五四、九〇、九二、一〇四、一〇九、一三四、一四六、二四二、二九九、四四〇頁、中曽根『政治と人生』八八―一〇三頁、同『日本の総理学』（PHP新書、二〇〇四年）一九―二〇頁、同「原子力の神話時代」（『日本原子力学会誌』第四九巻第二号、二〇〇七年）三八頁、同『中曽根康弘が語る戦後日本外交』四四、五七―六二頁、吉國二郎『税金こぼれ話――わが国の租税変遷体験記』（財経詳報社、一九九六年）一、七六―七七頁、中曽根康弘・伊藤隆・佐藤誠三郎『天地有情』（文藝春秋、一九九六年）九七―一〇〇頁、檜垣徳太郎・寺山義雄『農業・農村に未来はあるか――檜垣ぶし 回想と展望』（地球社、一九九八年）一一、一四七、一四九、一六〇、一六五―一七二頁、新潟日報事業社『愛郷無限 小沢辰男とその時代』（新潟日報事業社、二〇〇一年）三八頁、政策研究大学院大学C.O.E.オーラル・政策研究プロジェクト「山下英明オーラル・ヒストリー」（政策研究大学院大学、二〇〇五年）二九九頁、岩

川『日本の地下人脈』六七—七三頁、近代日本史料研究会「山下英明オーラルヒストリー［続］」（近代日本史料研究会、二〇〇七年）二一一—二二頁、村上正邦『政治家の「あるべきようは」——日本を洗濯致し候』（文芸社、二〇一二年）四四—四五頁。

首相期における中川、赤沢らの献策については、世界平和研究所編『中曽根内閣史 資料篇（続）』（世界平和研究所、一九九七年）一〇五—三〇三頁。

青年懇話会が数十年にわたって継続されたことについては、中曽根康弘「アジア・太平洋議員連盟の創立——新しい太平洋時代に向かって」（『麹町だより』第二八号、一九九一年）一頁。

8 中曽根康弘「父の想い出」一九六九年一〇月一〇日（筆者所蔵）一三頁、矢部貞治／日記刊行会編『矢部貞治日記 欅の巻』（読売新聞社、一九七四年）五九、一一三—一一四、一一九—一二二、一三六、一三八—一三九、一四四、一四八、一五五、二三四、二七九、二八二、二九三、三〇二—三〇三、三〇六、三〇八、三一〇、三二六、三二九、三六〇、三七七、三八四、三八六、三九二—三九三、三九七—三九八、四六三、四八一、四九六、五〇三、五二一、六一二、六六四、七二二、七七四、七七七、七八二、七八九、七九五—七九六、八〇二、八一一、八一八、八二七、八三〇、八三三、八八九、八九二頁、中曽根ほか『天地有情』八四—九〇頁。

9 中曽根康弘「青年政治家論」（『上毛新聞』一九四七年一月二三日）、同『青年の理想』（一洋社、一九四七年）四七—五〇頁、同『戦後政治』（読売新聞社、二〇〇五年）五—七頁、同『未来のおとなへ語る わたしがリーダーシップについて語るなら』一六七—一八二頁、百年史資料集編集委員会編『拓殖大学百年史 告辞編』（拓殖大学、二〇〇五年）二四三頁。

10 中曽根『青年の理想』一七—一八、四三—四四頁、同『日本の総理学』二〇頁、同『戦後政治』六—七頁、中曽根ほか『天地有情』九〇—九一頁。

11 中曽根『政治と人生』一〇三—一〇七、一一六—一二一頁、同『日本の総理学』二五—二六、一四九頁、同『中曽根康弘句集』一八一頁、同『中曽根康弘句集 二〇〇八』三三頁、同『中曽根康弘が語る戦後日本外交』六三—六七頁、中曽根ほか『天地有情』九一—九五、一〇〇—一〇八頁、岩川『日本の地下人脈』七五—七六頁。

後年、中曽根はあやめ会に鳩山一郎の妻、薫を招いている。鳩山薫・鳩山一郎／伊藤隆・季武嘉也編『鳩山一郎・薫日記 下巻 鳩山薫篇』（中央公論新社、二〇〇五年）一七九、一八三頁。

第2章

1 引用文献については、次の註でまとめて示す。

2 『朝日新聞』一九四七年五月六日、『毎日新聞』五月一九日、『読売新聞』一九五四年二月二四日、中曽根『日本のフロンティア』一六四頁、同『政治と人生』一〇八—一一一、二〇八—二一一頁、同『青山常運歩——中曽根康弘対談集』（毎日新聞社、二〇一二年）四一頁、同『中曽根康弘が語る戦後日本外交』六九—七〇頁、保利茂『戦後政治の覚書』（毎日新聞社、一九七五年）三三頁、進藤榮一編『芦田均日記』第二巻（岩波書店、一九八六年）四四、六二、八〇、二一二、二二一、二八一、二九〇頁、稲葉修『稲葉修 回想録』（新潟日報事業社出版部、一九八九年）三六頁、桜内義雄「私の履歴書⑮」（『日本経済新聞』一九九四年一月一六日）、山崎拓『二〇一〇年 日本実現』（ダイヤモンド社、一九九九年）二四五頁、拙著『幣原喜重郎と二十世紀の日本——外交と民主主義』（有斐閣、二〇〇六年）二三四頁、岩見隆夫『演説力』（原書房、二〇〇九年）六六—六七、一一三—一一四、二三三—二三四頁。

3 中曽根康弘『修正資本主義と社会連帯主義』（一洋社、一九四七年）、同『リーダーの条件』六九—七〇頁、同『保守の遺言』（角川oneテーマ21、二〇一〇年）五二—五三頁、同『中曽根康弘が語る戦後日本外交』六五—六八、九六—九七、五六九—五七二頁、中曽根ほか『天地有情』一〇五—一〇六頁。

4 中曽根『リーダーの条件』二四二—二四四頁、同『自省録』三二頁、同『中曽根康弘が語る戦後日本外交』七九—八〇頁。

5 徳富蘇峰宛て中曽根康弘書簡、一九五四年二月一日、一九五七年五月八、一五日（徳富蘇峰記念館所蔵）、中曽根『日本のフロンティア』一七〇頁、同『政治と人生』一一二—一一五頁、同『自省録』三二—三六頁、同『日本の総理学』二六—二八頁、中曽根ほか『天地有情』一一〇—一一三頁、鳩山一郎／伊藤隆・季武嘉也編『鳩山一郎・薫日記 上巻 鳩山一郎篇』（中央公論新社、一九九九年）六八〇頁。

中曽根康弘「現代日本人の欠陥」（『上毛新聞』一九四八年一〇月二八日）は、「隣邦中国と善隣友好の交りを得ねば政治的にも、経済的にも自立は不可能である」と論じている。

6　稲葉修『後生畏るべし』（東京新聞出版局、一九八八年）六三—六五、八三—八四頁、中曽根『政治と人生』一一一頁、同『保守の遺言』五一—五四頁、小宮京『自由民主党の誕生——総裁公選と組織政党論』（木鐸社、二〇一〇年）一五五、一七六頁。

7　中曽根蔦子宛て中曽根康弘葉書、一九五〇年六月二八日（大田ほか編「中曽根康弘代議士資料集〈その二十二〉卓越した外交手腕の源泉 第I巻——第一回～第五回にわたる外遊の軌跡」）八〇頁、中曽根康弘「欧米たより」（『上毛新聞』一九五〇年六月二五、二六日、七月一四、一五、一六、一八、一九、二〇、二三日、八月二、三、六、七、九、一一、一三日）、中曽根康弘「総理大臣ノツモリ」一九五〇年（中曽根康弘資料館〈青雲塾会館〉所蔵）、同「自衛力の政治的問題点と財政的限界点」一九五一年二月八日（大田ほか編「中曽根康弘代議士資料集〈その五十四〉伝記関係資料集」）三七—三八頁、同『日本の主張』（経済往来社、一九五四年）二七七—三三〇頁、同『日本のフロンティア』一六五—一六七頁、同『政治と人生』一二六—一三五、三五一—三七一頁、同『日本の総理学』二八—三四頁、同『戦後政治』一五頁、同『中曽根康弘が語る戦後日本外交』七一—七四、七八、一〇一頁、中曽根ほか『天地有情』六六—七五、九七、一〇五、一一七—一一八、一二八、一三八—一四三、一八四頁、北村徳太郎『北村徳太郎随想集』（現代社、一九五九年）三九頁、進藤編『芦田均日記』第三巻、一八六、二八四、三七五—三七七、三八二、四一三、四一五、四一八、四四三—四四四、四五七、四八一、五〇六、五一三、五六八頁、西山千「重み持つ『対話の歴史』」（『日経ビジネス』一九九四年八月一日号）五頁、西住徹編著『北村徳太郎 談論編』（親和銀行ふるさと振興基金、二〇〇二年）三六—三九、三二五—三四一頁。

8　芦田宛て中曽根書簡、一九五一年一月三〇日（「芦田均関係文書」書簡の部、九二、国立国会図書館憲政資料室所蔵）、ダレス来日前後の写真（中曽根康弘資料館〈青雲塾会館〉所蔵、保科善四郎、大井篤、野村吉三郎、福留繁らが写っている）、中曽根宛て保科書簡、一九五三年八月二四日（同前）、中曽根宛て福留書簡、一九六〇年三月二〇日（同前）、中曽根『日本のフロンティア』一六七頁、同『中曽根康弘が語る戦後日本外交』七五—七八、一一〇—一一一頁、J・E・アワー／妹尾作太男訳『よみがえる日本海軍』下巻（時事通信社、一九七二年）五四頁、進藤編『芦田均日記』第七巻、四一七—四一八頁、中島信吾『戦後日本の防衛政策——「吉田路線」をめぐる政治・外交・軍事』（慶應義塾大学出版会、二〇〇六年）六一頁、戸髙一成編『証言録 海軍反省会』（PHP研究所、二〇〇九年）三八二頁、柴山太『日本再軍備への道——一九四五～一九五四年』（ミネルヴァ書房、二〇一〇年）三八七、四八一、六九二頁、矢嶋光「戦後日本における再軍備論の理念とその起源——『新外交』論者芦田均の戦前・戦中・戦後」（大阪大学博士論文、二〇一三年）一二〇、一二四頁。

9　宮崎吉政『政界二十五年』（読売新聞社、一九七〇年）一〇五—一〇七頁、同『政界一万八千日 宮崎日記』第一巻（行研出版局、一九八九年）一九二頁、稲葉『後生畏るべし』七一—七二頁、中曽根『政治と人生』一三五—一三七頁、同『中曽根康弘が語る戦後日本外交』七四、八〇—八四頁、中曽根ほか『天地有情』一四三—一四七頁。

10　「予算委員会議録」一九五二年一月三一日、中曽根『日本のフロンティア』一六九—一七〇頁、朝日新聞取材班『戦争責任と追悼 歴史と向き合う 一』（朝日新聞社、二〇〇六年）一二六—一二八頁、伊藤之雄『昭和天皇伝』（文春文庫、二〇一四年）一七—二一、五二三—五二四、五二八—五二九、五五五—五五六頁。

11　『朝日新聞』一九五二年一一月二四日、中曽根『日本のフロンティア』一七三—一七四頁、同『政治と人生』一三七—一三九頁、同『中曽根康弘が語る戦後日本外交』九二—九六頁、田川誠一『松村謙三と中国』（読売新聞社、一九七二年）一二、八二—八三、一二六、一二九—一三一頁、松村正直ほか編『花好月圓——松村謙三遺文抄』（青林書院新社、一九七七年）二九一頁、中曽根ほか『天地有情』一四七—一四九頁、武田知己『重光葵と戦後政治』（吉川弘文館、二〇〇二年）一九八—二〇〇頁、西住編著『北村徳太郎 談論編』三三七—三三八頁。

12　『朝日新聞』一九五四年一二月二二日夕刊、二三日夕刊、宮崎『政界二十五年』一四一頁、同『政界一万八千日 宮崎日記』第一巻、三三〇、三三六頁、佐藤榮作／伊藤隆監修『佐藤榮作日記』第一巻（朝日新聞社、一九九八年）一一七、一二〇—一二一、一二九、一三四頁。

中曽根と大野の関係については、大野伴睦『大野伴睦回想録』（弘文堂、一九六二年）九五頁も参照。

13　伊藤隆・渡邊行男編『続 重光葵手記』（中央公論社、一九八八年）五四九、五七三、六一八頁。

14　中曽根康弘「ぐんまの政治風土記」（「平和研だより」第一七一号、二〇〇七年一二月）二、五頁。

15　福田赳夫・中曽根康弘「先輩・後輩」（『上毛新聞』一九六六年一月

一日)。

16 『朝日新聞』一九五二年一〇月三日、一九五三年四月二一日、一九五五年三月一日、一九五八年五月二四日、一九六〇年一一月二二日、一九六三年一一月二三日、一九六七年一月三一日、一九六九年一二月二九日、一九七二年一二月一二日、一九七六年一二月七日、一九七九年一〇月九日、一九八〇年六月二四日、一九八三年一二月二〇日、一九八六年七月八日、一九九八年六月九日。

17 『朝日新聞』二〇〇六年三月八日。

18 国会会議録検索システムhttp://kokkai.ndl.go.jp/(二〇一四年九月一七日アクセス)、中曽根『中曽根康弘が語る戦後日本外交』一〇二頁。

19 引用文献については、註22でまとめて示す。

20 引用文献については、註22でまとめて示す。

21 引用文献については、次の註でまとめて示す。

22 中曽根康弘「自衛軍創設要綱案」一九五二年五月二七日(大田ほか編「中曽根康弘代議士資料集〈その五十四〉伝記関係資料集」)五五―五六頁、同「元旦三志」(『改進新聞』一九五四年一月一日号、同前)八四頁、同『日本の主張』三一―二七三、三三一―三六五頁、同「濃縮ウラン協定について」(『読売新聞』一九五五年六月三日)、同「『青い火』競うオリンピック――原子力国際会議出席に際して」(『読売新聞』一九五五年八月六日)、同「日本における原子力政策」(『国際政治』第二号、一九五七年)一四五―一五二頁、同「原子力開発への準備」(原子力開発十年史編纂委員会編『原子力開発十年史』日本原子力産業会議、一九六五年)二六―二七頁、同『日本のフロンティア』一七五―一七六頁、同『政治と人生』一四二―一四六、一六四―一七五、一八三―一八八頁、同『リーダーの条件』六五―六七頁、同『自省録』四二―四六頁、同『保守の遺言』五九―六一頁、同『中曽根康弘が語る戦後日本外交』一〇二―一〇九、一三八、五九一―六〇四、六四四―六四五頁、Henry A. Kissinger to Yasuhiro Nakasone, letter, May 20, 1953(大田ほか編「中曽根康弘代議士資料集〈その二十二〉卓越した外交手腕の源泉 第I巻」), p. 102; Nakasone, "The Problems of Japanese Democracy: Text of a Speech at the International Seminar Forum," Harvard University, July 30, 1953(「矢部貞治関係文書」一一一七七、政策研究大学院大学図書館所蔵); memorandum of conversation between Robertson, Nakasone, Shuji Maki, Franklin Hawley, September 25, 1953, Lot File 55d388, Box 6, RG59, National Archives; 中曽根宛て芦田均書簡、一九五三年九月三日(中曽根康弘資料館〈青雲塾会館〉所蔵)、徳富宛て中曽根書簡、一九五五年八月六日(徳富蘇峰記念館所蔵)、中曽根ほか「是か非か『日米原子力協定』」(『朝日新聞』一九五五年四月一六日)、松前重義・白井久也『松前重義 わが昭和史』(朝日新聞社、一九八七年)二二四―二二七頁、島村武久「原子力合同委員会四人の侍」(『松前重義その政治活動』編纂委員会編『松前重義 その政治活動』第二巻付録、東海大学、一九八九年)六頁、宮崎『政界一万八千日 宮崎日記』第一巻、二九三―二九四、二九九、三〇一、四八七頁、永地正直『文教の旗を掲げて――坂田道太書』(西日本新聞社、一九九二年)二八頁、中曽根ほか『天地有情』一五〇―一五二、一六六―一七二頁、春名幹男『秘密のファイル――CIAの対日工作』下巻(新潮文庫、二〇〇三年)四三二―四四一頁、池田慎太郎『日米同盟の政治史――アリソン駐日大使と「一九五五年体制」の成立』(国際書院、二〇〇四年)七六頁、有馬哲夫『原発・正力・CIA――機密文書で読む昭和裏面史』(新潮新書、二〇〇八年)四四―四六頁、土屋由香「広報文化外交としての原子力平和利用キャンペーンと一九五〇年代の日米関係」(竹内俊隆編著『日米同盟論――歴史・機能・周辺諸国の視点』ミネルヴァ書房、二〇一一年)一八〇―二〇九頁、友次晋介「『アジア原子力センター』構想とその挫折――アイゼンハワー政権の対アジア外交の一断面」(『国際政治』第一六三号、二〇一一年)一二頁、山崎正勝『日本の核開発 一九三九〜一九五五 原爆から原子力へ』(績文堂、二〇一一)一四七、一五三―一五四、二三三、二三四―二三五、二五三―二五七、二六一、二六三―二六七頁、吉岡斉『新版 原子力の社会史――その日本的展開』(朝日新聞出版、二〇一一年)三〇―三二、六三、七〇―七三、八〇、八三―八四、九一、一〇二、一〇七、一九六頁、加藤哲郎「日本における『原子力の平和利用』の出発――原発導入期における中曽根康弘の政略と役割」(加藤哲郎・井川充雄編『原子力と冷戦――日本とアジアの原発導入』花伝社、二〇一三年)一五―五三頁、中日新聞社会部編『日米同盟と原発――隠された核の戦後史』(中日新聞社、二〇一三年)五〇―五一、六六―六八、八五―八六、一〇一―一三〇、一三七、一七四―一七五頁、李炫雄『原子力をめぐる「日米協力」の形成と定着 一九五三―一九五八』(龍溪書舎、二〇一三年)一九、九六、一二〇―一二二頁、太田昌克『日米〈核〉同盟――原爆、核の傘、フクシマ』(岩波新書、二〇一四年)一四、一三四、一三八―一三九、二一八頁、黒崎輝「米国の『平和のための原子力』政策への日本の物理学者の対応、一九五二～一九五五年——冷戦と原子力をめぐる日米関係の形成に関する一考察」（『同時代史学会』第七号、二〇一四年）六三—六四、七〇頁。

　キッシンジャーとの交流を示すものとして、石井修・我部政明・宮里政玄監修『アメリカ合衆国対日政策文書集成』第一三期第三巻（柏書房、二〇〇三年）二九頁、第二四期第三巻、一三三—一四七頁。

　原子力に関する座談会として、『読売新聞』一九五六年一月一日、『毎日新聞』一月一三日夕刊。

『朝日新聞』二〇一一年七月一七日によると、原子力予算の構想は稲葉修らが描いたものであり、中曽根は中心人物ではなかったという。他方、稲葉『稲葉修 回想録』九二頁は、正力松太郎が「中曽根さんとともに原子力の平和利用に正しい情熱を持っておられたから私は信頼もし、尊敬もして」いたとする。

23 増田弘『石橋湛山』（中公新書、一九九五年）一九一—一九二頁、石橋湛一・伊藤隆編『石橋湛山日記——昭和二〇—三一年』下巻（みすず書房、二〇〇一年）六四六、七〇四頁。

24 中曽根宛て木村篤太郎書簡、一九五三年八月一四日（中曽根康弘資料館〈青雲塾会館〉所蔵）、中曽根宛て桜内義雄書簡、九月二四日（同前）、中曽根『戦後政治』二〇—二一頁、同『中曽根康弘が語る戦後日本外交』九六—一〇一、一一二—一一三頁、中曽根ほか『天地有情』一二九—一三〇頁。

25 西村直己『モスクワの異風客』（産業経済新聞社、一九五四年）三、七六、一一一、一一六、一一八—一一九頁、中曽根『日本のフロンティア』一七四—一七五頁。

26 伊藤ほか編『続 重光葵手記』六四四、六七〇—六七一頁。

27 書簡は一九五四年四月二四日付けで出されている。大田ほか編「中曽根康弘代議士資料集〈その二十五〉卓越した外交手腕の源泉 第Ⅱ巻——第六回～第一〇回にわたる外遊の軌跡」一七五—一七九頁。

28 中曽根『政治と人生』一五六—一六一頁、同『中曽根康弘が語る戦後日本外交』九四—九五、一一五—一一八頁、中曽根ほか『天地有情』一一四—一一八、一三〇—一三三頁、孫平化／安藤彦太郎訳『日本との三〇年——中日友好随想録』（講談社、一九八七年）四二頁、蕭向前／竹内実訳『永遠の隣国として』（サイマル出版会、一九九七年）三五—三六頁、劉徳有／王雅丹訳『時は流れて——日中関係秘史五十年』上巻（藤原書店、二〇〇二年）九〇頁、下巻、六二九—六三〇頁。

第3章

1 引用文献については、次の註でまとめて示す。

2 河野一郎／伝記刊行委員会編『河野一郎自伝』（徳間書店、一九六五年）二二九頁、岸信介『岸信介回顧録——保守合同と安保改定』（廣済堂出版、一九八三年）一二〇—一二二頁、進藤編『芦田均日記』第五巻、三〇〇、三〇五—三〇六頁、稲葉『後生畏るべし』九九頁、中曽根『政治と人生』一八一—一八二頁、同『中曽根康弘が語る戦後日本外交』一一九—一二〇頁、中曽根ほか『天地有情』一七二—一七五、一八五—一八七頁、樋渡由美『戦後政治と日米関係』（東京大学出版会、一九九〇年）八七—八八、一〇一頁、原彬久『岸信介』（岩波新書、一九九五年）一六四頁、増田『石橋湛山』一九三頁、武田『重光葵と戦後政治』二二七—二二八頁。

　中曽根「岸信介元首相の思い出」（『平和研だより』第一五七号、二〇〇六年）一頁には、次のように記されている。

　　私が大東亜戦争後、岸さんにお会いしたのは、昭和二十八年頃であった。〔中略〕岸さんからお会いしたいというお話があり、弁慶橋の「清水」で二時間ほど話し合った。

　　その内容は、私たち改進党が唱える吉田内閣の打倒や憲法改正以下の改革運動に対する考え方を質されたことと思う。私は逆に大東亜戦争のいきさつや最近の心境についてお尋ねしたと記憶している。いずれにせよ、憲法改正しようという点では完全に一致していた。

3 中曽根康弘『自主憲法の基本的性格——憲法擁護論の誤りを衝く』（憲法調査会、一九五五年）一—六、七四—七六、八三—八四、九四、一〇五頁、付録五三頁、同『中曽根康弘が語る戦後日本外交』一〇七—一〇八頁、矢部『矢部貞治日記 欅の巻』七九五頁、同『矢部貞治日記 紅葉の巻』五七、九二、一三四、二一四、二四二、二六七、四六〇、四九六頁。

4 徳富宛て中曽根書簡、一九五四年一月、六月五日、一九五五年一〇月、一九五六一月二八日（徳富蘇峰記念館所蔵）、中曽根宛て徳富書簡、一九五六年一月二六日（中曽根康弘資料館〈青雲塾会館〉所蔵）。

5 徳富宛て中曽根書簡、一九五六年二月二七日（徳富蘇峰記念館所蔵）、『朝日新聞』一九五六年四月六日、自主憲法期成議員同盟主催「憲法改

正の歌 民族独立の歌 発表会」一九五六年四月一三日（大田ほか編「中曽根康弘代議士資料集〈その五十四〉伝記関係資料集」）一六七―一六九頁、宮崎『政界一万八千日 宮崎日記』第一巻、五一四頁、中曽根『政治と人生』一二二―一二三頁、同『リーダーの条件』一五六―一五七頁、同『日本の総理学』七四頁、鳩山ほか『鳩山一郎・薫日記 下巻 鳩山薫篇』二四一、二四七、二六五頁。

6 細川隆元『男でござる 龍の巻』（山手書房、一九八一年）一六〇―一六一頁、大田ほか編「中曽根康弘代議士資料集〈その二十五〉卓越した外交手腕の源泉 第Ⅱ巻」一八五―二一〇頁、中曽根ほか『天地有情』一九〇―一九二頁、鳩山ほか『鳩山一郎・薫日記 下巻 鳩山薫篇』三二〇頁、村瀬信一『首相になれなかった男たち――井上馨・床次竹二郎・河野一郎』（吉川弘文館、二〇一四年）三一一―三一二頁。『毎日新聞』一九五六年一一月二日には、次のように記されている。

　ハワイに出迎えた中曽根副幹事長が「日本はいま北風（引退の話）がさかんに吹いていますからカゼをひかないように気をつけて下さい」と首相にいったところ、「君はうまいことをいうね…」と首相も笑ったそうだが…。

7 中曽根康弘「サンフランシスコのギプスを外せ」（『青雲』一九五六年一一月二五日号）。

8 『読売新聞』一九五六年一一月二九日、中曽根『日本のフロンティア』一四四―一五九頁、同『政治と人生』一六一―一六四頁、同『戦後政治』二五―二六頁、同『中曽根康弘が語る戦後日本外交』一二五―一二七頁、岡田春夫『国会爆弾男・オカッパル一代記』（行研出版局、一九八七年）五五―五九頁、宮崎『政界一万八千日 宮崎日記』第一巻、五六五―五六六頁、中曽根ほか『天地有情』一七五―一八二頁、石橋政嗣『石橋政嗣回想録「五五年体制」内側からの証言』（田畑書店、一九九九年）八九―九〇頁、石橋ほか編『石橋湛山日記』下巻、八三四頁、鳩山ほか『鳩山一郎・薫日記 下巻 鳩山薫篇』三三五頁、御厨貴・伊藤隆・飯尾潤編『渡邉恒雄回顧録』（中公文庫、二〇〇七年）一六九―一七四頁。

　『朝日新聞』二〇一一年七月一八日によると、中曽根は「正力閣下」と呼んで慕っていたという。

9 中曽根『日本のフロンティア』一七九、二六四頁、同『政治と人生』三四二頁、同『日本人に言っておきたいこと――二一世紀を生きる君たちへ』（PHP研究所、一九九八年）二五―二六頁、同『自省録』二三九―二四七頁、同『中曽根康弘が語る戦後日本外交』一四九頁。

10 中曽根『日本のフロンティア』二五一頁、稲葉『後生畏るべし』一〇三頁、中曽根ほか『天地有情』一九二―一九三頁、岩川『日本の地下人脈』七三頁、小枝義人／河野洋平監修『党人 河野一郎――最後の十年』（春風社、二〇一〇年）六七、七〇頁、村瀬『首相になれなかった男たち』二四三、二五〇、二五二―二五四、二八二、二九六、三〇二、三〇六、三一一、三一六―三一七、三三三、三三四、三五八―三六〇、三六四―三六五頁、渡辺恒雄『派閥――保守党の解剖』（弘文堂、二〇一四年）一二一、一四八―一五〇頁。

11 中曽根『リーダーの条件』一六四―一六五頁、同『青山常運歩』四二―四三頁。中曽根の演説を伝えるものとして、「日本民主党大演説会に於ける中曽根康弘演説 昭和三〇年一月三一日（月）午後一時 於 東京 日比谷公会堂」（CD、青雲塾所蔵）、「中曽根康弘 政治家の軌跡」（DVD、青雲塾所蔵）。

12 中曽根『リーダーの条件』二八〇―二八一頁、同『自省録』五九頁。

13 外務省アジア局「岸総理大臣とプラサド・インド大統領及びラダクリシュナン・インド副大統領との会談録」一九五七年五月（「岸総理第一次東南アジア訪問関係一件（一九五七・六）会談録」A'.1.5.1.3-5、外務省外交史料館所蔵）、同「岸総理大臣とネール・インド首相との第一次会談録」一九五七年五月（同前）、徳富宛て中曽根葉書、一九五七年六月二〇日（徳富蘇峰記念館所蔵）、外務省「わが外交の近況 特集一 岸総理の第一次東南アジア諸国訪問」（一九五七年九月）一頁、中曽根「日本も火山帯の一環」（『青雲』一九五七年二月二五日号）、同「東南アジアだより」（『青雲』一九五七年五月二五日号）、同「県民並びに同志の皆さんへ」（『青雲』一九五七年六月二五日号）、同「〝国民主義連合〟を提唱――アジア政策の出発点に立って」（『読売新聞』一九五七年七月二四日）、同「帰朝あいさつ」（『青雲』一九五七年七月二五日号）、同「ナセル大統領と中近東情勢」（『民族と政治』一九五七年七月号）一五―一七頁、同「気にかかるネールの言葉」（『経済展望』第二九巻第一二号、一九五七年）二四―二九頁、同「変態の世界と新しい政治」（『経済展望』第三〇巻第四号、一九五八年）三七―三九頁、同『日本のフロンティア』二五六―二六三頁、同『政治と人生』一七五―一七九頁、同『リーダーの条件』一九二―一九三頁、同『日本の総理学』一〇五―一〇六頁、同『中曽根康弘が語る戦後日本外交』七九、一二九―一三二、五七七―五七八頁、中曽根康弘・中谷武世「ナセル大統領の想い出」(『民族と政治』一九七〇年一一月)二八―三五頁、下中弥三郎・中曽根康弘・中谷武世「アスワン・ハイダムの建設とアラブ連合共和国の成立に就いて」(中谷武世『アラブと日本――日本アラブ交流史』原書房、一九八三年)一〇八―一二八頁、田村秀治『アラブ外交五五年』上巻(勁草書房、一九八三年)二一一―二一四頁、中曽根ほか『天地有情』六一、一九七―二〇〇頁、鳩山ほか『鳩山一郎・薫日記 下巻 鳩山薫篇』四三二頁、権容奭『岸政権期の「アジア外交」――「対米自主」と「アジア主義」の逆説』(国際書院、二〇〇八年)一七八―一八三頁。

14 『朝日新聞』一九五八年七月二六日、『読売新聞』七月二七日、中曽根『中曽根康弘が語る戦後日本外交』一三四頁。

15 「憲法調査会第三〇回総会議事録」一九五九年五月六日(「日本国憲法関係一件 憲法調査会関係 調書資料」第四巻、A'.3.0.0.3-3-1, 外務省外交史料館所蔵)、中曽根『政治と人生』二一三―二一七、三七一―三七三頁、同『二十一世紀 日本の国家戦略』(PHP研究所、二〇〇〇年)五〇、一六〇―一六二頁、中曽根ほか『天地有情』二一七―二二四頁。

憲法調査会の議事録などは、国立公文書館デジタルアーカイブhttp://www.digital.archives.go.jp/でも公開されている(二〇一四年八月七日アクセス)。

16 中曽根『政治と人生』二二〇頁。

17 渡邉恒雄『天運天職――戦後政治の裏面史、半生、巨人軍を明かす』(光文社、一九九九年)一三六―一三七頁、御厨ほか編『渡邉恒雄回顧録』一九〇―一九二頁、村瀬『首相になれなかった男たち』三一五―三一七頁。

18 中曽根康弘ほか「科学技術振興の課題」(『政策月報』第四四号、一九五九年)八一頁、『朝日新聞』一九五九年一〇月三日、一九六〇年二月四日夕刊、三月一三日、四月一九日夕刊、中曽根康弘・鈴江康平「開放経済と科学技術の振興」(『政策月報』第一〇一号、一九六四年)七六―八六頁、茅誠司・中曽根康弘「科学技術の振興を語る」(『政策月報』第一一七号、一九六五年)六〇―七四頁、中曽根『政治と人生』二二〇―二二四頁、同『リーダーの条件』六七頁、同『中曽根康弘が語る戦後日本外交』一三五―一三六頁、中曽根ほか『天地有情』一九六―一九七、二一二―二一四頁、黒崎輝『核兵器と日米関係――アメリカの核不拡散外交と日本の選択 一九六〇―一九七六』(有志舎、二〇〇六年)一一二―一一三頁、科学技術庁監修・中曽根康弘監修委員長『二一世紀への階段 第一部(復刻版)』(弘文堂、二〇一三年)、同『二一世紀への階段 第二部(復刻版)』(弘文堂、二〇一三年)。

19 中曽根『政治と人生』二二四―二三二頁、同『自省録』六七―七〇頁、同「私はアイゼンハワー訪日延期を進言した」(『文藝春秋』二〇一〇年一二月号)三〇二―三〇四頁、同『中曽根康弘が語る戦後日本外交』一三六―一四一頁、中曽根ほか『天地有情』二〇〇―二〇九頁、原彬久編『岸信介証言録』(中公文庫、二〇一四年)三五五―三五六頁。

第4章

1 中曽根康弘「苦境に立つ池田特使」(『産業経済新聞』一九五三年一〇月二〇日)、塩口喜乙『聞書 池田勇人』(朝日新聞社、一九七五年)一三二頁。

2 中曽根ほか『天地有情』二〇九―二一二頁、中曽根『自省録』六九―七〇頁、樋渡『戦後政治と日米関係』二五四頁。

3 中村梅吉『私の履歴書』(幸印刷、一九八四年)九二―九四頁、中曽根『政治と人生』一九〇―一九二、二五二頁、同『自省録』七二―七四頁、同『日本の総理学』三四―三五頁、同『戦後政治』二九頁、同『中曽根康弘が語る戦後日本外交』一四三―一四四、一五〇頁、日本経済新聞社編『私の履歴書 昭和の経営者群像 3』(日本経済新聞社、一九九二年)一四三―一八四頁、小枝『党人 河野一郎』八〇頁。

4 高柳賢三憲法調査会会長から小坂善太郎外相、一九六一年一月一二日(「日本国憲法関係一件 憲法調査会関係 矢部副会長等海外出張関係」A'.3.0.0.3-3-3, 外務省外交史料館所蔵)、memorandum of conversation between Nakasone and J. Graham Parsons, Assistant Secretary for Far Eastern Affairs Files, 1960-1963, Box 5, RG59, March 7, 1961, National Archives; 中曽根康弘「キューバ革命の潮流」(『朝日新聞』一九六一年三月一〇日夕刊)、同「国際政治における日本の方向――新らしいアメリカを訪問して」(『外交時報』一九六一年五月号)一四―一七、二三頁、同『新しい保守の論理』(講談社、一九七八年)二一一―二一三頁、同『政治と人生』二五三―二五五頁、同『リーダーの条件』七八―八〇頁、同『自省録』七四―七七頁、同『戦後政治』二九―三一頁、同『中曽根康弘が語る戦後日本外交』一四四―一四七、一五〇―一五二頁、高碕達之助集刊行会編『高碕達之助集』下巻（東洋製罐、一九六五年）一六九頁、矢部『矢部貞治日記 躑躅の巻』三、一〇―四二、五四―五五、七七、一九二頁、大田ほか編「中曽根康弘代議士資料集 昭和三十六年十の三〉ロバート・ケネディ米司法長官来日関係資料集 昭和三十六年十二月二十三日～昭和四十三年六月十日」一九八七年五月、中曽根ほか『天地有情』一九九、二二四―二二五、二二三―二二六、五四四頁、御厨ほか編『渡邉恒雄回顧録』二三三頁、ジョージ・R・パッカード／森山尚美訳『ライシャワーの昭和史』（講談社、二〇〇九年）三三四―三三五頁、吉次公介『池田政権期の日本外交と冷戦――戦後日本外交の座標軸 一九六〇―一九六四』（岩波書店、二〇〇九年）四八―五〇頁、牧村健一郎『日中をひらいた男 高碕達之助』（朝日新聞出版、二〇一三年）一六〇―一六三頁。

5　Theodore H. White, *The Making of the President 1960* (New York: Atheneum House, Inc., 1961; New York: HarperCollins Publishers, 2009)；T・H・ホワイト／渡辺恒雄・小野瀬嘉慈訳『大統領職をめぐる死闘』（雪華社、一九六八年）。

6　ジェイムズ・M・キャノン編／中曽根康弘・渡辺恒雄訳『政界入門』（弘文堂、一九六二年）、ランドルフ・チャーチル／中曽根康弘訳『党首争い』（弘文堂、一九六四年）、中曽根『日本のフロンティア』二四六―二四七頁、同『政治と人生』二五三―二五四頁、同『リーダーの条件』七一―七四頁、同『日本人に言っておきたいこと』一一二―一一三頁、同『二十一世紀日本の国家戦略』九二頁、渡邉『天運天職』八〇、九五、一三三―一四一頁。

長嶋茂雄らとの関係を示すものとして、中曽根『青山常運歩』三五―四六頁など。

7　中曽根ほか『天地有情』七九―八〇頁、中曽根『リーダーの条件』六四―六五、二〇六―二一〇頁、同『日本人に言っておきたいこと』二九〇―二九六頁、同『保守の遺言』一九〇―一九五頁。

8　『朝日新聞』一九六一年六月一〇日、中曽根『政治と人生』二一四―二一六頁、佐藤『佐藤榮作日記』第二巻、五三頁、木村時夫編著『松村謙三 資料編』（櫻田会、一九九九年）二六八頁。

9　『朝日新聞』一九六二年一二月七日、中曽根康弘「南極の男ごころ」（『文藝春秋』一九六三年二月号）二二〇―二二五頁、同「国民の総意にもとづく民族憲法の制定を」（『経済時代』第二九巻第八号、一九六四年）一九―二一頁、同『南極――人間と科学』（弘文堂、一九六五年）三九頁、同『日本のフロンティア』一一三―一二八、二〇二頁、同「河野一郎」（自由民主党広報委員会出版局編『秘録・戦後政治の実像』自由民主党広報委員会出版局、一九七六年）五六六頁、同『政治と人生』二一四―二二四、二五七―二五九頁、同『リーダーの条件』一九三―一九四、二五八―二六〇頁、同『日本人に言っておきたいこと』二一三―二二六頁、同『二十一世紀日本の国家戦略』一七二―一七九頁、同「首相公選論の提唱」（弘文堂編集部編『いま、「首相公選」を考える』弘文堂、二〇〇一年）三―五四頁、同『自省録』七七―八〇、二四九―二五〇頁、同『日本の総理学』八五頁、同『中曽根康弘が語る戦後日本外交』一四七―一四八、一五八―一六一頁、「憲法調査会第百二十五回総会議事録」一九六四年三月二五日（国立公文書館デジタルアーカイブ http://www.digital.archives.go.jp/ 二〇一四年九月二三日アクセス）、長谷川峻『驀進の二五年――長谷川峻の航跡』（栗峯社、一九八一年）九六頁、中曽根ほか『天地有情』二一五―二二三頁。

中曽根康弘「ドゴールと毛沢東――現代の国際政治力学」（『朝日新聞』一九六三年三月二七日夕刊）、同「転換期に立つ現代日本の課題」（『経済展望』第三六巻第二号、一九六四年）二〇頁は、米ソ二極支配に対抗する存在として毛沢東とド・ゴールに注目している。

10　中曽根康弘・小坂徳三郎「保守党は姿勢を正せ」（『エコノミスト』一九六三年一二月三一日・一九六四年一月七日合併号）六八頁、中曽根『政治と人生』一九二―一九三頁。

11　金谷治訳注『論語』（岩波文庫、一九九九年）二五九―二六〇頁、中曽根康弘「私が『論語』に学んだこと」（『Diamond Harvard Business Review』二〇〇九年一〇月号）七〇頁。

12　矢部貞治宛て中曽根葉書、一九六五年四月（「矢部貞治関係文書」五四―二八〇）、『朝日新聞』一九六五年四月一七、一八日、川島正次郎・大野勝巳「第一回AA会議一〇週《ママ》年記念式典出席報告」一九六五年四月二六日（「アジア・アフリカ会議」二〇一三―七一九、外務省外交史料館所蔵）、中曽根康弘「AA会議にのぞんで」（『上毛新聞』一九六五年四月一五日）、同「議事堂の嵐の中から――十数冊に及ぶメモにみる戦後史」（『文藝春秋』一九六五年四月号）一二六―一三三頁、同「〝高度の役割〟認識の要――AA外交における日本の立場 ジャカルターサイゴンを回って」（『毎日新聞』一九六五年五月一日）、同『中曽根康弘が語る戦後日本外交』一六五―一六七頁、中曽根康弘・中谷武世「第二回A・A会談に臨む基本的態度」（『民族と政治』一九六五年六月号）

三七—四四頁。
中曽根康弘「激動する内外情勢と日本の進路」(『経済展望』第三七巻第三号、一九六五年)二三頁は、次のように論じている。

　世界は核保有国の増加のために、米ソの冷戦から、米ソ中仏の四次元的対立に、さらに次は核分散から多元的対立に移行しつつ、南北問題と経済問題が国際的重要課題として登場してくることは必定である。そして世界が多元化すればするほど、自由世界、共産世界を通ずる協調外交と海洋国家としての日本の特性発揮はますます強調さるべきものである。

なお、この頃、娘の美智子と美恵子がアメリカに留学している。中曽根康弘「美智子と美恵子」(『あやめ会報』第五〇号、一九六五年、大田ほか編『中曽根康弘代議士資料集〈その二十五〉卓越した外交手腕の源泉 第Ⅱ巻』)一三五頁。

13 坂本義和・中曽根康弘ほか「ヴェトナム問題と日本の進むべき道」(『文藝』一九六五年九月増刊号「ヴェトナム問題緊急特集」)五七—五八、六六、八〇—八一、八九、九六頁、中曽根ほか『天地有情』二二八頁。

14 青雲塾「青雲塾第十九回年頭大会」一九六六年一月(「矢部貞治関係文書」一—一九四)、中曽根『中曽根康弘が語る戦後日本外交』一六四頁。

15 『朝日新聞』一九六六年三月二三日夕刊、中曽根康弘「アメリカの近状」一九六六年四月、一、二五—二七、三九—四一頁、中曽根『日本のフロンティア』六五—八九頁。

16 『朝日新聞』一九六六年四月六日、中曽根康弘「日本が米中のかけ橋に」(『エコノミスト』一九六六年四月二六日号)四六—四九頁、memorandum of conversation between Nakasone and Thomas W. Ainsworth, September 15, 1966, Bureau of East Asian and Pacific Affairs, Office of Japanese Affairs, Subject Files, 1960-1975, Box 1, National Archives; 佐藤『佐藤榮作日記』第二巻、三九四頁、池田直隆『日米関係と「二つの中国」——池田・佐藤・田中内閣期』(木鐸社、二〇〇四年)一八七頁。

17 河野一郎伝記刊行委員会編『河野先生を偲ぶ』(春秋会、一九六六年)七—一〇頁、中曽根康弘「自由民権の気骨(故河野一郎七回忌挨拶)」一九七一年七月八日(大田ほか編「中曽根康弘代議士資料集〈その五十六〉伝記関係資料集——補遺編【Ⅲ】自昭和四十五年一月二十二日至昭和六十三年八月二十一日」二〇〇二年五月)三二四頁、同「河野一郎」五六六—五六七頁、渡部亮次郎『園田直・全人像』(行政問題研究所出版局、一九八一年)三—四頁、稲葉『稲葉修 回想録』九八—一〇〇頁、中曽根『政治と人生』二〇三—二〇四頁。

18 中曽根康弘「自民党の改革とその進路」(上)(中)(下)(『上毛新聞』一九六五年八月二七—二九日)。

19 中曽根康弘「自民党のビジョン」(『新政』第一号、一九六七年八月)一三頁、同『政治と人生』二六八頁、同『戦後政治』三一頁、大石武一『尾瀬までの道——緑と軍縮を求めて』(サンケイ出版、一九八二年)三七頁。
中曽根康弘「保守党立て直しのビジョンと実践」(『経済展望』第三九巻第二号、一九六七年)二二—二五頁は、次のように論じている。

　佐藤首相の人気が二五%に落ちたということが報ぜられており、自民党員として、これは甚だ残念な数字であるが、それ以上にもっと憂うべきことがもう一つある。というのは、佐藤首相の人気も芳しくないが、佐々木社会党委員長の人気がさらに悪いということである。〔中略〕
　日本を脱皮させ改革してゆくには、自民党を脱皮させ、改革してゆく以外にはない。そして自民党を改革させ脱皮させるためには、まず自分の足許を正し固めてゆく必要があると思い、われわれは「春秋会」を解散し、河野氏時代の衣を脱いで新たに「新政同志会」というものを結成、そして新しい水平線を目指して進み出したわけである。

20 中曽根『政治と人生』二六八—二七一頁、同『リーダーの条件』一九二、一九五—一九六頁、同『自省録』八二—八四頁、同『日本の総理学』三六頁、桜内「私の履歴書㉑」(『日本経済新聞』一九九四年一月二二日)、唐澤俊二郎『唐澤俊二郎オーラル ヒストリー そろそろ全部話しましょう』(文藝春秋企画出版部、二〇〇九年)一二〇頁。
河野が亡くなる前、中曽根は石田博英らとの対談で、派閥について次のように語っていた。

いまの派閥は、そのままいいとは思わないが、派閥の機能を部分的に肯定します。宇都宮さんがいわれた党首の独裁を防ぐという点では、吉田自由党というものでその弊はきわまっています。そういう意味からも、あのときよりはいまのほうがいいと思う（石田博英・宇都宮徳馬・中曽根康弘・早川崇「新保守主義の目指すもの」『朝日ジャーナル』一九六三年一月二七日号、一九頁）。

21　岐阜新聞社編著『至誠一貫 武藤嘉文』（岐阜新聞社、二〇〇八年）八四―八六、九五、一〇二―一〇七、一二五―一二六、一三六―一三八、一四二―一六二頁、河野洋平「時代の証言者 8 参院改革貫いた叔父」（『読売新聞』二〇一二年九月二六日）。武藤は中曽根と対立したものの、中曽根派に復帰した。

22　桜内「私の履歴書㉑」。

23　中川一郎代表『青嵐会――血判と憂国の論理』（浪曼、一九七三年）二〇九―二一九頁。

24　唐澤『唐澤俊二郎オーラルヒストリー そろそろ全部話しましょう』一七一頁。

25　中曽根『政治と人生』二七三―二七四頁、中曽根ほか『天地有情』二三九―二四〇頁、岐阜新聞社編著『至誠一貫 武藤嘉文』八六頁。

26　渡部『園田直・全人像』二三九、三一七頁、井芹浩文『派閥再編成』（中公新書、一九八三年）八九頁、中曽根ほか『天地有情』二三八―二四一頁、冨森叡児『戦後保守党史』（岩波現代文庫、二〇〇六年）二六六頁。

27　中曽根康弘・石野久男「原子力発電と芦浜」①②③④⑤⑥（『伊勢新聞』一九六六年一〇月二六―三一日）、中曽根ほか『天地有情』二八九頁、近代日本史料研究会「森一久オーラルヒストリー」（近代日本史料研究会、二〇〇八年）二三、二九、四二、四四―四五、七六―七七、一一〇、一一八頁、『朝日新聞』二〇一一年七月一九日。

28　中曽根康弘「学生諸君に告げる――中曽根総長就任の言葉」（拓殖大学、一九六七年九月）四―五頁、同「はじめに」（矢部『矢部貞治日記 銀杏の巻』、同『政治と人生』二七四―二七七頁、『読売新聞』一九七〇年六月一六日夕刊、『朝日新聞』六月一八日、草野文男編『拓殖大学八十年史』（拓殖大学創立八十周年記念事業事務局、一九八〇年）四九四―五五八頁、中曽根ほか『天地有情』二三二―二三三頁、百年史資料集編集委員会編『拓殖大学百年史 告辞編』二三八―二七二頁、同『拓殖大学百年史 資料編六』（拓殖大学、二〇〇八年）二六―三〇頁、中島『戦後日本の防衛政策』二六五―二六六頁。

第5章

1　佐藤栄作宛て中曽根書簡、一九六六年五月一三日、佐藤『佐藤榮作日記』第二巻、七七、四三二、四八八頁、第三巻、三一三頁、佐藤寛子『佐藤寛子の宰相夫人秘録』（朝日文庫、一九八五年）一七四―一七六頁、山田栄三『正伝 佐藤栄作』下巻（新潮社、一九八八年）一六二頁、中島琢磨『沖縄返還と日米安保体制』（有斐閣、二〇一二年）四四頁。

石田博英・大平正芳・中曽根康弘「変貌する社会に対応できるか」（『中央公論』一九六七年八月号）一七六頁で中曽根は、「河野派、池田派はセンシブルな流れ、岸派、佐藤派は古い考え方が強い」と論じている。

2　佐藤『佐藤榮作日記』第三巻、一四五頁。

3　中曽根康弘「ヨーロッパだより」（『上毛新聞』一九六七年一〇月一三、一六、二四、二五日）、『読売新聞』一〇月二七日。

4　『朝日新聞』一九六七年一一月二一、二九日、一二月六日、一九六八年三月一四日、七月六日、宮崎『政界二十五年』三〇一頁、中曽根『政治と人生』二七二―二七三頁、同『リーダーの条件』六八頁、同『自省録』八四―八七頁、同『戦後政治』三二頁、同『中曽根康弘が語る戦後日本外交』一八八頁、中曽根ほか『天地有情』二三六―二三七、二四四、二四七―二四八頁、佐藤『佐藤榮作日記』第三巻、四七、一二四、一八二、二一四、二二一、二七〇頁、御厨ほか編『渡邉恒雄回顧録』二七二―二七三頁、中島琢磨『高度成長と沖縄返還 一九六〇―一九七二』（吉川弘文館、二〇一二年）一四七頁。

5　佐藤『佐藤榮作日記』第三巻、二三三頁、楠田實／和田純編・校訂／五百旗頭真編・解題『楠田實日記――佐藤栄作総理首席秘書官の二〇〇〇日』（中央公論新社、二〇〇一年）一五九頁、太田昌克『日米「核密約」の全貌』（筑摩書房、二〇一一年）二三六頁、中曽根『中曽根康弘が語る戦後日本外交』一七九頁。

6　東郷文彦外務省北米局長「首相に対する報告（沖縄関係）」一九六九年一〇月七日（外務省ホームページhttp://www.mofa.go.jp/mofaj/gaiko/mitsuyaku/pdfs/k_1972kaku2.pdf 二〇一四年九月二四日アクセス）、内閣総理大臣官房『佐藤内閣総理大臣演説集』（内閣総理大臣官房、一九七

〇年）一九二頁、『朝日新聞』二〇一〇年三月一〇日、中島『沖縄返還と日米安保体制』二三七—二三八頁、太田『日米〈核〉同盟』一〇〇頁。

7 中曽根『日本の総理学』一三一頁、同『青山常運歩』二九—三四頁、同『中曽根康弘が語る戦後日本外交』一八〇—一八三頁、拙著『大平正芳 理念と外交』（岩波書店、二〇一四年）六二—六三、一一二、一一九—一二〇、一四五—一四九、一七二—一七四、一八八—一八九、二一一頁。

8 『朝日新聞』一九六八年四月六日夕刊、中曽根『政治と人生』二三三—二三四頁、中曽根ほか『天地有情』二四五頁、佐藤『佐藤榮作日記』第三巻、二五〇—二五二、二六二頁。

なお、アメリカでは大統領選挙の最中に、候補者のロバート・ケネディ上院議員が六月五日にロサンゼルスで暗殺された。ロバートを日本に招いたことのある中曽根は、六月七日の閣議で発言して死を悼んだ。佐藤『佐藤榮作日記』第三巻、二九〇頁。

9 「日本国運輸大臣とソヴィエト社会主義共和国連邦民間航空大臣との間の交渉に関する覚書」一九六八年一〇月二八日（情報公開法による外務省開示文書、二〇一四—一九一）、外務省欧亜局東欧課「中曽根運輸大臣・ロギノフソ連民間航空大臣会談要録」一一月一五日（同前）、東欧課「中曽根運輸大臣・コスイギン首相会談録」一一月一五日（同前）、『朝日新聞』一九六八年一〇月二九日、佐藤首相宛てコスイギン首相親書、一九六九年二月三日（「国書及び親書関係 佐藤、田中総理親書関係」第六巻、N'.1.8.0.1-1、外務省外交史料館所蔵）、中曽根『政治と人生』二三四—二三六頁、同『リーダーの条件』一〇九—一一二頁、同『中曽根康弘が語る戦後日本外交』一七三—一七五頁、中曽根ほか『天地有情』二四五—二四七頁、佐藤『佐藤榮作日記』第三巻、三〇七頁。

10 『朝日新聞』一九六八年一一月三、二三、二五日、二六日夕刊、二七日夕刊、佐藤『佐藤榮作日記』第三巻、三三八、三四二、三四五—三四六、三四八—三五五頁。

中曽根は後年、「佐藤三選のときは三木にしぼった。あのときは三木に十九票入っている。それにくらべたら、今回はもっと派内のコンセンサスがやりやすい」と述べた。中曽根談話メモ、一九七二年五月八日、筆者所蔵。

11 中曽根康弘「新しい日米関係の建設」一九六九年二月九日（筆者所蔵）一〇—一二頁、『朝日新聞』一九六九年二月一〇日。

12 中曽根『中曽根康弘が語る戦後日本外交』六三四頁。

13 『朝日新聞』一九六九年六月二六日、中曽根「父の想い出」一五頁。

14 『朝日新聞』一九七〇年一月一三日夕刊、一月一五日、一月一八日。

15 先行研究として、中島琢磨「中曽根康弘防衛庁長官の安全保障構想——自主防衛と日米安全保障体制の関係を中心に」（『九大法学』第八四号、二〇〇二年）一〇七—一六〇頁、同「戦後日本の『自主防衛』論」五一四—五二七頁、同『高度成長と沖縄返還 一九六〇—一九七二』二四〇—二四七、二五二—二五三、二六四、二七八—二七九頁、太田昌克『盟約の闇——「核の傘」と日米同盟』（日本評論社、二〇〇四年）二五四—二六四頁、同『日米「核密約」の全貌』二四六—二四七頁、小谷哲男「空母『ミッドウェイ』の横須賀母港化をめぐる日米関係」（『同志社アメリカ研究』第四一号、二〇〇五年）九五—九六、一〇五頁、瀬川高央「日米防衛協力の歴史的背景——ニクソン政権期の対日政策を中心に」（『年報 公共政策学』第一号、二〇〇七年）一〇一—一〇四頁、豊田祐基子『「共犯」の同盟史——日米密約と自民党政権』（岩波書店、二〇〇九年）二四二—二四八頁、石井修『ゼロからわかる核密約』（柏書房、二〇一〇年）四七頁、李東俊『未完の平和——米中和解と朝鮮問題の変容 一九六九—一九七五年』（法政大学出版局、二〇一〇年）一四二、一八五頁、吉田真吾『日米同盟の制度化』（名古屋大学出版会、二〇一二年）一三四、一四二、一五一—一五二、一五六、一六四—一七一頁、中島信吾「佐藤政権期における安全保障政策の展開——一九六四～七二年」（波多野澄雄編著『冷戦変容期の日本外交——「ひよわな大国」の危機と模索』ミネルヴァ書房、二〇一三年）一六八—一七一頁、伊藤隆「史料と私の近代史——【第一三回】海原治、渡邉恒雄、宝樹文彦…… オーラル・ヒストリー②」（『中央公論』二〇一四年六月号）一六三—一六四頁などがある。

16 引用文献については、註19でまとめて示す。

17 引用文献については、註19でまとめて示す。

18 引用文献については、次の註でまとめて示す。

19 中曽根康弘「これからの日本の防衛——第四次防衛力整備計画策定の前提について」一九七〇年三月一九日（佐道明広・平良好利・君島雄一郎編『堂場文書』丸善DVD、二〇一三年）二〇四七、二〇八一文書、同「自衛隊高級幹部会同における防衛庁長官訓示（要旨）」三月二九日（同前）二〇六二文書、同「『日本の防衛』の発刊に当たって」

（『政策月報』第一七八号、一九七〇年）五〇頁、同『政治と人生』五二、二三七―二四五、三四三頁、同『二十一世紀日本の国家戦略』一五三―一六〇頁、同『自省録』二二四―二二五頁、同『日本の総理学』三七頁、同『中曽根康弘が語る戦後日本外交』七七、一九四―二二二頁、同「防衛白書刊行四〇回に寄せて」（『防衛白書』二〇一四年版）、『朝日新聞』一九七〇年二月一三、一四日、一〇月八日、八日夕刊、九日、九日夕刊、一〇月二二日、二〇一一年七月二一日、『読売新聞』一九七〇年七月一、一〇日、一〇月二二日、中曽根・レアード会談記録、一九七〇年九月九日、secretary's meeting with Nakasone, September 12, 1970, Digital National Security Archive, http://nsarchive.chadwyck.com（二〇一二年一月二八日アクセス）; 牛場信彦駐米大使から愛知揆一外相、一九七〇年九月一〇日（「日米関係（沖縄返還）三七／一九七〇年SOFAの適用（基地の整理・統合）」二〇一四―四一二六、外務省外交史料館所蔵）、「『日本の防衛と防衛庁・自衛隊を診断する会』による診断について」（『国防』第一九巻第九号、一九七〇年）九三―九八頁、国会会議録検索システムhttp://kokkai.ndl.go.jp/（二〇一四年八月九日アクセス）、アーミン・H・マイヤー／浅尾道子訳『東京回想』（朝日新聞社、一九七六年）八五、九〇頁、牛場信彦『外交の瞬間――私の履歴書』（日本経済新聞社、一九八四年）一二二頁、毎日新聞政治部『安保』（角川文庫、一九八七年）二五四―二五五頁、中曽根ほか『天地有情』五〇―五一、二四九―二五九、五四四頁、佐藤『佐藤榮作日記』第四巻、一八五、二九二、三一二―三一三、三六六、三六八頁、政策研究大学院大学C．O．E．オーラル・政策研究プロジェクト「海原治オーラルヒストリー」下巻（政策研究大学院大学、二〇〇〇年）二八一―二八九頁、同「伊藤圭一オーラルヒストリー」上巻（政策研究大学院大学、二〇〇三年）一八四―一八九、二〇〇―二〇一、二二二―二二九、二三四―二三五頁、下巻、一五―二〇、二六―二九頁、同「吉野文六オーラルヒストリー」（政策研究大学院大学、二〇〇三年）一一三頁、同「宝珠山昇オーラルヒストリー」上巻（政策研究大学院大学、二〇〇五年）九七―一〇〇頁、防衛省防衛研究所戦史部編「内海倫オーラル・ヒストリー」（防衛省防衛研究所、二〇〇八年）六五、九二頁、防衛省防衛研究所戦史部編「中村龍平オーラル・ヒストリー」（防衛省防衛研究所、二〇〇八年）二七五―二七七頁、中村悌次『生涯海軍士官――戦後日本と海上自衛隊』（中央公論新社、二〇〇九年）二二五―二四一、二四九―二五一、二五四、二七四頁、防衛省防衛研究所戦史部「山田良市オーラル・ヒストリー」（防衛省防衛研究所、二〇〇九年）二〇八―二一二頁、NHK取材班『基地はなぜ沖縄に集中しているのか』（NHK出版、二〇一一年）八三頁、防衛省防衛研究所戦史部編「鈴木昭雄オーラル・ヒストリー」（防衛省防衛研究所、二〇一一年）一四〇―一四四頁、中島『沖縄返還と日米安保体制』二九五、二九七、三〇二―三〇三、三〇五、三一二、三一七頁、潘亮「協力への道程――経済大国日本の登場と一九七〇年代初期の日豪関係の形成」（波多野編著『冷戦変容期の日本外交』）八六頁。

内閣国防会議事務局長だった海原治は、海原『日本防衛体制の内幕』（時事通信社、一九九七年）五九―六〇頁において次のように記している。

〝中曽根構想〟として華々しく前宣伝された四次防原案は、関係各省庁の事前の打ち合わせがなく、「新防衛力整備計画（防衛庁原案）四六・四・二六」として発表されたが、国防会議事務局での審議検討の過程で、数多くの問題点が指摘されたため、防衛庁の予期したようには、はかどらなかった。

特に問題となったのは、第V章で紹介する〝ヘリ空母構想〟で、海上交通の安全の確保のため、二つの航路帯を設定し、ヘリコプター六機を搭載する八〇〇〇トンの護衛艦を建設する――という構想である。

私は、この考え方の非現実な点、非合理な点を、具体的に指摘して反対を唱えたから、〝ヘリ空母〟の保有を待望していた人びとにとっては、私の存在が、決定的な障害として映ったのであろう。

海原治『私の国防白書』（時事通信社、一九七五年）一七五―一七六頁、同『日本の国防を考える』（時事通信社、一九八五年）一四〇頁も参照。

中曽根が防衛庁長官を退任してから、防衛白書は一九七六年六月まで刊行されなかった。坂田道太『小さくても大きな役割』（朝雲新聞社、一九九七年）三九―四三頁。

第6章

1 自由民主党「党則」一九七一年一月二一日改正、一一頁。

2 中曽根『リーダーの条件』六四頁。

他方で中曽根は、国会議員選挙で棄権が増加していることに危機感を抱いた。飛鳥田一雄・中曽根康弘「戦後民主主義を考える 座談会」（『朝日新聞』一九七二年二月二五日）で中曽根は、「政党自体が、いま惰性で流れている立脚点をこのへんで洗い直して出直さないと、国民から捨てられる。その前兆が無関心だ。佐藤さんの支持率は下がったが社会党の支持率は上がらず、無関心層がふえている」と述べた。

3 山田『正伝 佐藤栄作』下巻、三九一頁、福田赳夫『回顧九十年』（岩波書店、一九九五年）一九五―二〇六頁、佐藤『佐藤栄作日記』第四巻、三六六、三六八頁。

4 中曽根康弘「日本政治の歴史的挑戦――有限の地球に無限の人類がありうるか」一九七二年四月一七日（筆者所蔵）二、九、一五、二三―二四頁、同『政治と人生』二七九―二八八頁、中曽根ほか『天地有情』二六一―二六九頁、佐藤『佐藤栄作日記』第四巻、四二一頁、第五巻、六八―六九、七九、九九頁。

中曽根「日本政治の歴史的挑戦」は、中曽根「転換期の政治」（内外情勢調査会、一九七二年）を改題したものである。

石橋政嗣・中曽根康弘「"自民・社会"大連立のすすめ」（『文藝春秋』一九七〇年二月号）一〇〇―一〇一頁において中曽根は、「中共とのフリクションをおこさぬために目を海のほうに向けて、日本を太平洋文化福祉国家にする。（中略）日本はアメリカと協力して、豪州やカナダまで含めた大きな太平洋圏の文化と福祉に貢献するため、日米太平洋協定のようなものをつくり、おおらかに金を出して、競争的共存をはかる」と論じた。

田川誠一『日中交流と自民党領袖たち』（読売新聞社、一九八三年）五〇―五一、六三―六五、六八、七二頁によると、一九七一年八月に中日友好協会副会長の王国権が来日した際、中曽根は佐藤が王と接触することを模索したが、奏功しなかった。

5 『読売新聞』一九七一年九月一七日夕刊。

6 『朝日新聞』一九七二年六月一九日夕刊。

7 佐藤孝行『検察おそるべし――政治とカネと民主主義について』（ネスコ、一九八七年）二三―三二頁、同『われ、かく戦えり――生き地獄一三年からの生還』（東急エージェンシー、一九八九年）一六二―一六七頁、佐藤『佐藤栄作日記』第五巻、一四一―一四二、一六九頁。

中曽根派総会メモ、一九七二年五月二四日（筆者所蔵）によると、中曽根は「総裁候補と総務会長という二つの顔があるが、当面は総務会長として活動することが多くなると思うので（佐藤の幕引きをやるという意味）よろしく協力をたのむ」と述べた。

8 『朝日新聞』一九七二年七月五日夕刊一面。

9 渡邉『天運天職』一四七―一五〇頁、新潟日報事業社『愛郷無限 小沢辰男とその時代』九七―九八頁、御厨ほか編『渡邉恒雄回顧録』三〇九―三一三頁。

10 「いよいよ大詰『総裁選』金と権勢の亡者の大見世物」（『週刊新潮』一九七二年七月八日号）三二―三五頁、「『中曽根派 黒いウワサの記事』取材から掲載までの真相」（『週刊新潮』七月一五日号）一二八―一三三頁、政策研究大学院大学C.O.E.オーラル・政策研究プロジェクト「松野頼三オーラルヒストリー」上巻（政策研究大学院大学、二〇〇三年）二三九頁。

11 『朝日新聞』一九七二年七月四日夕刊、一一日、一二日、一八日、九月一九日、一二月二一日、一九七三年一月八日夕刊。『週刊新潮』一九七二年七月八日号、三二―三五頁、七月一五日号、一二八―一三三頁、朝賀昭／福永文夫・服部龍二・雨宮昭一・若月秀和編『田中角栄――最後の秘書が語る情と智恵の政治家』（第一法規、二〇一五年）九八頁。

立花隆『政治と情念――権力・カネ・女』（文春文庫、二〇〇五年）一三八頁は、「七億円という金額が当たっているかどうかはともかく、中曽根がカネを全くもらわなかったことはありえない」としている。

12 外務省欧亜局大洋州課「第一回日豪閣僚委員会（概要報告）」一九七二年一〇月二八日（「日豪閣僚委員会（第一回）」二〇一〇―四二八九、外務省外交史料館所蔵）、中曽根『中曽根康弘が語る戦後日本外交』二三〇―二三一頁、高橋和宏「『経済大国』日本の経済外交戦略――アジア太平洋経済圏の形成と日本、一九六八～七三年」（波多野編著『冷戦変容期の日本外交』）一二六―一二七頁、拙著『大平正芳 理念と外交』一一七頁。

13 外務省アジア局中国課「日中関係主要事項（国交正常化以降昭和48年6月まで）」一九七三年七月一〇日（「日中国交正常化（重要資料）」二〇一一―七二〇、外務省外交史料館所蔵）、同「外交問題に関する中国首脳の発言（事項別 72．10～73．5）」（同前）、中曽根ほか『天地有情』二七六―二八四頁、中共中央文献研究室編『周恩来年譜』下巻（中央文献出版社、一九九七年）五七四頁、中曽根『自省録』一三一―一三二頁、同『中曽根康弘が語る戦後日本外交』二二七―二三〇、二三一―二三四、二五三頁、近代日本史料研究会「山下英明オーラルヒストリー〔続〕」一九―二〇、三九頁、邱麗珍『日本の対中国経済外交と稲山嘉寛――日中長期貿易取決めをめぐって』(北海道大学出版会、二〇一〇年)一一一―一一二頁、王泰平／福岡愛子訳『「日中国交回復」日記――外交部の「特派員」が見た日本』(勉誠出版、二〇一二年)二七四、二八九、三一三、三一九―三二〇、四三五―四四八、四五二―四五四、四六六、四九二、五〇一、六二八―六三〇頁、拙稿「二〇一一年一二月二二日公開ファイル『日中国交正常化』ほか」(『外交史料館報』第二六号、二〇一二年)一〇二頁、王雪萍編著『戦後日中関係と廖承志――中国の知日派と対日政策』(慶應義塾大学出版会、二〇一三年)一六六、一六八、一七二―一七六、一八一、二五〇、三二四頁、大澤武司「文革期中国の対日政策機構を読む――『王泰平日記』の史料的価値」(『東方』第三八八号、二〇一三年)二四―二八頁、中島宏「王泰平／福岡愛子訳『「日中国交回復」日記――外交部の「特派員」が見た日本』」(『中国研究月報』第六七巻第四号、二〇一三年)四八―五〇頁。

　通産省通商局市場第四課長だった内田禎夫《よしお》によると、中曽根・周会談では、貿易協定、航空協定、プラント延べ払い、日米貿易、発展途上国援助、「反覇権」問題、石油開発、鉄鋼などを広範に議論した。周は日本の期待する石油を多く輸出できないと述べたものの、「この訪中が国交正常化後の日中経済交流の基礎となったことは間違いない」という。内田「中国雑感」(『経友』第一八三号、二〇一二年)七九―八四頁、内田へのインタビュー、二〇一三年六月八日。

　なお、経産省、外務省に訪中記録を情報公開請求したが、いずれも不存在とのことだった。

14　藤崎万里駐タイ大使から大平、一九七三年一月二四日(「日・タイ貿易合同委員会(第五回)」二〇一〇―四一五五、外務省外交史料館所蔵)、高橋『「経済大国」日本の経済外交戦略』一三四―一三五頁。

15　中曽根康弘「中国を訪ねて」〈1〉〈2〉〈3〉〈4〉〈5〉(『上毛新聞』一九七三年二月六日から一〇日)、同「中国訪問の記」一九七三年三月一日、一八頁、毎日新聞政治部『安保』二三六―二三八頁、蕭『永遠の隣国として』一六七―一六八頁。

16　『朝日新聞』一九七三年四月三〇日、中曽根康弘『海図のない航海――石油危機と通産省』(日本経済新聞社、一九七五年)一―三〇頁、石川良孝『オイル外交日記――第一次石油危機の現地報告』(朝日新聞社、一九八三年)一二五、一五五、一九六頁、通商産業省通商産業政策史編纂委員会編『通商産業政策史 第一二巻――第Ⅳ期 多様化時代(1)』(通商産業調査会、一九九三年)一九、一四八、一五六、二〇四頁、中曽根ほか『天地有情』二七三頁、何力群「第一次石油危機前後の中曽根康弘――『資源外交』をめぐって」(『国際公共政策研究』第一五巻第二号、二〇一一年)八三―九九頁。

　通産省通商局市場第二課長として中曽根の中東歴訪に随行した福川伸次によると、中曽根は石油危機以前から資源外交を重視していたという。福川へのインタビュー、二〇一一年八月一七日。

　駐イラン大使館一等書記官だった法眼健作によると、外務省は石油消費国同盟への参加に前向きであり、通産省とは対応を異にしていたという。法眼へのインタビュー、二〇一二年二月一六日。法眼健作／加藤博章・服部龍二・竹内桂・村上友章編『元国連事務次長 法眼健作回顧録』(吉田書店、二〇一五年)五五頁も参照。

　なお、一九七三年九月一四日、来日中のサウジアラビア外務省石油担当大使ジャハダールが中曽根を訪れ、サウジアラビアは「外貨を獲得していく方向」だと告げた。中曽根は石油生産を確認し、「経済協力については、中曽根は大変熱意をもっているとお伝え下さい。又自民党にアラブ友好議員連盟がこの間でき、一〇〇人以上集まっているので、政治力として相当はたらくと思う」と語った。資源エネルギー庁石油部開発課「M.S.ジャハダール氏(サウジアラビア石油、経済担当大使)と中曽根通商産業大臣との会談要旨」一九七三年九月一四日(「サウディ・アラビア石油担当大使訪日」二〇一三―一一一〇、外務省外交史料館所蔵)。

17　柳田邦男『狼がやってきた日』(文春文庫、一九八二年)一七頁、中曽根『中曽根康弘が語る戦後日本外交』二三九頁。

18　中曽根『海図のない航海』三五―四五頁、中曽根ほか『天地有情』二七〇―二七一頁。

19　先行研究として、柳田『狼がやってきた日』二五―二九七頁、中西寛「総合安全保障論の文脈――権力政治と相互依存の交錯」(『年報政治学』一九九七年)一〇三頁、池上萬奈「第一次石油危機における日本の外交――石油確保と日米関係」(『法学政治学論究』第七九号、二〇〇八年)一六五―一九六頁、同「日本の新中東政策形成過程の考察――第一次石油危機とキッシンジャー構想を中心に」(『法学政治学論究』第八七号、二〇一〇年)一―三〇頁、佐藤晋「一九七〇年代アジアにおけるグローバル化の波及と日本――『大豆ショック』と『石油ショック』への対応」(『国際政経』第一四号、二〇〇八年)二三—二六頁、高安健将『首相の権力——日英比較からみる政権党とのダイナミズム』(創文社、二〇〇九年)一五四—一七四頁、白鳥潤一郎「国際エネルギー機関の設立と日本外交——第一次石油危機における先進国間協調の模索」(『国際政治』第一六〇号、二〇一〇年)一七—三三頁、同「エネルギー安全保障政策の胎動——石油市場の構造変動と『対外石油政策』の形成、一九六七—一九七三」(『国際安全保障』第三八巻第四号、二〇一一年)一〇六—一二三頁、同「第一次石油危機における日本外交再考——消費国間協調参画と中東政策『明確化』」(『法学政治学論究』第八九号、二〇一一年)五九—九三頁などがある。

20 引用文献については、註21でまとめて示す。

21 引用文献については、次の註でまとめて示す。

安川壮駐米大使から大平、一九七三年一一月一日(「中東問題／第四次中東戦争」二〇一三—一二七八、外務省外交史料館所蔵)、memorandum of conversation between Kissinger and Nakasone, November 15, 1973, Digital National Security Archive, http://nsarchive.chadwyck.com(二〇一二年一月二八日アクセス):「官房長官談話に際しての報道関係者との擬問擬答」(「中東問題／第四次中東戦争(二階堂官房長官談話)」二〇一三—一九七七、外務省外交史料館所蔵)、高杉幹二駐サウジアラビア大使から大平、一九七三年一一月二四、二五日(中東問題／第四次中東戦争(二階堂官房長官談話)」二〇一三—一二八〇、外務省外交史料館所蔵)、北原秀雄ジュネーブ国際機関日本政府代表部大使から大平、一一月二五日(「サウディ・アラビア石油情勢」二〇一二—一四一六、外務省外交史料館所蔵)、高杉から大平、一二月二七日(「サウディ・アラビア石油情勢」二〇一二—一四一七、外務省外交史料館所蔵)、外務省中近東アフリカ局「三木特使中近東八カ国訪問」一九七四年一月(「三木、小坂特使中東諸国訪問」二〇一三—一九〇七、外務省外交史料館所蔵)、『朝日新聞』一九七四年一月一七日夕刊、一月一八日、中曽根『海図のない航海』五四—一五八、一七三、一八〇—一九二頁、同『政治と人生』二八九—二九二頁、同『リーダーの条件』一二九頁、同『自省録』一〇二—一〇四頁、同『中曽根康弘が語る戦後日本外交』二三四—二四四頁、濃野滋『霞が関三〇年——激動の通産行政』(時評社、一九八一年)一三八—一四三頁、石川『オイル外交日記』二二七頁、通商産業省通商産業政策史編纂委員会編『通商産業政策史 第一三巻——第Ⅳ期 多様化時代(2)』四三—四五、五二、七四、一八四—一八五頁、中曽根ほか『天地有情』二七三—二七五頁、田村秀治『アラブ外交五五年』下巻(勁草書房、一九八三年)二三四頁、新潟日報報道部『宰相 田中角栄の真実』(講談社、一九九四年)九五—九七頁、NHK取材班『NHKスペシャル 戦後五〇年その時日本は 第五巻 石油ショック・幻影におびえた六九日間 国鉄労使紛争・スト権奪還ストの衝撃』(日本放送出版協会、一九九六年)四八、九八、一一八—一二一、一二九、一四六頁、政策研究大学院大学C.O.E.オーラル・政策研究プロジェクト「宮崎弘道オーラル・ヒストリー」(政策研究大学院大学、二〇〇四年)一五四—一五九頁、政策研究大学院大学C.O.E.オーラル・政策研究プロジェクト「山下英明オーラル・ヒストリー」二五四、二五八頁、大平正芳／福永文夫監修『大平正芳全著作集』第七巻(講談社、二〇一二年)七六頁、折田正樹／服部龍二・白鳥潤一郎編『外交証言録 湾岸戦争・普天間問題・イラク戦争』(岩波書店、二〇一三年)三三—三五頁。

中曽根は一九七四年一月二七日、東京におけるヤマニらとの会談で「日本はワシントン会議に参加するが、あくまで慎重に行動するつもりであり、産油国との対決は絶対にさけるべきであると考えている」と述べている。

外務省中近東アフリカ局中近東課「アブデッサラーム・アルジェリア工業・エネルギー相及びヤマニ・サウディ・アラビア石油鉱物資源相と、大平外務大臣、福田大蔵大臣及び中曽根通産大臣との会談録」一九七四年一月二八日(「第一次石油危機関係資料／三木副総理中東訪問、ヤマニ・アブデッサラーム来日」二〇一五—七五〇、外務省外交史料館所蔵)。

22 中曽根康弘「新時代にこたえる政治」一九七四年九月(筆者所蔵)七—一〇頁。

第7章

1 中曽根・キッシンジャー会談録、一九七四年一一月二〇日(「フォード米国大統領訪日」二〇一四—三〇四四、外務省外交史料館所蔵)。

2 福田『回顧九十年』一四四—一五七頁、馬場周一郎『蘭は幽山にあり——元自民党副総裁 二階堂進聞書』(西日本新聞社、一九九八年)二四七頁。

3 千葉三郎『創造に生きて——わが生涯のメモ』(カルチャー出版社、一九七七年)四二二頁。

4　保利『戦後政治の覚書』一五四―一五八頁、椎名悦三郎追悼録刊行会『記録 椎名悦三郎』下巻（椎名悦三郎追悼録刊行会、一九八二年）二四八―二九五頁、馬場『蘭は幽山にあり』一四八―一四九頁、森田一／服部龍二・昇亜美子・中島琢磨編『心の一燈 回想の大平正芳――その人と外交』（第一法規、二〇一〇年）一八、一三五―一三六頁。

5　『朝日新聞』一九七四年一二月一〇日、内田健三『派閥』（講談社現代新書、一九八三年）九九頁、中曽根ほか『天地有情』二九二―二九六頁、冨森『戦後保守党史』二九四頁、中曽根『中曽根康弘が語る戦後日本外交』二五三―二五六頁。

6　細田吉蔵日記、一九七四年一二月一二日、一九七五年一月三、一一日、二月一四、二八日、三月一一、一七、一八日、四月一五日、五月一〇日、六月一二、一六日、一九七六年一月八、一二、一九日（「細田吉蔵関係文書」一一、一二、一三、国立国会図書館憲政資料室所蔵）、宮脇道生『細田吉蔵・全人像』（行政問題研究所出版局、一九八四年）二〇四―二〇五頁、花村仁八郎『政財界パイプ役半生記――経団連外史』（東京新聞出版局、一九九〇年）二一二―二一四、二四二頁、中曽根ほか『天地有情』三〇三頁、近代日本史料研究会「細田吉蔵オーラルヒストリー」下巻（近代日本史料研究会、二〇〇六年）一九―二一頁。

7　中曽根康弘「戦後文明時代の創造」一九七五年九月（筆者所蔵）一七―一八頁。

8　『読売新聞』一九七五年八月一三日、三木武夫出版記念会編『議会政治とともに 三木武夫 演説・発言集』上巻（三木武夫出版記念会、一九八四年）五七頁。

9　NHK取材班『NHKスペシャル 戦後五〇年その時日本は 第五巻 石油ショック・幻影におびえた六九日間 国鉄労使紛争・スト権奪還ストの衝撃』三一〇―三七六頁、中曽根ほか『天地有情』二九八―三〇九頁、葛西敬之『未完の「国鉄改革」』（東洋経済新報社、二〇〇一年）六四、二九二頁、同『国鉄改革の真実――「宮廷革命」と「啓蒙運動」』（中央公論新社、二〇〇七年）六四頁、政策研究大学院大学C.O.E.オーラル・政策研究プロジェクト「松野頼三オーラルヒストリー」下巻（政策研究大学院大学、二〇〇三年）一二―一三頁。

10　金丸信『立ち技寝技』（日本経済評論社、一九八八年）一三五―一三六頁。

11　中曽根ほか『天地有情』二八九頁。

12　引用文献については、次の註でまとめて示す。

13　児玉誉士夫『児玉誉士夫著作選集 風雲』中巻（日本及日本人社、一九七二年）四三〇―四三二頁、下巻、二六〇、三三一―三三二、三七五―三七六、三七八、三八六、四二七頁、同『生ぐさ太公望』（廣済堂出版、一九七五年）二〇〇頁、同『われかく戦えり』（廣済堂出版、一九七五年）二五二―二五四、二八四、二九二頁、林房雄「児玉誉士夫小論――解説に代えて」（児玉誉士夫『獄中獄外』廣済堂出版、一九七四年）三三七、三四二頁、James D. Hodgson to Henry A. Kissinger, February 20, 1976, Presidential Country Files for East Asia and the Pacific, Box 8, Gerald R. Ford Presidential Library; 細田吉蔵日記、一九七六年二月二四日、四月一、五、一四、一五日、六月一、八、一七、一八日、七月一〇、二七、二九日、八月二、五、三〇日、九月一五日（「細田吉蔵関係文書」一三）、『赤旗』一九七六年四月一三日、『朝日新聞』一九七六年四月一五日夕刊、四月一六日、九月一一日夕刊、九月一二、二〇日、二〇一〇年二月一二日、『読売新聞』一九七六年七月二七日夕刊、「中曽根幹事長収拾案」一九七六年九月一一日（筆者所蔵）、挙党協「なぜわれわれは三木総裁の退陣を求めたか」一九七六年九月（筆者所蔵）、「挙党協総会における福田赳夫挨拶」一〇月二一日（同前）、挙党協「声明案」一〇月二九日（同前）、A・C・コーチャン／村上吉男訳『ロッキード売り込み作戦――東京の七〇日間』（朝日新聞社、一九七六年）一五二、二一〇―二一二、二二〇、二四二、三四七―三五〇頁、河野洋平「保守を支えるために去る」（『中央公論』一九七六年八月号）一九四―一九五頁、毎日新聞社政治部編『黒幕・児玉誉士夫』（エール出版社、一九七六年）七八―八一、九七―九八、一三〇頁、前尾繁三郎『政治家の方丈記』（理想社、一九八一年）六六―六七頁、三木武夫出版記念会編『議会政治とともに 三木武夫 演説・発言集』上巻四三〇―四四四頁、中曽根ほか『天地有情』二九六―二九八、三〇九―三一四頁、奥野誠亮『派に頼らず、義を忘れず――奥野誠亮回顧録』（PHP研究所、二〇〇二年）二三八頁、中曽根『戦後政治』三九―四一頁、同『中曽根康弘が語る戦後日本外交』二六一―二六五頁、新潟日報報道部『宰相 田中角栄の真実』九七頁、羽田孜『小説 田中学校』（光文社、一九九六年）二三頁、冨森叡児『戦後保守党史』三〇五―三〇八頁、平野貞夫『ロッキード事件「葬られた真実」』（講談社、二〇〇六年）五六、六四、一〇七、一二〇―一二六、一二九、一六七、一七〇、一七二―一七三、一七六―一八一、一八四、一八七、一九六―二〇一、二〇六、二二一―二二二、二二四―二二六、二三九―二四三頁、奥山俊宏「秘密解除・ロッキード事件」（『世界』二〇一一年一月号）一一四—一二四頁、大平『大平正芳全著作集』第七巻、一二三頁、若月『大国日本の政治指導 一九七二〜一九八九』六三頁、有馬哲夫『児玉誉士夫 巨魁の昭和史』（文春新書、二〇一三年）二四二—二四三、二五六、二六三—二六八、二七四、二八三—三六六頁、加藤哲郎編集・解説『米国国立公文書館機密解除資料CIA日本人ファイル』第一巻（現代史料出版、二〇一四年）xxvii頁、第四巻、二六六—二六八、三一七頁。

児玉誉士夫は自著『悪政・銃声・乱世』（弘文堂、一九六一年）五〇三—五〇六頁で、中曽根の「内閣総理公選制度案」に賛同している。

14 中曽根康弘「青年諸君に語る——今日と明日の日本について」一九八三年）一一二—一一三頁によると、稲葉法相は田中逮捕の前日に法務省から逮捕状の執行を知らされていた。

岩見隆夫『角さんの鼻歌が聞こえる PART 4』（潮出版社、一九七六年一〇月（筆者所蔵）一、九—一〇、一五—一八頁。

15 自由民主党編『自由民主党党史』（自由民主党、一九八七年）七三〇—七三一頁。

16 中曽根ほか『天地有情』三一四—三一五頁。

17 中曽根康弘「新しい世界契約と日本——現代の視角から」一九七七年三月（筆者所蔵）二二、二八—二九頁。

18 『毎日新聞』一九七七年四月一三日夕刊、堀越作治『戦後政治一三の証言——政治記者取材メモから』（朝日新聞社、一九八九年）一六二—一六六頁、立花隆『ロッキード裁判とその時代』第一巻（朝日文庫、一九九四年）一七四—一七六頁。

19 中曽根康弘『国際情勢と日本の役割』（政策科学研究所、一九七七年）三—四、一一—二〇頁。中曽根『中曽根康弘が語る戦後日本外交』三三二—三三七頁。

20 中曽根康弘『海鳴りが聞こえる』（政策科学研究所、一九七八年）四—九頁、日本経済新聞社編『自民党政調会』（日本経済新聞社、一九八三年）六一頁、佐藤誠三郎・松崎哲久『自民党政権』（中公公論社、一九八六年）九九頁、中曽根ほか『天地有情』三一七—三一八頁。

21 中曽根康弘「波濤の彼方に——暴風圏の日本」一九七八年四月（筆者所蔵）五、九—一一頁。

中曽根は防衛庁長官時代、ある懇談会で、「尖閣列島、沖ノ鳥島、南鳥島、その範囲内において敵の潜水艦の跳梁を許さない」と述べていた。中曽根防衛庁長官懇談、一九七一年五月三一日（「海原治関係文書」九—六—一、国立国会図書館憲政資料室所蔵）。海原『日本防衛体制の内幕』一四八—一五三頁も参照。

22 古澤健一『昭和秘史 日中平和友好条約』（講談社、一九八八年）一四四—一四六、一七三、二一七頁、三宅和助『外交に勝利はない——だれも知らない日本外交裏のうら』扶桑社、一九九〇年）一五九頁、栗原裕幸『証言・本音の政治——戦後政治の舞台裏』（内外出版、二〇〇七年）五三頁、中曽根『中曽根康弘が語る戦後日本外交』二六六—二七〇頁。

23 中曽根ほか『天地有情』三一九—三二〇頁、中曽根康弘「政治に感動と理想をとり戻そう」（木部佳昭『人生めぐりあい』宝友出版社、一九七八年）五五頁、大平『大平正芳全著作集』第七巻、四二三頁。

24 中曽根『新しい保守の論理』、同『保守の遺言』一二〇—一二二頁、同『自省録』一五四頁、同『戦後政治』四五頁、同『中曽根康弘が語る戦後日本外交』二七二—二七六頁、中曽根ほか『天地有情』三一五—三一七頁。

25 引用文献については、次の註でまとめて示す。

26 政策科学研究所編「自民党員諸君 立党の精神・綱領で立ち上ろう」一九七八年一〇月二〇日（筆者所蔵）、『朝日新聞』一九七八年一一月五日、自由民主党編『自由民主党党史』（自由民主党、一九八七年）七九二頁、中曽根ほか『天地有情』三二四—三三五頁、福永文夫『大平正芳』（中公新書、二〇〇八年）八—九、一六四、二三六頁、森田一『心の一燈 回想の大平正芳』九二—九四、一二七—一二八、一七二、一八一—一八二、一九六、二三一—二三二頁、大平『大平正芳全著作集』第六巻、五六二—五六三、五七三頁、第七巻、八、一一—一二、一九頁。「自民党員諸君」は竹村健一との対談。

27 引用文献については、次の註でまとめて示す。

28 中曽根康弘『心のふれあう都市——二十一世紀への提言』（サンケイ出版、一九八〇年）、同『中曽根康弘が語る戦後日本外交』二七六—二八四頁、栗原祐幸『大平元総理と私』（廣済堂出版、一九九〇年）一六八頁、中曽根ほか『天地有情』三二五—三三一頁、奥島貞雄『自民党幹事長室の三〇年』（中公文庫、二〇〇五年）一〇八—一一二頁、後藤田正晴／御厨貴監修『情と理——カミソリ後藤田回顧録』下巻（講談社＋α文庫、二〇〇六年）二八—二九頁、岐阜新聞社編著『至誠一貫 武藤嘉文』一二五—一二七頁、大平『大平正芳全著作集』第七巻、二〇九—二一〇頁。

29 引用文献については、次の註でまとめて示す。

30 細田吉蔵『国有鉄道を語る』（陸運経済新聞社、一九八一年）二〇四頁、宇治敏彦『鈴木政権・八六三日』（行政問題研究所出版局、一九八三年）九五―一〇三、二八九―二九七頁、神原勝『転換期の政治過程――臨調の軌跡とその機能』（総合労働研究所、一九八六年）三九―四五頁、花村『政財界パイプ役半生記』一八七―一九〇頁、中曽根『政治と人生』三〇〇―三〇六頁、同『戦後政治』四二―四四頁、同『中曽根康弘が語る戦後日本外交』四九三―四九四頁、居林次雄『財界総理側近録――土光敏雄、稲山嘉寛との七年間』（新潮社、一九九三年）一一一―一一二、一七〇―一七五、一八〇、一八三、一八五頁、渡邉『天運天職』一五二―一五五頁、木村貢『総理の品格――官邸秘書官が見た歴代宰相の素顔』（徳間書店、二〇〇六年）一七八―一八〇頁、御厨ほか編『渡邉恒雄回顧録』三六四―三六七、三七一―三七二頁、原編『岸信介証言録』一一六―一一七、四七二、四七六頁。

産業経済新聞社の政治部長だった阿部穆によると、中曽根は小林義治産経新聞副社長、阿部と会った。小林は、蔦子夫人の兄だった。中曽根は鈴木内閣で行革担当大臣に不満だったものの、阿部が鈴木内閣の最重要課題は行革であり、経済界の主流と組む好機だと説いたところ、中曽根は阿部らの言葉を大学ノートにメモしたという。阿部へのインタビュー、二〇一二年六月一九日。

31 中曽根康弘「行政改革、その思想と方向」一九八一年一〇月（筆者所蔵）一、四、七―一一、一五、二一―二二、三一頁。同年八月二七日、岡山国際ホテルで行われた山陽時事問題懇談会岡山会場月例会での講演をもとに作成したもの。中曽根康弘「行政改革の理念と行動」（『月刊自由民主』一九八一年九月号）五六―六七頁も参照。

第8章

1 原編『岸信介証言録』四六八―四七一頁。

2 後藤田正晴『政治とは何か』（講談社、一九八八年）一八―二二頁、同『支える 動かす 私の履歴書』一〇八頁、同『情と理』下巻、四六、五六―六八頁、世界平和研究所編『中曽根内閣史 資料篇（続）』一八―二〇頁、中曽根『自省録』一四六―一五七頁、同『日本の総理学』三七―三九頁、同『戦後政治』四四―四五頁、同『中曽根康弘が語る戦後日本外交』二八四―二八五、二九二―二九四頁、中曽根ほか『天地有情』三四六―三七六頁、渡邉『天運天職』一五五―一五八頁、佐藤昭子『決定版 私の田中角栄日記』（新潮文庫、二〇〇一年）一九八―一九九頁、御厨ほか編『渡邉恒雄回顧録』三七七―三七八頁。

宇治敏彦（『東京新聞』記者）へのインタビュー、二〇一一年一〇月六日によると、鈴木は将来的に宮澤喜一を総裁にしたかったものの、すぐに宮澤では合意が得にくいため中曽根の方向で考え、そのことを一〇月上旬に中曽根へ伝えたという。宇治『鈴木政権・八六三日』三六二―三八〇頁も参照。

3 金丸信『人は城・人は石垣・人は堀』（エール出版社、一九八三年）一〇二―一〇三、一六八、一七四―一七七頁、同『立ち技寝技』一三三―一三九頁、後藤田『情と理』下巻、五九―六〇頁。

4 引用文献については、次の註でまとめて示す。

5 『朝日新聞』一九八二年一一月二七日夕刊、一二月二〇日、中曽根蔦子ほか「妻たちの『運命共同体』論」（『文藝春秋』一九八三年五月号）一四三頁、宇治『鈴木政権・八六三日』三九三―三九六頁、同『政治記者の定点観測』（行研、一九九五年）、三二六、三八〇頁、秦野章『逆境に克つ――「一日生涯」わが人生』（講談社、一九八八年）三一四―三一九頁、中曽根『政治と人生』一―二、三〇六―三一一頁、同『自省録』一五八―一六三頁、同『日本の総理学』四〇頁、同「日本を愛する硬骨漢」（『私の後藤田正晴』編纂委員会編『私の後藤田正晴』講談社、二〇〇七年）二一―二二頁、同「戦後政治の総決算」（『新潮45』二〇一二年五月号）五二―五三頁、同『中曽根康弘が語る戦後日本外交』二二三―二二四、二九七―三〇一頁、田村元『政治家の正体』（講談社、一九九四年）二一二―二一五頁、福田『回顧九十年』二六〇―二六四頁、中曽根ほか『天地有情』三七六―四一四、四二二―四二三頁、新潟日報報道部『宰相 田中角栄の真実』九八―九九頁、馬場『蘭は幽山にあり』一七四―一七六頁、奥島『自民党幹事長室の三〇年』一三八―一三九頁、同『自民党抗争史――権力に憑かれた亡者たち』（中公文庫、二〇〇九年）一二九―一三五頁、近代日本史料研究会「田村元オーラルヒストリー」下巻（近代日本史料研究会、二〇〇六年）一二―一三頁、御厨ほか編『渡邉恒雄回顧録』三七九―三八〇頁、老川祥一『政治家の胸中――肉声でたどる政治史の現場』（藤原書店、二〇一二年）二〇九頁、早野透『田中角栄』（中公新書、二〇一二年）三五六頁、朝賀『田中角栄』一九四頁。

6 日本広報協会編「中曽根内閣総理大臣主要演説集（その一）」一九八四年九月一日、六―一二頁。

7 神原『転換期の政治過程』三九―五一頁、毎日新聞政治部『自民党――転換期の権力』（角川文庫、一九八六年）一六―七八頁、同『政治家とカネ』五九頁、内田健三『臨教審の軌跡――教育改革の一一〇〇日』（第一法規、一九八七年）二三―二四、四五―四七、一四九頁、香山健一『自由のための教育改革――画一主義から多様性への選択』（PHP研究所、一九八七年）一九五―二四三頁、同「中曽根内閣の歴史的役割――政治理念と政治手法の転換」（世界平和研究所編『中曽根内閣史 理念と政策』世界平和研究所、一九九五年）六五―六六頁、世界平和研究所編『中曽根内閣史 資料篇』（世界平和研究所、一九九五年）一五二、五二〇―五二二、六三七頁、同編『中曽根内閣史 資料篇（続）』一一一―三〇三頁、中曽根ほか『天地有情』四一八―四二一、五四五―五四七頁、中曽根『リーダーの条件』一四八―一四九頁、同『日本人に言っておきたいこと』一〇一―一〇五、一一四頁、同『自省録』一六四―一六五頁、牧原出『内閣政治と「大蔵省支配」――政治主導の条件』（中央公論新社、二〇〇三年）七―八、五九頁。

五室制については、中曽根ほか『天地有情』五六七―五六八頁、中曽根『日本の総理学』一八八頁、後藤田『情と理』下巻、一九九―二〇〇頁も参照。

「大統領的首相」の比較検討に関しては、牧原出「大統領的首相」（天川晃・御厨貴・牧原出『日本政治外交史――転換期の政治指導』放送大学教育振興会、二〇〇七年）一八七―一九七頁、待鳥聡『首相政治の制度分析――現代日本政治の権力基盤形成』（千倉書房、二〇一二年）六九―九四頁。

8 中北浩爾『自民党政治の変容』（NHK出版、二〇一四年）一二〇―一二四頁は、旧大平ブレーンや田中六助など「大平人脈とのつながりが、右派として知られた中曽根を穏健化させた」と論じている。

島桂次『シマゲジ風雲録――放送と権力・四〇年』（文藝春秋、一九九五年）一六八―一七三頁、中曽根康弘「内閣総理大臣の修練と着眼点を語る」（増島俊之・小林秀徳編著『証言 大改革はいかになされたか――意思決定者の着眼』ぎょうせい、二〇〇一年）八、一二―一三頁、後藤田正晴「私の履歴書」（岸信介・河野一郎・福田赳夫・後藤田正晴・田中角栄・中曽根康弘『私の履歴書 保守政権の担い手』日経ビジネス文庫、二〇〇七年）三一七頁、中曽根『中曽根康弘が語る戦後日本外交』四九六頁。

中曽根は一九八二年一二月二四日の記者懇談会で、記者会見を立って行いたいと提案している。中曽根談話メモ、一九八二年一二月二四日、筆者所蔵。

9 引用文献については、次の註でまとめて示す。

10 『日本経済新聞』一九八三年一月一〇日、『朝日新聞』九月二〇日、竹村健一『中曽根康弘、防衛・憲法を語る』（山手書房、一九八四年）七四―七五、八三、八六、一五五頁、読売新聞政治部『素顔の中曽根政権』（徳間書店、一九八五年）八一頁、世界平和研究所編『中曽根内閣史 資料篇』八二、八七―八八、二八四頁、中曽根ほか『天地有情』三六九頁、中曽根『リーダーの条件』二四四―二四七頁、同『日本の総理学』一七二―一七六頁、同『中曽根康弘が語る戦後日本外交』三二一―三二三頁、石橋『石橋政嗣回想録「五五年体制」内側からの証言』一九八―二〇〇頁、近代日本史料研究会『松野頼三オーラルヒストリー（追補）』（近代日本史料研究会、二〇〇八年）三三頁。

11 中曽根『政治と人生』二一六頁。

12 三木武夫出版記念会編『議会政治とともに 三木武夫 演説・発言集』上巻、四七一、四七三頁、下巻、三〇八―三一一頁。

13 竹村『中曽根康弘、防衛・憲法を語る』二二六―二二八頁、中曽根『政治と人生』三一二頁、同『中曽根康弘が語る戦後日本外交』三〇五―三〇七頁、ヴィクター・D・チャ／船橋洋一監訳／倉田秀也訳『米日韓 反目を超えた提携』（有斐閣、二〇〇三年）一八二―一八三、一九〇―一九八頁、信田智人『官邸外交 政治リーダーシップの行方』（朝日新聞社、二〇〇四年）一二九―一三九頁、佐藤晋「日本の地域構想とアジア外交」（和田春樹ほか編『岩波講座 東アジア近現代通史 第九巻 経済発展と民主革命 一九七五―一九九〇年』岩波書店、二〇一一年）八八―九〇頁。

鈴木内閣期、中曽根内閣期に外務省情報文化局長、アジア局長を務めた橋本恕によると、「鈴木総理は閣僚や高級官僚などがかつぐ御神輿に黙って乗る人で、政策の確定や、とりまとめは官房長官（宮沢）や所管の大臣に任せていたと思う。中曽根総理は同じ自民党の御神輿に乗っても、かつぎ手に直接指示を出し進む方向を自分で決めていたと思う」という。橋本から筆者宛て書簡、二〇〇八年一二月一五日。

14 外務省編『わが外交の近況』第一二号（外務省、一九六八年）一六四頁。

15 引用文献については、次の註でまとめて示す。

16 『朝日新聞』一九八一年八月二一日、一九八三年一月一二日、外務省

アジア局北東アジア課「中曽根総理大臣韓国訪問（会談記録）」一九八三年一月（情報公開法による外務省開示文書、二〇一三—五四四）、安倍晋太郎／永野信利聞き手『創造的外交をめざして』（行政問題研究所出版局、一九八四年）一二六—一三三頁、竹下登『証言 保守政権』（読売新聞社、一九九一年）一三四—一三五頁、世界平和研究所編『中曽根内閣史 資料篇』六二〇—六二二頁、瀬島龍三『瀬島龍三回想録 幾山河』（産経新聞ニュースサービス、一九九六年）五五七—五六八頁、共同通信社社会部編『沈黙のファイル——「瀬島龍三」とは何だったのか』（新潮文庫、一九九六年）五八—六一頁、中曽根ほか『天地有情』三八九、三九二—三九四頁、後藤田『情と理』下巻、六八—七〇頁、町田貢『日韓インテリジェンス戦争』（文藝春秋、二〇一一年）二八八—二九四頁、中島敏次郎／井上正也・中島琢磨・服部龍二編『外交証言録 日米安保・沖縄返還・天安門事件』（岩波書店、二〇一二年）一八〇—一八二頁、中曽根『中曽根康弘が語る戦後日本外交』二八五、三〇五—三一三頁、小倉和夫『秘録・日韓一兆円資金』（講談社、二〇一三年）二六二—三〇一頁、長谷川和年／瀬川高央・服部龍二・若月秀和・加藤博章編『首相秘書官が語る中曽根外交の舞台裏——米・中・韓との相互信頼はいかに構築されたか』（朝日新聞出版、二〇一四年）一二六—一二九頁、拙稿「中曽根康弘首相・全斗煥大統領会談録——一九八三年一月」（『中央大学論集』第三六号、二〇一五年）五一—五八頁。

外務省アジア局長だった木内昭胤によると、鈴木内閣期には大蔵省が大型の対韓経済協力を渋っていたものの、中曽根首相が大蔵省に指示したところ、大蔵省は態度を改めたという。木内へのインタビュー、二〇一〇年六月一九日。

韓国、中国との関係については、拙著『外交ドキュメント 歴史認識』（岩波新書、二〇一五年）三九—八八頁で論じたことがある。

17 大河原良雄駐米大使から安倍晋太郎外相、一九八三年一月一九日（情報公開法による外務省開示文書、二〇一三—五四五）、『朝日新聞』一九八三年一月一九日夕刊、加瀬俊一『加瀬俊一選集 戦争と平和シリーズ——V 日本外交の旗手』（山手書房、一九八四年）二三六頁、同『加瀬俊一回想録』下巻（山手書房、一九八六年）一八一頁、同『日本外交を叱る』（TBSブリタニカ、一九九七年）一〇三、一九九—二〇三頁、後藤田『政治とは何か』一四三—一五一頁、同『支える 動かす 私の履歴書』一〇九頁、コーネリアス・K・飯田「通訳が聞いた日米首脳会談」（『文藝春秋』一九八九年四月号）一一一—一一二頁、中曽根『政治と人生』三一二—三一六頁、同『リーダーの条件』一六一—一六三頁、同『自省録』一〇九—一一五、一一九、一六六—一六九頁、同『保守の遺言』一四八—一五二頁、同『中曽根康弘が語る戦後日本外交』三一五—三二一頁、世界平和研究所編『中曽根内閣史 資料篇』六二一—六二三頁、中曽根ほか『天地有情』四三〇—四三一、四三九—四四二頁、長谷川和年「『ロン・ヤス関係』誕生の記」（『文藝春秋』二〇〇四年八月号）八三—八四頁、同『首相秘書官が語る中曽根外交の舞台裏』一二九—一三三頁、ドン・オーバードーファー／菱木一美訳『マイク・マンスフィールド』下巻（共同通信、二〇〇五年）三〇〇頁、大河原良雄『オーラルヒストリー 日米外交』（ジャパンタイムズ、二〇〇六年）三一九—三二〇、三四九—三五〇頁、近代日本史料研究会「塩田章オーラルヒストリー」（近代日本史料研究会、二〇〇六年）一四六頁、後藤田『情と理』下巻、七一—七三頁、読売新聞盛岡支局編『椎名素夫回顧録——不羈不奔』（東信堂、二〇〇六年）三—七頁、Douglas Brinkley, ed., *The Reagan Diaries*, vol. 1 (New York: HarperCollins, 2007), pp. 189-190; 近代日本史料研究会「國廣道彦オーラルヒストリー」下巻（政策研究大学院大学、二〇〇八年）二五—二六頁、村田良平『村田良平回想録——戦いに敗れし国に仕えて』上巻（ミネルヴァ書房、二〇〇八年）三三四頁、『読売新聞』二〇〇九年九月一九日、佐藤謙『来し方行く末——元防衛次官の徒然草』（柏艪舎、二〇一〇年）七五頁、村田晃嗣『レーガン』（中公新書、二〇一一年）二一九—二二一頁、中島『外交証言録 日米安保・沖縄返還・天安門事件』一八四—一八八頁、折田『外交証言録 湾岸戦争・普天間問題・イラク戦争』六四—六六頁、國廣道彦「わが生涯の記」上巻（私家版、二〇一五年）一二五—一二六頁。

外務省情報文化局『海外政経情報』（第五八四号、一九八三年）一頁は、一九八三年一月と三月にアメリカの対日世論調査を比較し、「総理訪米後、対日信頼度の面でかなりの好転が見られた」としている。

一九八〇年から一九八五年まで駐米大使だった大河原良雄によると、「ロン・ヤス」関係は安倍外相とシュルツ国務長官の友好関係に支えられた面もあったという。大河原へのインタビュー、二〇一二年一一月二八日。

18 永井陽之助『現代と戦略』（文藝春秋、一九八五年）二二—二三、四七、六九、一〇五、一五二頁、植村秀樹『「戦後」と安保の六〇年』（日本経済評論社、二〇一三年）七七、二一七頁。

19 東京新聞社の宇治敏彦は、中曽根が勝に惹かれた理由について、勝が幕末に海軍創設に努めた知略家であり、明治維新後は海軍卿にもなった現実主義者だったことにあると推測している。宇治『政治記者の定点観測』三四三―三四九頁、勝海舟／江藤淳・松浦玲編『氷川清話』（講談社学術文庫、二〇〇〇年）一五二頁。

20 山崎敏夫駐インドネシア大使から安倍晋太郎外相、一九八三年五月二日（情報公開法による外務省開示文書、二〇一三―五三四）、小木曽本雄駐タイ大使から後藤田、五月三日（同前）、深田宏駐シンガポール大使から後藤田、五月五日（同前）、大川美雄駐比大使から後藤田、五月八日（同前）、木内昭胤駐マレーシア大使から後藤田、五月一〇日（同前）、小嶋敏宏駐コタキナバル領事から後藤田、五月一〇日（同前）、中曽根ほか『天地有情』四四九―四五六頁、橋本恕（外務省アジア局長）へのインタビュー、二〇〇八年一一月八日、中曽根『中曽根康弘が語る戦後日本外交』三三二―三三七頁。

「北朝鮮に関する重要な情報」について、前記の電報では不詳だった。なお、中曽根は一九八三年一月下旬、マレーシア首相マハティールと東京で会談している。マハティール来日については、「マハディ《ママ》ール・マレイシア首相夫妻訪日（公賓）」二〇一四―七〇九～七一二、外務省外交史料館所蔵。

21 大河原良雄駐米大使から安倍、一九八三年五月二七日（「中曽根総理・デ・クエヤル国連事務総長会談」二〇一四―一九二二、外務省外交史料館所蔵）、「ジョンズ・ホプキンス大学高等国際問題研究所（SAIS）卒業式における中曽根総理演説」一九八三年五月二七日（情報公開法による外務省開示文書、二〇一四―一七四）、大河原から安倍、五月二八日（同前）、黒田瑞夫国連大使から安倍、六月一日（同前）、外務省国際連合局政治課「中曽根総理・ペレス・デ・クエヤル国連事務総長会談概要（秘メモ）」六月一日（同前）、中曽根『政治と人生』三一七―三一八頁、同『リーダーの条件』九二―九三、一〇一頁、同『二十一世紀日本の国家戦略』一〇四―一〇五、二五五、二六〇頁、同『自省録』一一五―一二三頁、同『日本の総理学』一六八―一七一頁、同『中曽根康弘が語る戦後日本外交』三三七―三四三頁、同「自由世界繁栄のために戦った同志へ」（『文藝春秋』二〇一三年九月号）二四三―二四五頁、マーガレット・サッチャー／石塚雅彦訳『サッチャー回顧録』上巻（日本経済新聞社、一九九三年）三七四頁、世界平和研究所編『中曽根内閣史 資料篇』六二五―六三一頁、中曽根ほか『天地有情』四二六―四三六頁、政策研究大学院大学C．O．E．オーラル・政策研究プロジェクト「本野盛幸オーラル・ヒストリー」（政策研究大学院大学、二〇〇五年）二九五―二九七頁、大河原『オーラルヒストリー 日米外交』三一九―三二〇、三五一―三五五頁、村田『村田良平回想録』上巻、三二六頁。

ウィリアムズバーグ・サミット前後の中曽根・レーガン往復書簡などについては、「米ソ戦略兵器削減交渉（START）／中距離核戦力問題」（二〇一四―二四二四、二〇一五―二二九、外務省外交史料館所蔵）。

駐米日本大使館参事官だった法眼健作が後日、中曽根に聞いたところによると、会議場を出て写真撮影に並ぶまでにはミッテランらと肘《ひじ》の突き合いがあり、中曽根は「GNP第二の国の首相が、外側にいて後塵を拝しては絶対にダメなんだ。体を張って、ロンの隣に行ったんだよ」と語ったという。法眼へのインタビュー、二〇一二年三月一五日。法眼『元国連事務次長 法眼健作回顧録』一〇七頁も参照。

22 新潟日報報道部『宰相 田中角栄の真実』九九―一〇〇頁。

23 馬場『蘭は幽山にあり』一八〇頁。

24 安倍から前田利一駐韓大使、大河原宛て電信案、一九八三年九月一日起案（「個別航空案件（KAL事件）」二〇一四―二四一四、外務省外交史料館所蔵）、安倍から前田宛て電信案、九月二日起案（同前）、外務省国際連合局国連政策課「大韓航空機撃墜事件（安保理開催をめぐる対処ぶりと評価）」九月一九日（「個別航空案件（KAL事件）」二〇一四―二四一五、外務省外交史料館所蔵）、中曽根『政治と人生』三三六―三三七頁、同『リーダーの条件』一三一―一四〇頁、同『中曽根康弘が語る戦後日本外交』三四三―三四六頁、中曽根ほか『天地有情』四五六―四六一頁、後藤田『政治とは何か』七六―八六頁、同『情と理』下巻、八〇―八五頁。

第一〇〇回国会における国家行政組織法改正については、今村都南雄『官庁セクショナリズム』（東京大学出版会、二〇〇六年）七六―七九頁。

25 『朝日新聞』一九八三年一〇月一三、二九日、中曽根ほか『天地有情』四七一―四七四頁、世界平和研究所編『中曽根内閣史 資料篇』六三四頁、同編『中曽根内閣史 資料篇（続）』三〇頁、中曽根『戦後政治』五一頁。

26　佐藤『決定版 私の田中角栄日記』二〇五―二〇七頁、橋本五郎『総理の器量――政治記者が見たリーダー秘話』（中公新書ラクレ、二〇一二年）二八―二九頁、「田中角栄――日本人にもっとも愛された総理」（『週刊現代』二〇一三年一二月二八日号）。

27　外務省欧亜局西欧第一課「コール・ドイツ連邦共和国首相訪日（昭和五八年一〇月三一日～一一月四日）主要会談等記録」一九八三年一一月（「コール西独首相夫妻訪日（公賓）」二〇一四―三〇一二、外務省外交史料館所蔵）、北米局北米第一課「レーガン大統領の訪日（評価）」一九八三年一一月一二日（「レーガン米国大統領夫妻訪日（国賓）」二〇一五―八〇三、外務省外交史料館所蔵）、安倍から大河原、一九八三年一一月一二日（情報公開法による外務省開示文書、二〇一三―五四六）、中国課「日中首脳会談記録（その一・テタ・テート会談）」一一月二四日（情報公開法による外務省開示文書、二〇一〇―一七一）、中国課「日中首脳会談記録（その二 全体会議）」一一月二四日（同前）、「胡耀邦中国共産党中央委員会総書記訪日（公賓）」（二〇一四―一五九三、外務省外交史料館所蔵）、中曽根ほか『天地有情』四六五―四七一頁、中曽根『戦後政治』四九―五一頁、同『中曽根康弘が語る戦後日本外交』三四七―三五一頁、拙稿「中曽根・胡耀邦会談記録――一九八三、八四、八六年」（『総合政策研究』第一九号、二〇一一年）一六一―二〇三頁。

28　『朝日新聞』一九八三年一二月一九日夕刊、『読売新聞』一二月一九日夕刊、中曽根ほか『天地有情』四七五―四七六頁、蒲島郁夫『戦後政治の軌跡』（岩波書店、二〇〇四年）二五―七一頁、『東奥日報』二〇〇六年三月一九、二〇日、後藤田『情と理』下巻、九二―九六頁、山岡淳一郎『原発と権力』（ちくま新書、二〇一一年）一六七―一七三頁、中日新聞社会部編『日米同盟と原発』一七四―一七五頁。

29　田川誠一『田川日記――自民党一党支配が崩れた激動の八日間』（ごま書房、一九八四年）一八、四八―二三七頁、中曽根ほか『天地有情』四七七―四八八、五四二―五四四頁、馬場『蘭は幽山にあり』一八二―一八三頁、政策研究大学院大学C. O. E. オーラル・政策研究プロジェクト「田川誠一オーラルヒストリー」下巻（政策研究大学院大学、二〇〇一年）一二六―一三五頁、中曽根『戦後政治』五二―五三頁、後藤田『情と理』下巻、九七―九八頁。

その後の内閣改造でも、新自由クラブとの連立は続けられた。新自由クラブ「中曽根第二次改造内閣の発足に当って」一九八五年一二月二八日、「新自由クラブ関係文書」六―六一、国立国会図書館憲政資料室所蔵。

30　星浩『官房長官 側近の政治学』（朝日新聞出版、二〇一四年）五八頁。

31　馬場『蘭は幽山にあり』一八七―一九一頁。

32　世界平和研究所編『中曽根内閣史 資料篇』二八三―二九〇頁。

33　鹿取泰衛駐中大使から安倍、一九八四年三月二四、二五日（情報公開法による外務省開示文書、二〇一〇―一七二）、中曽根・ハク会談録、一九八四年五月一日（情報公開法による外務省開示文書、二〇一四―七四）、中曽根・ガンジー会談録、五月四日（同前）、中曽根・ザイル・シン大統領会談録、五月五日（同前）、安倍から鹿取、六月一日（情報公開法による外務省開示文書、二〇一四―一七七）、外務省「首脳会議（六月八日午前）」（情報公開法による外務省開示文書、二〇一四―一七九）、外務省「全体会議（六月八日午後）」（同前）、外務省「全体会議（六月九日(日)午前）」（同前）、平原毅駐英大使から安倍、六月八、一二日（同前）、外務省「ロンドン・エコノミック・サミット」六月二〇日（同前）、『朝日新聞』一九八四年三月二四日夕刊、『読売新聞』三月二四日夕刊、『外交青書』第二九号、一九八五年版、四〇二―四一七、四七〇―四七五頁、西山健彦『欧州の新時代』（サイマル出版会、一九九二年）七二頁、サッチャー『サッチャー回顧録』下巻、六五頁、平原毅『英国大使の外交人生』（河出書房新社、一九九五年）二五二頁、中曽根ほか『天地有情』四九三―五〇一頁、徐承元『日本の経済外交と中国』（慶應義塾大学出版会、二〇〇四年）一一八―一二六頁、TBS「時事放談」制作スタッフ編『時事放談』第一巻（講談社、二〇〇四年）一二頁、第三巻（二〇〇五年）七一頁、城山英巳『中国共産党「天皇工作」秘録』（文春新書、二〇〇九年）六二―六三頁、拙稿「中曽根・胡耀邦会談記録」一七七―一九七頁、中曽根『中曽根康弘が語る戦後日本外交』三六一―三六四、三六八―三七〇頁。

パキスタン大統領ハク夫妻は一九八三年七月一七日から二二日に来日し、中曽根とアフガニスタン、中東情勢などについて会談していた（外務省アジア局南西アジア課「ハック・パキスタン大統領訪日首脳会談、外相会談議事要録」一九八三年八月一日、「ハック・パキスタン大統領夫妻訪日（国賓）」二〇一四―七〇二、外務省外交史料館所蔵）。

34　外務省アジア局北東アジア課「日韓首脳会談（九月六日及び七日）」一九八四年九月一〇日（情報公開法による外務省開示文書、二〇一三―五四三）、後藤田『情と理』下巻、一一五―一一六頁、中曽根『中曽根康弘が語る戦後日本外交』三七三—三七六頁、長谷川『首相秘書官が語る中曽根外交の舞台裏』二一一—二一五頁。

35 田村元（自民党総裁選挙管理委員会委員長）から中曽根、一九八四年一〇月二九日（「奥野誠亮関係文書目録」五—二一、国立国会図書館憲政資料室所蔵）、岸信介・矢次一夫・伊藤隆『岸信介の回想』（文藝春秋、二〇一四年）三二九頁。

36 田中六助『保守本流の直言』（中央公論社、一九八五年）二〇—五一頁、金丸信「世代交代」（読売新聞政治部編『権力の中枢が語る自民党の三十年』読売新聞社、一九八五年）二四七—二五一頁、同『立ち技寝技』一四〇—一四四頁、後藤田『政治とは何か』二二—二八頁、同『政と官』（読売新聞社、二〇〇五年）六五—六六頁、馬場『蘭は幽山にあり』一九九—二〇一頁、東根千万億『等しからざるを憂える。元首相鈴木善幸回顧録』（岩手日報社、二〇〇四年）一四〇頁、御厨ほか編『渡邉恒雄回顧録』三九五—三九六頁、北岡伸一『自民党——政権党の三八年』（中公文庫、二〇〇八年）二三三、二四七—二四九頁。

一方、岩手放送編『元総理鈴木善幸　激動の日本政治を語る　戦後四〇年の検証』（岩手日報社、一九九一年）三三一頁は、「鈴木が二階堂擁立劇のシナリオを書いたとは思えない。二階堂の自作自演ではなかったのか」としている。

鈴木内閣期の日韓経済協力交渉については、山崎拓『転機に立つ日本の防衛』（りーぶる出版企画、一九八二年）一七一—一八六頁も参照。

37 『朝日新聞』一九八五年七月一六、二七日、中曽根ほか『天地有情』五四九—五五〇頁、山岸一平『昭和後期一〇人の首相——日経の政治記者が目撃した「派閥の時代」』（日本経済新聞出版社、二〇〇八年）二〇三頁。

38 中村泰三ホノルル総領事から安倍、一九八五年一月四、五日（情報公開法による外務省開示文書、二〇一四—五九）、NHK取材班『NHKスペシャル　戦後五〇年その時日本は　第六巻　プラザ合意／アジアが見つめた〝奇跡の大国〟』（日本放送出版協会、一九九六年）二一—四一、六七、七一、九五—九六、一〇二—一〇三、一三七—一七一頁、中曽根『戦後政治』五五—五七頁、後藤田『情と理』下巻、二二一—二二三頁、山岸『昭和後期一〇人の首相』二〇二—二〇三頁、行天豊雄『円の興亡——「通貨マフィア」の独白』（朝日新聞出版、二〇一三年）五七、七五、八〇、八九、一一二、一一六—一一七頁、米澤潤一『国債膨張の戦後史——一九四七—二〇一三　現場からの証言』（金融財政事情研究会、二〇一三年）一一五頁。

39 外務省「総理の大洋州訪問（日・フィジー首脳会談概要）」一九八五年一月一五日（情報公開法による外務省開示文書、二〇一三—五三七）、外務省「総理の大洋州訪問（日・PNG首脳会談概要）」一月一五日（同前）、田中義具シドニー総領事から安倍、一月一六日（同前）、早川照男メルボルン総領事から安倍、一月一八日（同前）、富張仲一郎オークランド総領事から安倍、一月二〇日（同前）、大庭三枝『アジア太平洋地域形成への道程——境界国家日豪のアイデンティティ模索と地域主義』（ミネルヴァ書房、二〇〇四年）三一一—三一二頁、中曽根『中曽根康弘が語る戦後日本外交』三九六—三九七頁、長谷川『首相秘書官が語る中曽根外交の舞台裏』二四八—二五〇頁。

中川幸次の著作として、中川『体験的金融政策論』（日本経済新聞社、一九八一年）、中川・香西泰・貝塚啓明『日本の改革——二一世紀へのビジョン』（日本経済新聞社、一九九〇年）がある。

40 鹿取泰衛駐ソ大使から安倍、一九八五年三月一五日（情報公開法による外務省開示文書、二〇一四—一九二）、中曽根ほか『天地有情』五五〇—五五四頁、中曽根『リーダーの条件』一三九—一四三頁、同『自省録』一三九—一四三頁、同『中曽根康弘が語る戦後日本外交』三九二—三九六頁、若月『大国日本の政治指導　一九七二～一九八九』二〇七—二〇九頁。

41 中曽根・コール会談録、一九八五年四月三〇日（情報公開法による外務省開示文書、二〇一四—六〇）、宮崎弘道駐独大使から安倍、一九八五年五月二、三日（同前）、世界平和研究所編『中曽根内閣史　資料篇』六四五頁、中曽根ほか『天地有情』五五四—五五六頁、中曽根『リーダーの条件』一〇六—一〇八頁、同『自省録』一二三—一二四頁、同『中曽根康弘が語る戦後日本外交』三九九—四〇三頁。

42 西欧第一課「総理訪仏（ファビウス首相との会談）」一九八五年七月一三、一四日（情報公開法による外務省開示文書、二〇一三—五三六）、同「総理訪仏（ミッテラン大統領との会談）」七月一四日（同前）、本野盛幸駐仏大使から安倍、七月一五日（同前）、西田誠哉駐伊大使から安倍、七月一七日（同前）、西欧第一課「総理訪伊（クラクシ首相との会談）」七月一七日（同前）、中村輝彦駐ヴァチカン大使から安倍、七月一七日（同前）、加賀美秀夫欧州連合日本政府代表部大使から安倍、七月二〇日（同前）、駐ベルギー山本鎮彦大使から安倍、七月二〇日（同前）。

43 引用文献については、次の註でまとめて示す。

44 『毎日新聞』一九八五年八月一六日、中曽根『中曽根康弘句集』一五三頁、同『中曽根康弘句集 二〇〇八』四九頁、同「私が靖国神社公式参拝を断念した理由」(『正論』二〇〇一年九月号)一〇〇―一一一頁、読売新聞政治部『素顔の中曽根政権』八五―九〇頁、横山宏章『日中の障壁』(サイマル出版会、一九九四年)三〇―四四頁、中曽根ほか『天地有情』四八九―四九三頁、橋本茂『政治と鎮魂――にんげん藤波孝生』(心泉社、二〇〇一年)一七五―一八四頁、『朝日新聞』二〇〇五年八月一一日夕刊、後藤田『情と理』下巻、一一二―一一四頁、秦郁彦『靖国神社の祭神たち』(新潮社、二〇一〇年)二〇一、二五二―二五四頁。

45 黒田瑞夫国連大使から安倍、一九八五年一〇月二三、二四、二五日(情報公開法による外務省開示文書、二〇一〇―三〇五)、「国際連合創設四十周年記念会期における中曽根内閣総理大臣演説」一〇月二三日(同前)、中曽根『中曽根康弘句集』一八九頁、同『リーダーの条件』九六、一七一頁、同『中曽根康弘句集 二〇〇八』一九頁、同『中曽根康弘が語る戦後日本外交』四二二―四二七頁、中曽根ほか『天地有情』五六〇―五六一頁、世界平和研究所編『中曽根内閣史 資料篇(続)』四一―四六頁、岐阜新聞社編著『至誠一貫 武藤嘉文』一五六―一五九頁、孫平化/武吉次朗『中日友好随想録――孫平化が記録する中日関係』上巻(日本経済新聞出版社、二〇一二年)八一―八二、一一九―一二〇頁。

46 後藤田『情と理』下巻、一五一頁。

47 中曽根ほか『天地有情』五六四頁。

48 岡照トロント総領事から安倍、一九八六年一月一三日(情報公開法による外務省開示文書、二〇一三―五四七)、「総理のカナダ連邦議会スピーチ」一月一三日(同前)、address by Nakasone before the Parliament of Canada, January 13(同前);菊地清明駐カナダ大使から安倍、一月一四日(同前)、外務省北米局北米第一課「日加首脳会談の概要」一月一四日(同前)、近代日本史料研究会「國廣道彦 オーラルヒストリー」下巻、七一頁。

49 安倍から鹿取、一九八六年一月一八日起案(情報公開法による外務省開示文書、二〇一三―五五一)、日ソ共同コミュニケ、一月一九日(同前)、外務省欧亜局ソヴィエト連邦課「シェヴァルナッゼ外相の訪日の全般的評価(付:シェヴァルナッゼ外相自身についての気づきの諸点)」一九八六年一月二一日(同前)。

50 Ronald Reagan to Yasuhiro Nakasone, February 6, 1986(情報公開法による外務省開示文書、二〇一四―四九四);外務省国際連合局軍縮課「米ソ軍備管理交渉の現状について――INF協定署名に対する評価と今後の予想される動き」(同前)、五百旗頭真・伊藤元重・薬師寺克行編『岡本行夫 現場主義を貫いた外交官』(朝日新聞出版、二〇〇八年)一三六―一四九、三三三頁、瀬川「冷戦末期の日米同盟協力と核軍縮」八五―八七頁、中曽根『中曽根康弘が語る戦後日本外交』四五三―四五五頁。

外務省国際連合局軍縮課長だった宮本雄二によると、外務省では佐藤行雄総務課長を中心に、加藤良三条約課長、岡本行夫安全保障課長、宮本の四人がSS20について議論してレーガン宛て親書を執筆し、柳谷謙介事務次官や中曽根に了解を得たという。宮本へのインタビュー、二〇一四年四月一八日。

51 松永信雄駐米大使から安倍、一九八六年四月一四日(情報公開法による外務省開示文書、二〇一三―五四八)、グレン・S・フクシマ/渡辺敏訳『日米経済摩擦の政治学』(朝日新聞社、一九九二年)一二〇―一二一頁、中曽根『中曽根康弘が語る戦後日本外交』四三九、四五五―四五六頁、折田『外交証言録 湾岸戦争・普天間問題・イラク戦争』七八―七九頁。

52 中川幸次「マクロ経済政策」(世界平和研究所編『中曽根内閣史 理念と政策』)六四六―六四九頁、NHK取材班『NHKスペシャル 戦後50年その時日本は 第五巻 石油ショック・幻影におびえた六九日間 国鉄労使紛争・スト権奪還ストの衝撃』一六四頁、下村太一『田中角栄と自民党政治――列島改造への道』(有志舎、二〇一一年)二〇八―二〇九頁、中曽根『中曽根康弘が語る戦後日本外交』四三五―四三七頁。

53 中曽根ほか『天地有情』五六一―五六三頁、近代日本史料研究会「國廣道彦 オーラルヒストリー」下巻、七二―七四頁、中曽根『中曽根康弘が語る戦後日本外交』四三九―四四〇頁。

54 政策研究大学院大学C.O.E.オーラル・政策研究プロジェクト「柳谷謙介(元外務事務次官)オーラル・ヒストリー」下巻(政策研究大学院大学、二〇〇四年)九六頁、『朝日新聞』二〇一一年七月二〇日。

55 引用文献については、次の註でまとめて示す。

56 三塚博『国鉄を再建する方法はこれしかない』(政府広報センター、

一九八四年)、『朝日新聞』一九八五年六月二二、二六日、一九八六年三月一四日夕刊、中曽根康弘「推薦のことば」(左藤恵『通信は時代を創る——距離と時間を超えて』ビジネス社、一九八五年)三—四頁、同『自省録』一七〇—一八五頁、同『日本の総理学』四一—四三頁、同『戦後政治』五三—五五頁、同『保守の遺言』一三八—一四二頁、加藤六月『税制改革——活力を求めて』(東洋経済新報社、一九八六年)二八七—二八八頁、山下徳夫『築け 夢列島』(アジア出版社、一九八七年)一—三、六九—七四頁、金丸信『立ち技寝技』一五〇—一五一頁、真藤恒『習って覚えて真似して捨てる』(NTT出版、一九八八年)一二八—一三〇頁、関口茂『三塚博・全人像』(行研出版局、一九九二年)二五四—三〇二頁、世界平和研究所編『中曽根内閣史 資料篇』六五三—六五四頁、山岸章『我かく闘えり』(朝日新聞社、一九九五年)一五八—一八一頁、中曽根ほか『天地有情』五〇四—五一八頁、草野厚『国鉄解体——JRは行政改革の手本となるのか?』(講談社文庫、一九九七年)、葛西『未完の「国鉄改革」』二二九—二六〇、三二七、三四三頁、仁杉巌『挑戦——鉄道とコンクリートと共に六〇年』(交通新聞社、二〇〇三年)一七三—一九七頁、近代日本史料研究会「細田吉蔵オーラルヒストリー」下巻、三七—三八、四七—五三頁。

佐藤誠三郎・松崎哲久『自民党政権』二五六—二五七頁、猪口孝・岩井奉信『「族議員」の研究』(日本経済新聞社、一九八七年)一三三頁、谷口将紀『日本の対米貿易交渉』(東京大学出版会、一九九七年)八三頁によると、自民党逓信部会の国会議員は六番目に多く、電信電話基本問題調査会は一二番目の規模だった。

草野『国鉄解体』二二—二三、二二五、二二九—二三八頁は、中曽根のリーダーシップもさることながら、臨調第四部会と国鉄再建監理委員会の役割を重視している。葛西『国鉄改革の真実』三二、三五—三九、七五、一三六—一三七頁では、中曽根の判断が評価されている。

57 世界平和研究所編『中曽根内閣史 首相の一八〇六日』下巻(世界平和研究所、一九九六年)九四二頁。

58 中曽根ほか『天地有情』五六四頁、中曽根『戦後政治』五八—五九頁。

59 馬場『蘭は幽山にあり』二二六—二二七頁。

60 『日本経済新聞』一九八六年八月一三日。

61 中曽根康弘「新時代を築く自民党の使命——一九八六年体制のスタート」(『月刊自由民主』一九八六年一〇月号)三八—五一頁、広瀬道貞『補助金と政権党』(朝日文庫、一九九三年)二七八—二七九頁、世界平和研究所編『中曽根内閣史 資料篇』四一一—四二七頁、田川誠一『やればできる痩せ我慢の道』(行研、一九九五年)二二九—二八〇頁、中曽根ほか『天地有情』五四八—五四九、五六三—五六七頁。

62 御巫清尚駐韓大使から倉成正外相、一九八六年九月二一日(情報公開法による外務省開示文書、二〇一三—五四二)、東郷和彦『歴史と外交——靖国・アジア・東京裁判』(講談社現代新書、二〇〇八年)一二〇頁、拙稿「藤尾文相発言——外務省記録から」(『中央大学政策文化総合研究所年報』第一四号、二〇一一年)六一—八〇頁。

63 『読売新聞』一九八六年九月二四日夕刊、世界平和研究所編『中曽根内閣史 資料篇』四三五頁、フクシマ『日米経済摩擦の政治学』一四三頁、政策研究大学院大学C.O.E.オーラル・政策研究プロジェクト「斎藤彰オーラルヒストリー」(政策研究大学院大学、二〇〇五年)九八頁、近代日本史料研究会「國廣道彦 オーラルヒストリー」下巻、九一頁、パッカード『ライシャワーの昭和史』四九二頁、折田『外交証言録 湾岸戦争・普天間問題・イラク戦争』八〇頁。

64 中国課「中曽根総理訪中の概要(その一)(胡耀邦総書記との会談)」一九八六年一一月八日(情報公開法による外務省開示文書、二〇一〇—一七三)、拙稿「中曽根・胡耀邦会談記録」一九八頁。

65 竹下『証言 保守政権』一四二—一四四頁、フクシマ『日米経済摩擦の政治学』二九〇頁、栗原『証言・本音の政治』一四八—一六三頁、岐阜新聞社編著『至誠一貫 武藤嘉文』一五三—一五五頁、中曽根『中曽根康弘が語る戦後日本外交』四一八—四二〇、四五八—四五九頁。

66 木村汎『遠い隣国——ロシアと日本』(世界思想社、二〇〇二年)四二八—四三三頁。

67 『朝日新聞』一九八七年一月一二日夕刊、高橋正太郎駐フィンランド大使から倉成、一九八七年一月一三日(情報公開法による外務省開示文書、二〇一三—五三五)、木村敬三駐東独大使から倉成、一月一三日(同前)、大塚博比古駐ユーゴスラビア大使から倉成、一月一五日(同前)、松原進駐ポーランド大使から倉成、一月一五、一六、一七日(同前)、有松誠二アンカレッジ総領事から倉成、一月一七、一八日(同前)、中曽根ほか『天地有情』五六九—五七一頁、中曽根『リーダーの条件』六八—六九頁、同『中曽根康弘が語る戦後日本外交』四五九—四六四頁、小池政行『踊る日本大使館』(講談社、二〇〇〇年)一一四—一二四、一三八—一四三頁。

68 西欧第一課「第二〇回日仏外相定期協議(会談概要)(昭和六二年三

月八日、九日)」一九八七年三月(情報公開法による外務省開示文書、二〇一四―四九八)、国会会議録検索システムhttp://kokkai.ndl.go.jp/(二〇一四年一〇月六日アクセス)、松永から倉成、一九八七年四月三〇日、五月二日(情報公開法による外務省開示文書、二〇一三―五四九)、西田誠哉駐伊大使から倉成、六月八、九日(情報公開法による外務省開示文書、二〇一四―一七八)、西欧第一課「日独首脳会談概要」六月九日(同前)、倉成から松永など、六月一三日(同前)、枝村純郎駐スペイン大使から倉成、六月一三日(同前)、後藤田外相臨時代理発言要旨「第一三回主要国首脳会議、中曽根総理大臣のスペイン訪問について」六月一六日閣議(同前)、倉成正『〝危うさ〟の中の日本外交』一六四―一六五、一九六―一九八、二一六―二二〇頁、中山正暉『明日を聴く』(NTT出版、一九八八年)二二九―二三〇頁、黒田眞『日米関係の考え方』(有斐閣、一九八九年)一一一―一二頁、草野厚『アメリカ議会と日米関係』(中央公論社、一九九一年)六一頁、中尾栄一『世界とともに 世界のために』(ぴいぷる社、一九九二年)三五八頁、フクシマ『日米経済摩擦の政治学』七五―七七、一七八頁、世界平和研究所編『中曽根内閣史 資料篇』六五五―六五七頁、中曽根ほか『天地有情』五八一―五八四頁、中曽根『二十一世紀日本の国家戦略』二五六―二五七頁、同『中曽根康弘が語る戦後日本外交』一八〇、四七一―四八一、五五五頁、大矢根聡『日米韓半導体摩擦――通商交渉の政治経済学』(有信堂高文社、二〇〇二年)一六八頁、近代日本史料研究会「國廣道彦 オーラルヒストリー」下巻、九五―九六頁、村田『村田良平回想録』上巻、三七八―三八一頁、田中均『外交の力』(日本経済新聞出版社、二〇〇九年)二七―二八頁、波多野澄雄『歴史としての日米安保条約――機密外交記録が明かす「密約」の虚実』(岩波書店、二〇一〇年)一八二頁、村上正邦『だから政治家は嫌われる』(小学館、二〇一四年)八五―八六頁。

外務省経済局長として中曽根訪米に同行した渡邊幸治によると、内需拡大策などでアメリカ政府の不満を抑えたため、訪米は成功であり、ベネチア・サミットにおける中曽根・レーガン関係は友好的であった。中曽根訪米は、欧米がベネチア・サミットにおいて日本叩きで結束するのを回避するための方策でもあったという。渡邊へのインタビュー、二〇〇九年五月二三日。

なお、中曽根は一九八六年七月にイラン国会議長ラフサンジャニと秘密会議を三回行っていた。三宅『外交に勝利はない』一九一頁。

69 『朝日新聞』一九八七年三月二三日夕刊。

70 引用文献については、次の註でまとめて示す。

71 稲葉『後生畏るべし』一六四頁、中曽根康弘『新しい世紀へ向かって――中曽根内閣総理大臣演説集』(中曽根康弘事務所、一九八八年)四七三―四九二頁、同『自省録』一九一―一九五頁、同『日本の総理学』一九二―一九五頁、同『戦後政治』五八―六一頁、同『青山常運歩』二〇九―二一〇頁、中曽根ほか『天地有情』五三三―五三七頁、世界平和研究所編『中曽根内閣史 日々の挑戦』(世界平和研究所、一九九六年)八一七―八四六頁、同編『中曽根内閣史 首相の一八〇六日』下巻、一二七四、一四〇〇頁、加藤淳子『税制改革と官僚制』(東京大学出版会、一九九七年)一七二―二〇六頁、深谷隆司『明るい日本を創る』(角川学芸出版、二〇〇八年)七〇―七二頁、若宮啓文『新聞記者』(ちくまプリマー新書、二〇一三年)一四四―一四五頁。

72 菊地清明国連大使から倉成、一九八七年九月二一、二二、二四、二五日(情報公開法による外務省開示文書、二〇一三―五五〇)、外務省編『外交青書』第三二号(外務省、一九八八年)七八、三二六―三三五頁、倉成正『〝危うさ〟の中の日本外交』(小学館、一九八八年)一六二頁、藪中三十二『対米経済交渉』(サイマル出版会、一九九一年)一五六頁、藤井へのインタビュー、二〇一三年一月二三日。

73 木内昭胤駐タイ大使から倉成、一九八七年九月二六、二七日(情報公開法による外務省開示文書、二〇一四―五〇三)。

74 鈴木健二『歴代総理、側近の告白――日米「危機」の検証』(毎日新聞社、一九九一年)一八五頁、『朝日新聞』二〇〇六年九月二〇日。首相としての外国訪問は、一九八三年に四回、一九八四年に三回、一九八五年に六回、一九八六年に四回、一九八七年五回となっており、計二二回を数えた。中曽根『中曽根康弘が語る戦後日本外交』六一九―六二七頁。

75 Yasuhiro Nakasone, *My Political Philosophy: Reshaping Japanese Politics* (Tokyo: Liberal Democratic Party, 1987), pp. 74-75; 中曽根康弘「民族主義と国際主義の調和を」(『月刊自由民主』一九八七年一〇月号)五四―五五頁、同『中曽根康弘が語る戦後日本外交』四八一―四八五頁、後藤田『支える 動かす 私の履歴書』一一一―一一二、一六五―一六六頁、同『情と理』下巻、二二四―二二六頁、中曽根ほか『天地有情』五八九―五九〇頁、五百旗頭ほか編『岡本行夫 現場主義を貫いた外交官』一三三―一三四頁、近代日本史料研究会「國廣道彦 オーラルヒストリー」下巻、一〇〇頁、村田良平『村田良平回想録――祖国の再生を次世代に託して』下巻（ミネルヴァ書房、二〇〇八年）二二一―二二四、三一頁、加藤博章「冷戦下自衛隊海外派遣の挫折」（『戦略研究』第一〇号、二〇一一年）一〇九―一二八頁、同「ナショナリズムと自衛隊――一九八七年・九一年の掃海艇派遣問題を中心に」（『国際政治』第一七〇号、二〇一二年）三三―三八頁。

終章

1 中曽根ほか『天地有情』五八四―五八八頁、中曽根『リーダーの条件』八一頁、同『戦後政治』六〇頁、同『中曽根康弘が語る戦後日本外交』四八五―四八七頁、北岡伸一・田勢康弘『指導力――時代が求めるリーダーの条件』（日本経済新聞社、二〇〇三年）二二九―二三一、二四八頁、奥島『自民党幹事長室の三〇年』一九三―一九六頁、後藤田『情と理』下巻、二五八―二六〇頁。

2 飯尾潤『政局から政策へ――日本政治の成熟と転換』（NTT出版、二〇〇八年）三―九頁。

3 中曽根ほか『天地有情』五三八―五四二、六〇〇頁、中曽根『リーダーの条件』二一四―二三一頁、同『日本人に言っておきたいこと』一三六―一三七、一五三―一六〇頁、同『二十一世紀日本の国家戦略』一八四―一八六、一九〇、一九七、二〇九、二二三、二二三―二二四頁、同『自省録』一九五―二〇四頁、同『日本の総理学』六七―七二、八二―九八、一三四―一四〇、一五〇―一五八頁、同『保守の遺言』一八一―一八二頁、同「戦後政治の総決算」（『新潮45』二〇一二年）五三頁、奥野『派に頼らず、義を忘れず』二九四―二九五頁、森喜朗・田原総一朗『日本政治のウラのウラ――証言・政界五〇年』（講談社、二〇一三年）一六二―一六七、一七五―一八九頁。

4 中曽根康弘「総理官邸を去るに際して」（『文藝春秋』一九八七年一二月号）一〇四―一〇六頁。

5 中曽根康弘・竹村健一『命の限り蟬しぐれ』（徳間書店、二〇〇三年）三頁、山岸『昭和後期一〇人の首相』二一五頁。中曽根『中曽根康弘句集』一六七頁、同『中曽根康弘句集 二〇〇八』四三頁によると、俳句は一九七四年に日の出山荘で詠まれたものである。

6 ある中曽根秘書の談話、二〇一〇年一月一二日。

7 中曽根康弘・佐藤誠三郎・村上泰亮・西部邁『共同研究「冷戦以後」』（文藝春秋、一九九二年）、中曽根「大学生と語る――二十世紀の点検と二十一世紀への展望」世界平和研究所、同『現代、世界及び日本の課題――二一世紀への展望』（世界平和研究所、一九九八年）、中曽根康弘・梅原猛『政治と哲学――日本人の新たなる使命を求めて』（PHP研究所、一九九六年）六七―七五頁、同『リーダーの力量――日本を再び、存在感のある国にするために』（PHP研究所、二〇一〇年）六八―七八頁、唐澤『唐澤俊二郎オーラルヒストリー そろそろ全部話しましょう』二七一―二七二頁。

このうち、中曽根ほか『共同研究「冷戦以後」』は、一九九三年にモスクワで翻訳刊行された。

中曽根康弘「新しい日本の主体性」（『月刊自由民主』一九八五年九月号）三七頁は、国際日本文化研究センター構想について、「最も科学的な根拠に立った日本のアイデンティティを確立する『日本学』」と論じている。

8 『朝日新聞』一九八八年一〇月二〇日、一九八九年五月二〇日夕刊、二一、二六日、一九九〇年二月二一、二二日、黒田京平『山崎拓・全人像』（行研出版局、一九九三年）一四頁、中曽根ほか『天地有情』五九一―五九二頁、後藤田『情と理』下巻、二六七頁、江副浩正『改訂版 リクルート事件・江副浩正の真実』（中公新書ラクレ、二〇一〇年）九四、九八、二三四―二四六、二五一―二五四、四四一―四四二、四七三頁、薬師寺克行編『村山富市回顧録』（岩波書店、二〇一二年）六二―六六頁。

リクルート事件と金権政治については、毎日新聞政治部『自民党』（角川文庫、一九八九年）、毎日新聞政治部『政治家とカネ』がある。

9 武藤利昭大使から宇野宗佑外相、一九八八年七月二一、二三日（情報公開法による外務省開示文書、二〇一四―一九三）、「昭和六三年度執務報告執筆（案）第二章第一〇節四 IMEMOスピーチ」（同前）、「三極委員会三執筆者及び同委員会三地区委員長とゴルバチョフ書記長との会談録」一九八九年一月一八日（情報公開法による外務省開示文書、二〇一四―二〇〇）、武藤から宇野、一九八九年一月二九日（同前）、V・ジスカールデスタン＝中曽根康弘＝H・キッシンジャー『対ソ共同戦略の再構築』（日米欧委員会、一九八九年）、中曽根『日本の二つの課題――国際関係と皇位継承』（政策科学研究所、一九八九年）一―一五頁、同『政治と人生』三一九―三二〇頁、同『リーダーの条件』一〇四―一〇六頁、同『中曽根康弘が語る戦後日本外交』五〇九―五一七頁、ヘンリー・キッシンジャー＝中曽根康弘／読売新聞社編『世界は変わる――キッシンジャー・中曽根対談』（読売新聞社、一九九〇年）、中曽根ほか『天地有情』五七二―五八〇頁、孫『中日友好随想録』上巻、二八三―二八四頁。

パリにおける日米欧三極委員会の記録は不存在だった（情報公開法による外務省開示文書、二〇一四―二〇一）。

外国誌のインタビューに応じた例として、中曽根康弘『中曽根康弘――トップダウン型政治家 敗戦苦の克服から世界の日本へ』（中曽根康弘事務所、一九九一年）。

10 片倉邦雄駐イラク大使から中山太郎外相、一九九〇年一一月五日（情報公開法による外務省開示文書、二〇一四―一一七七）、中曽根ほか『天地有情』五九二―五九八頁、マイケル・H・アマコスト／読売新聞社外報部訳『友か敵か』（読売新聞社、一九九六年）一五〇―一五二頁、中曽根『リーダーの条件』一七八―一八八頁、同『中曽根康弘が語る戦後日本外交』五一九―五二九頁、片倉邦雄『アラビスト外交官の中東回想録――湾岸危機からイラク戦争まで』（明石書店、二〇〇五年）一六八―一七五頁。

11 枝村純郎『帝国解体前後――駐モスクワ日本大使の回想 一九九〇～一九九四』（都市出版、一九九七年）二三八―二三九頁、蕭『永遠の隣国として』二六三―二六四頁、海部俊樹『政治とカネ――海部俊樹回顧録』（新潮新書、二〇一〇年）一四二頁。

12 細川護煕『内訟録 細川護煕総理大臣日記』（日本経済新聞出版社、二〇一〇年）一一四頁、中曽根『中曽根康弘が語る戦後日本外交』五二九―五三〇頁。

13 『朝日新聞』一九九四年六月三〇日、奥島『自民党幹事長室の三〇年』三一八―三一九頁、御厨ほか編『渡邉恒雄回顧録』四四三、四七二―四七三頁、五百旗頭真・伊藤元重・薬師寺克行編『菅直人 市民運動から政治闘争へ』（朝日新聞出版、二〇〇八年）八六頁、同編『野中広務 権力の興亡』（朝日新聞出版、二〇〇八年）一六一頁、中曽根『中曽根康弘が語る戦後日本外交』五六六頁、『日本経済新聞』二〇一三年八月一一日。

14 中曽根『リーダーの条件』三三―三四、四一―四二、一五七―一六一頁、同『二十一世紀日本の国家戦略』七一頁、同『保守の遺言』一四頁、福本邦雄『表舞台 裏舞台――福本邦雄回顧録』（講談社、二〇〇七年）一三六―一三七頁。

15 中曽根『リーダーの条件』八―一〇、三八―三九、二九三頁、御厨ほか編『渡邉恒雄回顧録』四七七―四七八頁。

16 中曽根『リーダーの条件』二八〇頁。

17 『朝日新聞』一九九七年九月一〇、二一日、中曽根『日本人に言っておきたいこと』一一〇―一一二頁、魚住昭『証言 村上正邦 我、国に裏切られようとも』（講談社、二〇〇七年）一六一―一六三、一八〇―一八六、二一四―二一六頁、岐阜新聞社編著『至誠一貫 武藤嘉文』二四六―二四八頁。

18 『朝日新聞』一九九七年四月二九日、五月七日、中曽根康弘『戦後五〇年と日本の復興』（私家版、一九九七年）、中曽根康弘・宮澤喜一『憲法改正大論争 改憲 vs. 護憲』（朝日文庫、二〇〇〇年）九頁、中曽根康弘・西部邁・松井孝典・松本健一『論争 教育とは何か』（文春新書、二〇〇二年）、中曽根康弘・石原慎太郎『永遠なれ、日本』（PHP文庫、二〇〇三年）二二二―二四二頁、星浩『自民党と戦後――政権党の五〇年』（講談社現代新書、二〇〇五年）一三二―一三四頁、御厨ほか編『渡邉恒雄回顧録』四〇九―四一〇頁、栗原俊雄『勲章――知られざる素顔』（岩波新書、二〇一一年）一五〇、一五三―一五四頁。

19 『毎日新聞』一九九六年一二月六日、一九九八年七月一七日、一二月一、四日、一九九九年三月一八日夕刊、江藤隆美『「真の悪役」が日本を救う――ポピュリズムは最後に民衆を苦しめる』（講談社、二〇〇三年）九頁、御厨ほか編『渡邉恒雄回顧録』四九〇頁、『産経新聞』二〇一三年一二月三日。

20 中曽根『二十一世紀日本の国家戦略』。

21 中曽根『自省録』二〇六―二三四頁、同「政治の基本政策と内政」（自由民主党編『決断！ あの時 私は こうした――自民党総理・総裁・官房長官が語る』中央公論事業出版、二〇〇六年）一三一―一四、二〇―二四頁、同『中曽根康弘が語る戦後日本外交』五四三―五四六頁。

22 引用文献については、次の註でまとめて示す。

23 『日本経済新聞』二〇〇三年一〇月二三日夕刊、一〇月二八日夕刊、『朝日新聞』一〇月二七日、『毎日新聞』一〇月二八日、中曽根・竹村『命の限り蝉しぐれ』三七―四八頁、中曽根『自省録』八―一四頁。

24 田中茂『一〇〇歳へ！――中曽根康弘「長寿」の秘訣』（光文社、二〇一四年）五九―六〇頁。

25 船橋洋一「国連改革 中曽根氏の忠告」（『朝日新聞』二〇〇三年一一月六日）、TBS「時事放談」制作スタッフ編『時事放談』第一巻、七―三七、九七―一二八、二五三―二八五頁、第二巻、九七―一二八頁、第三巻、六七―一〇一、二〇三―二三六頁、中曽根康弘ほか『昭和八〇年」戦後の読み方』（文春新書、二〇〇五年）。

26 中曽根『自省録』一二頁。

27 中曽根康弘「これからの日本の行方」（小泉純一郎ほか『自民党の底力』成甲書房、二〇〇七年）一五一頁。

28 中曽根康弘「小泉君、外交からポピュリズムを排除しなさい」（『中央公論』二〇〇五年八月号）四四頁。

29 中曽根康弘・西部邁・松本健一『憲法改正 大闘論』（ビジネス社、二〇〇四年）、『読売新聞』二〇〇五年一月二〇、二一日、近代日本史料研究会『塚本三郎オーラルヒストリー』上巻（近代日本史料研究会、二〇〇六年）一〇八頁、中曽根康弘「解説――憲法改正への中枢的存在」（保岡興治『政治主導の時代――統治構造改革に取り組んだ三〇年』中央公論新社、二〇〇八年）三三七―三三九頁、野田佳彦『民主の敵――政権交代に大義あり』（新潮新書、二〇〇九年）一五三頁、『産経新聞』二〇一二年四月二日。

30 中曽根康弘「北朝鮮の核実験問題 多国間外交の好機生かせ」（『朝日新聞』二〇〇六年一〇月一四日）、同「新しい時代の〝日中韓〟関係」（『防衛学研究』第三九号、二〇〇八年）三―一一頁、同『青山常運歩』一七七、二二三、二六九、二七二頁、『読売新聞』二〇〇七年四月六、八日、二〇〇八年四月二四日、道上尚史『外交官が見た「中国人の対日観」』（文春新書、二〇一〇年）五七、八八頁。

自主憲法期成議員同盟は二〇〇七年三月二七日に新憲法制定議員同盟と改称された。

31 『読売新聞』二〇〇八年九月三日、二〇〇九年七月一八日。

32 中曽根康弘・松本健一『政治は文化に奉仕する――これからの政治と日本』（シアテレ新書、二〇一〇年）一三、一六、五九頁。

33 中曽根康弘＝ジェラルド・カーティス「中曽根元首相がジェラルド・カーティス教授に語った『民主革命』」（『サンデー毎日』二〇〇九年九月二〇日号）一二〇―一二三頁。

34 『読売新聞』二〇〇九年九月一日、一二月一七日、『朝日新聞』九月二二日、中曽根『保守の遺言』一四―三五頁、同「外交の要諦を話そう」（『外交』第一号、二〇一〇年）八五―九七頁、同「鳩山君、小沢君に告ぐ！」（『週刊現代』二〇一〇年一月九・一六日号）四一―四四頁、同『青山常運歩』四七―五七、一二〇頁、中曽根ほか『政治は文化に奉仕する』四二―四三頁、中曽根ほか『リーダーの力量』四一頁。

35 『朝日新聞』二〇〇九年一二月二五日、二〇一〇年六月一七、二三日、『日本経済新聞』二〇一〇年六月二九日、七月一七日、中曽根「外交の要諦を話そう」八九頁、中曽根康弘・清宮龍「政治指導者は充実した気構えで――日本再生への道」（『世界と日本』第一一八一号、二〇一一年）七―八頁。

36 中曽根康弘「『創始者』として遺憾千万 再起には国民の理解必要」（『AERA』二〇一一年五月一六日号）五九頁、同「『新しい東北』世界へ示せ」（『読売新聞』二〇一一年四月一〇日）。

37 中曽根康弘「菅首相退陣へ 国家なき市民主義の限界」（『読売新聞』二〇一一年八月一四日）。

38 『朝日新聞』二〇一一年四月二六日。

39 『読売新聞』二〇一一年四月二三日、中曽根『青山常運歩』三〇四―三一二頁。

40 『朝日新聞』二〇一一年一〇月八日、『読売新聞』二〇一二年二月一日、中曽根康弘「『転換』とは何だったのか」（『産経新聞』二〇一二年五月一一日）、同「宰相に外交感覚がない悲劇」（『新潮45』二〇一二年一一月号）二〇―二五頁。

41 『朝日新聞』二〇一一年四月二六日、中曽根康弘・白澤卓二「気は長く、酒は微醺で、睡眠十分、腹立てず」（『文藝春秋』二〇一一年一一月号）二六〇―二六七頁、中曽根康弘・池上彰「どこで間違えたか 何を改めるべきか」（『文藝春秋』二〇一二年五月号）一二七―一三五頁、田中『一〇〇歳へ！』二―三、八、一一―一二、一六、五六頁。

42 中曽根康弘「二年目が本当の正念場」（『産経新聞』二〇一三年一二月二三日）、同「解釈変更へ説明と説得を」（『産経新聞』二〇一四年三月一七日）、同「国際協調無視できぬ中露」（『産経新聞』六月二三日）。

43 『産経新聞』二〇一四年五月二九日、『日本経済新聞』五月二九日、『毎日新聞』五月二九日、『読売新聞』五月二九日。その後にまとめた本として、中曽根康弘『なかそね荘』（世界文化社、二〇一五年）があり、石原慎太郎、渡邉恒雄らと対談している。

中曽根は戦後七〇年の安倍談話について問われ、「村山談話、小泉談話を踏襲した上で、これからも日本側の誠意ある表現は時代の流れの中に込められていくべきです」と答えている。中曽根「国家、戦争、侵略、靖国を語る」（『中央公論』二〇一五年九月号）一一〇頁。中曽根「大勲位の遺言」（『文藝春秋』二〇一五年九月号）一四二―一五八頁も参照。

あとがき

中曽根康弘を初めて目にしたのは、二〇〇〇年一〇月二四日であった。拓殖大学創立一〇〇周年記念式典がホテル・ニューオータニで開かれ、中曽根は元総長として出席していた。私は当時、拓殖大学の教員で大学史編纂《へんさん》にも携わっていたが、中曽根に声は掛けなかった。

それから数年後、近しい研究者たちとともにインタビューを申し入れた。準備期間を経て二〇〇九年三月から二〇一一年三月には、中島琢磨、昇亜美子、若月秀和、道下徳成、楠綾子、瀬川高央の諸先生とともに二九回、聞き取りを行った。主要な部分は、『中曽根康弘が語る戦後日本外交』（新潮社、二〇一二年）として刊行されている。

中曽根は微動だにせずに最後まで質問を聞き、熟考のうえ、静かに回想するのが常だった。中曽根に会う者は、誰しもその姿勢のよさを印象づけられるだろう。背筋を伸ばすことは、海軍で叩き込まれていた。

一度だけ、中曽根を怒らせたことがある。ある文献を示しながら、「政権としての改憲を事実上、断念したともいわれる」と口にしたところ、中曽根は、「改憲を断念したということは絶対にありません」と即答した。実際には首相として、「現内閣におきましては憲法改正を政治日程にのせるということはやりません」などと発言しているのだが、改憲への執念を感じさせた。

健在な政治家の評伝を書くことには、ためらいが大きかった。これまで同時代史的な研究には慎重だったし、歴史研究者は著作が時代後れになることを本能的に恐れる。歴史は新たな史料の出現によって書き直されねばならず、現代的な研究ほど古くなりやすい宿命にある。

それでも執筆を進めた理由は二つある。

第一に、冷戦が終結し、国内でも一九五五年体制の崩壊から二〇年以上が過ぎたいま、「三角大福中」の時代を歴史として位置づけられると思えた。中曽根のアジア外交や歴史観、靖国神社公式参拝などについては、拙著『外交ドキュメント 歴史認識』（岩波新書、二〇一五年）でも多くの記述を割いたが、本書でも中曽根の生涯を追うなかでそれらを描いた。

第二に、中曽根が代表的な政治家であり、新規公開文書や情報公開請求などで基礎的な史料が入手でき、関係者にもインタビューできたためである。現代の政治家を研究することによって、自分で確かめることの大切さを再認識した。

インタビューできたことは幸運だった半面、中曽根が長寿であるだけに、留意すべきこともある。歴代首相のなかで中曽根は、おそらく最も多く回想録や寄稿、対談などを残している。執筆ではそれらすべてに目を通すため、どうしても中曽根史観に流されそうになる。

そこで公平を期すため、芦田均、重光葵、岸信介、佐藤栄作、「三角大福」、鈴木善幸、二階堂進、金丸信、後藤田正晴など、主要な政治家の中曽根評を取り入れるようにした。それらの多くは、中曽根に厳しい。他者の目線を多く交えて中曽根を相対化するとともに、保守党を軸とする現代政治史としても読めるように配慮したつもりである。

中曽根事務所の秘書の方々、とりわけ井出廉子氏には、ひとかたならずお世話になった。深謝したい。『中曽根康弘が語る戦後日本外交』を共編した中島先生、昇先生、若月先生、道下先生、楠先生、瀬川先生は、インタビュー記録だけでなく、史料も共有して下さった。関連の文献として、長谷川和年/瀬川高央・服部龍二・若月秀和・加藤博章編『首相秘書官が語る中曽根外交の舞台裏――米・中・韓との相互信頼はいかに構築されたか』(朝日新聞出版、二〇一四年)にも加わらせていただいた。首相秘書官だった長谷川大使をはじめ、多くの方々が聞き取りに応じて下さった。

新書編集長の白戸直人氏は、四年以上も待たせしてしまったにもかかわらず、三冊目の中公新書を丹念に仕上げて下さった。原稿を精読してもらい、編集者の指摘に応えていくという基礎的な作業が、今回ほど重要に感じられたことはなかった。本書が少しでも読みやすくなっているとしたら、白戸氏に負うところが最も大きい。

関係各位に深く御礼を申し上げたい。

二〇一五年一二月

服部龍二

主要図版出典一覧

共同通信　pp.35, 47, 125, 215, 220, 234, 256

時事通信　pp.263, 265, 280, 287

読売新聞社 pp.33, 76, 132, 148, 164, 172, 181, 193, 213, 248, 284, 295

中曽根康弘事務所

pp.7, 18, 28

士号．10月後継総裁に竹下登を指名．11月首相退任
1988　6月財団法人世界平和研究所の会長に就任． 7月モスクワでゴルバチョフと会談
1989　（平成元） 1月モスクワでゴルバチョフと会談． 5月リクルート事件で国会証人喚問，自民党を離党
1990　11月湾岸危機に際し，イラクでフセイン大統領と会談，人質74人を救出
1991　4月自民党に復党． 4月訪中し，日中青年交流センターの落成式に出席（5月に帰国）
1992　3月訪露し，エリツィン大統領と会談
1994　6月村山富市内閣の成立に際して，海部俊樹に投票
1996　5月誕生パーティの挨拶で，民主党創設に向けた動きを「ソフトクリーム」と評す
1997　5月大勲位菊花大綬章を授与される． 9月橋本龍太郎内閣の改造で佐藤孝行を橋本に推薦し，総務庁長官として入閣させる
2003　10月総選挙に向けて自民党公認を得られず，引退を表明
2004　6月自著『自省録』で小泉純一郎首相を批判
2005　1月自民党新憲法起草委員会に前文の小委員長として参加
2007　1月超党派の自主憲法期成議員同盟会長に就任
2009　12月虎ノ門に事務所を移設
2011　3月東日本大震災
2015　5月97歳を迎える

民主カンボジア大統領と東京で会談．6月ロンドン・サミットに出席．8月藤波官房長官の私的諮問機関として「閣僚の靖国神社参拝問題に関する懇談会」を設置．9月来日した全と会談．10月自民党両院議員総会で総裁に再選

1985　1月ロサンゼルスでレーガンと会談．1月フィジー，パプアニューギニア，オーストラリア，ニュージーランドを訪問．2月竹下登蔵相らが創政会の初会合．2月田中が脳梗塞で倒れて入院．3月訪ソしてチェルネンコ共産党書記長の葬儀に参列，後継者のゴルバチョフと会談．4月 NTT，JT が発足．4月輸入拡大と関税引き下げの対外経済対策を発表．4月ボン・サミットに出席（5月に帰国）．7月フランス，イタリア，ヴァチカン，ベルギーを訪問．8月靖国神社に公式参拝．9月竹下など先進五ヵ国蔵相らが，ニューヨークのプラザホテルでドル高の是正で合意．10月創設40周年記念の国連で演説，趙，レーガン，ガンジーらと会談

1986　1月カナダを訪問し，マルルーニー首相と会談，議会で演説．同月来日したソ連外相シェワルナゼと会談．3月鉄道事業法案と国鉄改革等施行法案を閣議決定し，国会に提出（11月に可決）．4月訪米し，レーガンと会談．5月東京サミット．7月衆参同日選挙に圧勝．8月新自由クラブが自民党に復党．9月藤尾正行文部大臣を罷免．9月自民党両院議員総会で，総裁任期が一年延長される．9月ソウルでアジア競技大会開会式に出席し，全と会見．9月自民党全国研修会で知識水準発言．11月訪中して胡らと会談．12月安全保障会議で防衛費1％枠突破を了承

1987　1月フィンランド，東ドイツ，ユーゴスラビア，ポーランドを訪問．2月売上税法案と所得税等改正法案を衆議院に提出（売上税法案は5月に廃案，所得税等改正法案は9月に可決）．2月宮澤喜一蔵相らがパリのルーブル宮殿でドルを下落させないと声明し，協調介入．3月総理官邸でフランス外相レモンの表敬を受ける．4月 JR が発足．4月レーガン政権が半導体をめぐって戦後初となる対日制裁措置を発動．同月訪米し，レーガンと会談（5月に帰国）．5月6兆円の内需拡大策．6月ベネチア・サミットに出席，スペインを訪問．9月国連総会で演説，デクエヤル国連事務総長，レーガンと会談．9月タイでプミポン国王やプレム首相と会談，国立チュラロンコーン大学から名誉博

ビア，アラブ首長国連邦，バーレーン，香港を訪問（5月に帰国）．7月資源エネルギー庁が通産省の外局として発足．10月第4次中東戦争が勃発．11月来日したアメリカ国務長官キッシンジャーと会談
1974 1月イラン，イギリス，ブルガリア，イラクを訪問．5月電力会社に値上げを認可．11月来日したキッシンジャーと会談．12月三木武夫内閣で自民党幹事長に就任
1975 11月国鉄のスト権ストに反対（12月にスト中止）
1976 2月ロッキード事件が発覚し，アメリカ大使館と接触．7月田中が逮捕される．8月田中派，福田派，大平派，椎名派らが三木に反発し，挙党体制確立協議会を結成
1977 9月シンガポール，マレーシア，インドネシア，フィリピンを訪問．9月訪米し，ブレジンスキー補佐官らと会談（10月帰国）．11月福田赳夫内閣の改造で自民党総務会長に就任
1978 8月日中平和友好条約締結に際して党内を調整．11月自民党総裁選予備選挙で3位
1979 11月衆議院の首班指名で福田に投票（40日抗争）
1980 4月中曽根派幹部らと訪中（5月帰国）．5月社会党の内閣不信任案に反対票を投じる．7月鈴木善幸内閣に行政管理庁長官として入閣
1981 3月第2次臨時行政調査会を設置
1982 10月総総分離案を拒否．11月自民党予備選挙に圧勝，第71代内閣総理大臣となる
1983 1月訪韓し，全斗煥大統領と会談，40億ドルの経済協力．1月訪米し，レーガン大統領と会談，「ロン・ヤス」関係が始まる．4月インドネシア，タイ，シンガポール，フィリピン，マレーシア，ブルネイを訪問（5月帰国）．5月アメリカでウィリアムズバーグ・サミットに出席．6月国鉄再建監理委員会が発足．9月大韓航空機撃墜事件で，ソ連の交信記録を国連安保理に提出．10月田中に辞職勧告（東京地裁がロッキード事件で田中に実刑判決）．11月来日したコール西ドイツ首相，レーガン，胡耀邦中国共産党総書記と会談．12月総選挙の大敗により，田中の影響力を排除すると総裁声明，新自由クラブと連立
1984 3月訪中し，胡，趙紫陽総理，鄧小平中央顧問委員会主任と会談．4月南アジアを訪れ，パキスタン大統領ハク，インド首相ガンジーと会談．5月電電改革法案を国会に上程（12月に可決）．5月シハヌーク

1961　1月ワシントンでケネディ大統領の就任式に出席，メキシコ，ペルー，チリ，アルゼンチン，ウルグアイ，ブラジル，ベネズエラ，キューバを視察（3月に帰国）．6月内閣総理公選制度研究会を発足

1962　2月ロバート・ケネディ司法長官を日本に招待．11月南極を視察

1963　1月香港，フィリピンを訪問

1964　4月韓国を訪問し，朴正煕大統領らと会談

1965　2月自民党外交調査会副会長に就任．3月自民党外交調査会アジア・アフリカ小委員会委員長に就任．4月インドネシア，マレーシア，タイ，南ベトナムを歴訪．7月河野が急死

1966　3月訪米して外交関係評議会などで北爆の縮小，反中国政策の再検討を説く（4月に帰国）．9月衆議院科学技術振興対策特別委員会の理事として芦浜の原発予定地を視察．12月新政同志会（中曽根派）を結成

1967　9月拓殖大学総長に就任．10月イギリス，フランス，西ドイツ，ソ連を歴訪．11月佐藤栄作内閣の運輸相に就任

1968　1月閣議で非核三原則を主張．4月成田空港建設の土地買収覚書が運輸省で調印される．10月モスクワを訪問し，日ソ航空協定の改定を交渉

1969　2月自民党本部の日米議員懇談会で演説．6月フランス政府の招待によってパリ万博航空ショーに出席，イタリア，スペインを訪問．6月父松五郎が死去

1970　1月防衛庁長官に就任．3月参議院予算委員会で「自主防衛五原則」を論じる．9月訪米してレアード国防長官，ロジャーズ国務長官らと会談．10月現役の防衛庁長官として初めて沖縄を訪れ，ランパート高等弁務官や屋良朝苗琉球政府主席と会談．10月防衛白書『日本の防衛』を創刊．10月新防衛力整備計画の概要を発表

1971　7月自民党総務会長に就任

1972　4月内外情勢調査会で講演．7月自民党総裁選で田中角栄を支持．7月田中内閣で通産相に就任，科学技術庁長官を兼任．9月韓国で日韓定期閣僚会議に出席．10月オーストラリアで日豪閣僚委員会会議に出席．10月貿易管理令による対米輸出制限

1973　1月中国を訪問し，周恩来総理と会談．1月タイを訪問し，タノム首相やプラシット商務相と会談．4月イラン，クウェート，サウジアラ

衛軍を設立するための研究」. 3月与野党の青年議員と独立自衛研究会の初会合

1952 1月衆議院予算委員会で吉田茂首相と論戦. 2月国民民主党を母体とする改進党の結成に参加. 10月福田赳夫が同じ群馬3区から当選（上州戦争).

1953 7月ハーバード大学夏期国際問題セミナーに参加（10月に帰国)

1954 2月衆議院予算委員会で「爆弾質問」. 2月石橋湛山を訪問. 3月原子力研究の調査費として2億3500万円の予算を計上. 6月防衛庁設置法と自衛隊法の策定に加わる. 6月ソ連, 中国を視察（8月に帰国). 11月改進党中央委員会で芦田を党議違反として追及. 11月鳩山一郎を総裁とする日本民主党に合流し, 組織局長となる.

1955 3月日本民主党副幹事長に就任. 8月ジュネーブで原子力平和利用国際会議に参加（フランス, イギリス, カナダ, アメリカを経て9月に帰国). 9月『自主憲法の基本的性格——憲法擁護論の誤りを衝く』を憲法調査会から刊行. 11月自由民主党の結成に参加. 12月原子力基本法を議員立法で成立させる

1956 4月「憲法改正の歌」を東京宝塚劇場で発表. 10月河野一郎の命を受け, ハワイで鳩山首相に引退を勧告. 11月日ソ国交回復について衆議院本会議で演説, 野党要求によって議事録から削除. 12月自民党総裁選で石橋湛山に投票

1957 5月自民党の副幹事長, 内閣の憲法調査会委員に就任. 5月ビルマ, インド, パキスタン, イラン, イラク, レバノン, シリア, エジプト, オーストリア, ユーゴスラビア, ハンガリー, トルコ, イギリス, ギリシャ, イスラエル, セイロン, シンガポール, インドネシア, 香港, 台湾を歴訪（7月に帰国)

1958 7月沖縄を訪問, 大田政作琉球政府副主席, バージャー主席民政官などと会談

1959 6月岸信介内閣の改造で, 科学技術庁長官として初入閣. 7月科学技術庁長官の諮問機関として, 宇宙科学技術振興準備委員会を設置

1960 2月宇宙科学技術開発計画をまとめる. 5月宇宙開発審議会を総理府に設置. 同月閣議でアイゼンハワー来日の延期を主張. 6月『二一世紀への階段』第1部を刊行（8月に第2部刊行). 8月新党結成を模索する河野一郎に自重を促す

中曽根康弘 略年譜

年	事歴
1918	（大正7） 5月27日群馬県高崎市に生まれる
1926	4月高崎北尋常小学校に入学
1931	（昭和6） 4月旧制高崎中学に入学
1935	4月旧制静岡高校に入学
1938	4月東京帝国大学法学部政治学科に入学
1940	3月母ゆくが死去．10月高等文官試験行政科に合格，内務省に内定．12月海軍経理学校に合格
1941	4月内務省に入省．同月海軍経理学校に第六期補修学生として入校．8月海軍主計中尉として，連合艦隊第1艦隊第6戦隊に配属．11月台東丸で呉を出港．12月フィリピンのミンダナオ島ダバオに突入
1942	1月インドネシアのボルネオ島タラカン，バリクパパンに進撃．3月台湾の馬公に転任．11月海軍主計大尉に昇格
1943	4月高雄の海軍建築部附となる
1944	11月横須賀鎮守府附海軍省兵備局第三課に勤務
1945	2月小林蔦子と結婚，弟の良介が戦死．6月海軍省運輸部へ配属され，高松に常駐．9月海軍主計少佐に昇格．10月内務省に復帰し，官房調査部に配属．11月長男弘文が誕生
1946	1月内務省同期の高橋幹夫や早川崇らと青年懇話会を発足．2月香川県警務課長．12月青年運動を興すとして，高崎に帰郷
1947	4月総選挙で民主党から初当選
1948	秋から徳富蘇峰を訪問
1950	3月民主党が連立派と野党派に分裂し，野党派として行動．4月三木武夫の国民協同党と合同して，国民民主党を結成．6月スイスのコーでMRA世界大会に出席，西ドイツ，フランス，イギリス，アメリカを訪問（8月に帰国）．10月前首相の芦田均を応援演説し，再軍備で共闘
1951	1月マッカーサー宛てに長文の建白書を提出．2月来日したダレス（トルーマン大統領特別顧問）と会う．その前後で旧海軍軍人と「防

服部龍二（はっとり・りゅうじ）

1968（昭和43）年東京都生まれ．92年京都大学法学部卒業．97年神戸大学大学院法学研究科単位取得退学．博士（政治学）．現在，中央大学総合政策学部教授．日本政治外交史・東アジア国際政治史専攻．

著書『東アジア国際環境の変動と日本外交　1918-1931』（有斐閣，2001年，吉田茂賞受賞）
『広田弘毅――「悲劇の宰相」の実像』（中公新書，2008年）
『日中歴史認識――「田中上奏文」をめぐる相剋　1927-2010』（東京大学出版会，2010年）
『日中国交正常化――田中角栄，大平正芳，官僚たちの挑戦』（中公新書，2011年，大佛次郎論壇賞，アジア・太平洋賞特別賞受賞）
『大平正芳　理念と外交』（岩波現代全書，2014年）
『外交ドキュメント歴史認識』（岩波新書，2015年）
ほか多数

中曽根康弘《なかそねやすひろ》
中公新書 *2351*

2015年12月20日発行

著　者　服部龍二
発行者　大橋善光

本文印刷　暁印刷
カバー印刷　大熊整美堂
製　本　小泉製本

発行所　中央公論新社
〒100-8152
東京都千代田区大手町1-7-1
電話　販売　03-5299-1730
　　　編集　03-5299-1830
URL http://www.chuko.co.jp/

Published by CHUOKORON-SHINSHA, INC.
Printed in Japan　ISBN978-4-12-102351-3 C1221

中公新書刊行のことば

いまからちょうど五世紀まえ、グーテンベルクが近代印刷術を発明したとき、書物の大量生産は潜在的可能性を獲得し、いまからちょうど一世紀まえ、世界のおもな文明国で義務教育制度が採用されたとき、書物の大量需要の潜在性が形成された。この二つの潜在性がはげしく現実化したのが現代である。

いまや、書物によって視野を拡大し、変りゆく世界に豊かに対応しようとする強い要求を私たちは抑えることができない。この要求にこたえる義務を、今日の書物は背負っている。だが、その義務は、たんに専門的知識の通俗化をはかることによって果たされるものでもなく、通俗的好奇心にうったえて、いたずらに発行部数の巨大さを誇ることによって果たされるものでもない。現代を真摯に生きようとする読者に、真に知るに価いする知識だけを選びだして提供すること、これが中公新書の最大の目標である。

私たちは、知識として錯覚しているものによってしばしば動かされ、裏切られる。私たちは、作為によってあたえられた知識のうえに生きることがあまりに多く、ゆるぎない事実を通して思索することがあまりにすくない。中公新書が、その一貫した特色として自らに課すものは、この事実のみの持つ無条件の説得力を発揮させることである。現代にあらたな意味を投げかけるべく待機している過去の歴史的事実もまた、中公新書によって数多く発掘されるであろう。

中公新書は、現代を自らの眼で見つめようとする、逞しい知的な読者の活力となることを欲している。

一九六二年一一月

中公新書

現代史

中公新書

現代史

f2

2186 田中角栄 早野透
1976 大平正芳 福永文夫
1574 海の友情 阿川尚之
1875 「国語」の近代史 安田敏朗
2075 歌う国民 渡辺裕
2332 「歴史認識」とは何か 大沼保昭 江川紹子
1804 戦後和解 小菅信子
1900 「慰安婦」問題とは何だったのか 大沼保昭
1990 「戦争体験」の戦後史 福間良明
1820 丸山眞男の時代 竹内洋
2237 四大公害病 政野淳子
1821 安田講堂 1968-1969 島泰三
2110 日中国交正常化 服部龍二
2137 国家と歴史 波多野澄雄
2150 近現代日本史と歴史学 成田龍一
2196 大原孫三郎―善意と戦略の経営者 兼田麗子
2317 歴史と私 伊藤隆
2301 核と日本人 山本昭宏
2342 沖縄現代史 櫻澤誠
2351 中曽根康弘 服部龍二